个人征信法律机制研究

制度架构与理论展开

▲

熊文邦 著

中国民主法制出版社

图书在版编目（CIP）数据

个人征信法律机制研究：制度架构与理论展开/熊
文邦著．—北京：中国民主法制出版社，2025.5.
ISBN 978-7-5162-3964-3

Ⅰ．D922.282.4

中国国家版本馆 CIP 数据核字第 20250R6W35 号

图书出品人：刘海涛
责 任 编 辑：许泽荣　李　郎

书名/个人征信法律机制研究——制度架构与理论展开
作者/熊文邦　著

出版·发行/中国民主法制出版社
地址/北京市丰台区右安门外玉林里 7 号（100069）
电话/（010）63055259（总编室）　63058068　63057714（营销中心）
传真/（010）63055259
http：// www.npcpub.com
E-mail：mzfz@ npcpub.com
经销/新华书店
开本/16 开　710 毫米×1000 毫米
印张/15　字数/254 千字
版本/2025 年 6 月第 1 版　2025 年 6 月第 1 次印刷
印刷/三河市宏图印务有限公司

书号/ISBN 978-7-5162-3964-3
定价/60.00 元

目　录

导　论

一、选题背景和主要问题

（一）选题背景

现代市场经济是信用经济，诚信是市场经济发展的基石，信用对市场经济的健康快速发展具有重要意义。现代市场经济同时又是法治经济，完善的法律体系为市场经济的运行保驾护航，良好的法治环境为经济健康有序发展提供有力保障。然而，当前我国经济与社会发展中存在的失信问题较为突出，并呈现出由经济领域向社会其他领域逐渐扩散的趋势。诸如欠债不还、商业欺诈、合同违法、制假售假、偷逃骗税、学术不端等诚信缺失问题，在一定程度上已经成为严重影响和制约我国经济社会健康持续发展的顽症。

个人是经济社会的重要主体，个人诚信体系在社会信用体系建设中居于重要地位，健全的个人征信制度是个人诚信体系建设的重要内容。根据国务院《社会信用体系建设规划纲要（2014—2020年）》的制度安排，2020年是我国社会信用体系建设的收尾之年，基本建立社会信用基础性法律法规和标准体系，基本建成以信用信息资源共享为基础的覆盖全社会的征信系统。2022年3月，中共中央办公厅、国务院办公厅印发《关于推进社会信用体系建设高质量发展促进形成新发展格局的意见》，明确要依法推进个人诚信建设，将其作为加强诚信文化建设的重要举措。

作为市场经济的产物，我国个人征信业的发展需要以市场化的方式运作。国外经验同时表明，个人征信业的健康发展不能仅仅止步于市场化，更要实现法治化。我国个人征信法律制度伴随着个人征信业的发展而逐步建立，这是个人征信机构合法合规运作的基础，个人信用信息的采集、加工、存储、披露和使用等各个环节，都需要个人征信法律制度的规范和保障。目前，我国已经初步形成以《征信业管理条例》为核心，《征信机构管理办法》《征信业务管理办法》等部门规章以及《上海市个人信用征信管理试行办法》《深圳市个人信用征信及信用评级管理办法》等地方立法构成的个人征信法律制度体系。它们在明确个人征信机构的法律地位、规范个人征信机构的日常运作以及保护被征信人的基本权利等方面发挥重要作用。

个人征信蕴藏着近百年来人们为了维护市场秩序和提高经济效率的智慧结晶，但也可能出现对被征信人基本权利的侵犯。问题的焦点在于，信息自由、信息流动与信息隐私、信息安全的界限在何处？从法律的角度看，个人征信机构的征信权与被征信人的隐私权、信用权和信息权的平衡点在何处？不同国家的立法者有各自的考量，如美国采取平衡保护的立法模式，为个人征信机构预留较大的发展空间；法国则采取严格保护立法模式，限制了私营个人征信机构的发展，但却可以更加有效地保护被征信人的基本权利。

同时，我们还应看到，个人征信机构的运作、被征信人的权利保护具有很强的实践性，法律的原则性和滞后性在所难免。我国的制度设计应当立足本国实际。一方面，我国是个人征信业的后发国家，与征信制度相对成熟的发达国家相比仍有差距，因此，征信法律制度应该考虑促进个人征信业的健康发展；另一方面，随着《中华人民共和国个人信息保护法》（以下简称《个人信息保护法》）的颁布施行，个人征信机构的业务规则有了来自上位法的约束。通过健全和完善个人征信法律制度，加强对个人征信行为的法律规制，实现个人征信机构在个人信用信息的采集、加工、存储、披露以及使用等所有环节的有法可依，并对信用信息提供者和使用者的行为予以必要规制。

（二）主要问题

近年来，我国个人征信业在法律实践中存在以下突出问题。

1. "信用"范围的扩张导致对个人征信法律性质的误读

《社会信用体系建设规划纲要（2014—2020年）》将"社会信用"划分为政务诚信、商务诚信、社会诚信、司法公信四大板块，同时提出了我国四大信用信息系统，即行业信用信息系统、地方信用信息系统、征信系统以及金融业统一征信平台。在对征信的认识上，由于我国现有的征信制度仅原则性地界定了征信的概念，未能进一步对征信以及信用等概念作科学解释，加之征信已经成为我国社会信用体系建设的组成部分，由此产生了对征信的误读。

对个人征信最典型的误解，就是将其"道德档案化"，甚至一些人大代表也认为个人征信可以建设为公民的道德档案或诚信档案。例如，2017年9月，三亚市司法局时任局长许克峥在接受记者采访时表示，今年的司法考试监管为史上最严，考试作弊行为将追究刑事责任，并录入个人征信系统。[①] 2019年4月3日，浙江省人力资源和社会保障厅在推进人社信用体系建设的过程

---

① 《史上最严司法考试 三亚考区考试作弊将录入个人征信系统》，海南省司法厅，http：//justice. hainan. gov. cn/xxgk/0200/0202/201811/t20181124_ 1201544. html，访问日期：2020年3月6日。

中，拟用个人征信约束频繁跳槽的行为。① 2019 年 8 月 23 日，南京城市治理圆桌论坛举办期间，有人建议把"不文明养犬"行为纳入个人征信系统。② 2019 年 11 月，一则《关于进一步促进无偿献血工作健康发展的通知》提出，各地应探索将无偿献血纳入社会征信系统，建立个人、单位、社会有效衔接的无偿献血激励机制，对献血者使用公共设施等提供优惠待遇。献血入征信，引起社会争议，焦点则围绕征信系统和献血制度本身的意义和原则。③

2. 个人征信机构的法律地位以及运作模式不清晰

个人征信机构的法律性质及法律地位决定了个人征信业的运作模式。在实践中，人们往往过多从宏观上关注个人征信业的运作模式，而不重视个人征信机构的法律地位问题。无论是美国的私营征信模式、法国的公共征信模式、日本的会员征信模式还是德国的混合征信模式，以及我国目前的"政府 + 市场"双轮驱动的发展模式，这不仅是一种社会现象或文化现象，更是一个法律问题。在探讨个人征信业的运作模式时，必须深入揭示个人征信机构的法律性质、法律地位，不能简单移植国外模式。

3. 征信权与被征信人基本权利的失衡

在对待征信权与被征信人基本权利的关系方面，存在两个极端：要么过多强调征信权及社会公共利益，要么过多强调对被征信人私人利益的保护，进而限制个人征信业的发展。从我国个人征信业的发展现状来看，要实现个人征信机构征信权与被征信人基本权利的平衡，不应继续压缩个人征信业的发展空间，而应通过规范个人征信机构的运作来实现。通过限制个人征信机构的发展来保护个人信用信息，只能是治标不治本。

在被征信人权利保护方面，存在将被征信人多重身份割裂的倾向。信息隐私权、信用权与个人信息权分别针对被征信人、信用消费者与信息主体，这也就意味着身份不同，与之对应的权利类型也有所不同。我国尚未实现对被征信人多重身份的一体保护，而是在不同的法律制度框架下予以分别保护。《征信业管理条例》赋予被征信人以投诉权，但该权利在实际运行中存在诸多不便。

我国对个人征信业的监管由中国人民银行及其派出机构负责，主要依靠现场检查和非现场监管，属于静态监管和结果监管，难以全面有效保护信用信息。此外，我国至今没有组建全国性的征信业行业协会，行业自律薄弱。

---

① 《浙江拟用征信约束频繁跳槽 超八成网友表示反对》，成都晚报（百度百家号），https：//baijiahao. baidu. com/s？id = 1630132638351575406&wfr = spider&for = pc，访问日期：2020 年 3 月 6 日。

② 《叶金福：以个人征信治理"不文明养犬"是个好办法》，河北新闻网（百度百家号），https：//baijia-hao. baidu. com/s？id = 1643018142848382941&wfr = spider&for = pc，访问日期：2020 年 3 月 6 日。

③ 《无偿献血入征信，警惕信用机制被滥用》，中国青年报（百度百家号），https：//baijiahao. baidu. com/s？id = 1651099395474232647&wfr = spider&for = pc，访问日期：2020 年 3 月 6 日。

4. 个人信用修复制度不完善

个人信用修复制度与个人征信业关联密切，包括个人债务管理、个人债务催收以及个人信用重建等内容。我国对"信用修复"的规定主要集中在社会信用法规和公共信用信息管理法规中。被征信人的个人信用修复主要通过行使异议权和投诉权来完成。现实中存在的问题是，忽视了违约类失信信息和违法类失信信息的差异性，认为对两者的信用修复可以适用完全相同的规则。我国亟须在个人征信框架下完善被征信人失信信息的信用修复制度。

二、研究意义

研究个人征信中的法律问题，不仅可以深化对个人征信法律制度本质的认识和完善我国市场经济法治理论，对于被征信人的权利保护、个人征信机构的规范运作、个人征信行为的有效监管以及个人信用修复机制的完善，都具有重要的理论意义和实践意义。

（一）理论意义

1. 深化对个人征信法律制度基本原理的研究

个人征信法律制度的基本理论来源于个人征信的社会实践，同时对个人征信业的发展起规范指引作用。自社会信用体系建设开展以来，我国个人征信业发展取得了积极成效，如中国人民银行征信中心和百行征信有限公司成立。与此同时，与个人征信法律制度相关的一些基本理论问题需要进一步廓清，诸如个人征信制度中的法律关系、个人信用信息保护的权利体系、被征信人的基本权利、个人征信机构的法律地位与运作模式、个人征信中的权利冲突与平衡、被征信人的信用修复机制等。厘清这些理论问题对于个人征信法律制度的建构与适用都极为重要。

2. 完善我国市场经济法治理论

现代市场经济不仅是信用经济，也是信息经济、法治经济。征信业通过信用信息的流通和共享，降低市场交易中的信息不对称，防止逆向选择和道德风险的发生，为市场经济的稳定运行营造良好的外部环境，是信用关系的"润滑剂"。个人征信法律制度是社会主义市场经济法律体系的重要组成部分。对个人征信法律制度的研究，对于我国市场经济法治理论的丰富和深化具有积极意义。

（二）实践意义

1. 有助于被征信人的权利保护

被征信人集债务人、信用消费者、信息主体等多重身份于一身，享有隐私权、信用权以及个人信息权等基本权利。在个人征信框架中，对被征信人权利的保护是通过对个人信用信息的保护实现的。作为个人信息中最具经济价值的组成部分，当前对个人信用信息的保护无论从法律制度层面还是实际效果上看，都不尽完善。对个人征信进行法学研究，正是着眼于当前个人征信机构的市场化运作受到被征信人私人利益的限制，有针对性地提出在充分保护个人私益的前提下，促进个人征信机构的发展。

2. 有助于个人征信机构规范健康发展

被征信人的权利保护离不开个人征信机构依法合规地开展个人征信业务，因此，需要对个人征信行为予以必要的法律规制。本书的研究针对我国个人征信机构在个人信用信息采集、加工、存储、披露和使用等环节的问题，提出相应的对策和建议。

3. 有助于提高对个人征信业务监管的有效性

提高政府监管个人征信业务的有效性，是保证个人征信机构依法合规运作，以及充分保护被征信人权利的必要条件。本书分析了我国个人征信业监管存在的问题，并提出了相关对策和建议，希望对监管实践能够发挥积极作用。

三、国内外研究综述

（一）对个人征信业及其监管的研究

1. 域外个人征信业的发展模式

个人征信业发展模式是研究个人征信体系的重要内容。目前，学界对域外个人征信发展模式的研究已趋于一致，多为三分法或四分法，即以美国为代表的市场征信模式、以法国为代表的公共征信模式、以日本为代表的会员征信模式以及以德国为代表的混合征信模式。

玛格里特·米勒编著的《征信体系和国际经济》全面总结了当前世界征信体系的发展情况，通过列举发展中国家和发达国家的例子，介绍了征信影响金融市场的理论与实证经验。在技术创新和金融市场开放的驱动下，征信业在世界范围得到发展。虽然在一些国家建立公共征信系统是为了弥补私营征信业的缺乏或不足，但调查结果可以表明公共征信系统与私营征信公司之间存在显著差异，它们似乎是征信系统中相互补充的关系，而不是简单的替代关系。① 尼古拉·杰因茨所著的《金融隐私——征信制度国际比较（第二

---

① 〔美〕玛格里特·米勒:《征信体系和国际经济》，王晓蕾、佟焱、穆长春译，中国金融出版社
2004 年版，第 14 页。

版)》从国际比较的角度，系统研究了美国、德国、英国和法国的征信制度，得出欧美国家存在三种可确认的不同类型的征信制度：复合系统（公共信用登记系统和私营征信机构）、私营系统（只有私营征信机构）以及公共系统（只有公共信用登记系统），并强调历史因素是影响国家选择何种征信制度的关键。① Andreas Horsch 与 Johannes Stephan 分析了来自私人征信机构与公共征信机构的信息共享与金融普惠性和金融中介之间的关系，得出信息共享机制与金融包容性之间存在正相关关系的结论。②

零壹财经·零壹智库所编著的《金融基石：全球征信行业前沿》对美国、英国、法国、德国、日韩的征信业发展历程、现状和监管展开了全面考察，还介绍了国外主要的征信机构。③ 叶世清的《征信的法理与实践研究》认为国外的专业化征信机构有三种模式：一是美国完全市场化、民营化的信用局模式；二是欧洲主流的公共信用登记机构模式；三是日本的会员制模式。④ 李朝晖的《个人征信法律问题研究》探讨了美国的市场化征信模式、欧陆国家的公共征信模式以及日本的行业协会征信模式，并对三者予以比较，认为各国的经济发展水平、法律传统、立法理念的差异形成了各异的征信监管体系。⑤ 姚佳的《个人金融信用征信的法律规制》将个人征信业发展模式分为以法德为代表的公共征信系统模式和以美国、英国、日本为代表的私营信用征信机构模式，并对两种个人征信业发展模式予以评价。⑥ 李俊丽的《中国个人征信体系的构建与应用研究》对美国市场主导的私人征信模式、日本会员制的私人征信模式以及欧洲政府主导的公共征信模式展开研究，并进一步得出国外个人征信体系建设对我国的启示。⑦

本书认为，经济基础决定上层建筑，个人征信业实行何种发展模式对个人征信法律制度的形式和内容具有重要意义，同时个人征信法律制度对个人征信业的发展具有关键作用。分析世界上主要的个人征信业发展模式是进一步研究个人征信法律制度的前提。学界对私营征信模式和公共征信模式并无太大争议，但对日本的会员征信模式和德国的混合征信模式仍未达成共识。对于日本的会员征信模式，绝大多数学者认为其应当属于一类独立的个人征

① 〔德〕尼古拉·杰因茨：《金融隐私——征信制度国际比较（第二版）》，万存知译，中国金融出版社 2009 年版，第 55—56 页。
② Andreas Horsch, Johannes Stephan. "Credit Information Sharing and Its Link to Financial Inclusion and Financial Intermediation", *Financial Markets*, *Institutions and Risks*, Vol. 1, Issue 3, 2017, pp. 22-33.
③ 零壹财经·零壹智库：《金融基石：全球征信行业前沿》，电子工业出版社 2018 年版，第一部分。
④ 叶世清：《征信的法理与实践研究》，法律出版社 2010 年版，第 93—97 页。
⑤ 李朝晖：《个人征信法律问题研究》，社会科学文献出版社 2008 年版，第 1—42 页。
⑥ 姚佳：《个人金融信用征信的法律规制》，社会科学文献出版社 2012 年版，第 94—102 页。
⑦ 李俊丽：《中国个人征信体系的构建与应用研究》，中国社会科学出版社 2010 年版，第三章。

信业发展模式。虽然日本的个人征信机构正逐渐向独立的股份有限公司转型，不再无偿提供个人征信服务，但行业协会对日本个人征信机构的影响力仍然存在，并能施加实质性控制。即使日本的个人征信机构在法律性质上与美国的私营个人征信机构无异，但两者在运作方式上存在较大差异，故日本的会员征信模式独立于市场征信模式和公共征信模式而存在。除此之外，世界上越来越多的国家采用了德国的混合征信模式，可以最大限度地发挥私营征信机构与公共征信机构各自的优势，故应作为一种独立的个人征信业发展模式来看待。

2. 特定国家或地区的个人征信业及监管

由于国外政府监管金融征信机构的重心在业务而非市场准入，因此如何保护个人信用信息成为西方学者研究个人征信监管的实质内容，而不同国家和地区保护个人信用信息的程度差异及其形成原因是重点。

Pagano Marco 和 Jappelli Tullio 认为，在旨在保护机密信息或个人隐私的一系列法律规定中均对信用信息的提供和使用行为予以明显限制，此类规定在欧洲内部、美国与欧洲国家之间都存在很大差异，这些差异似乎对征信行业的发展产生了深远影响，例如法国严格的隐私保护法阻止了该国私人征信机构的发展。从历史上看，对借款人的隐私保护程度，确实已经影响征信机构的发展。征信机构的活动几乎在所有地方都受到了监管，以防止侵犯个人隐私和公民自由。隐私保护法则通过为消费者提供广泛的保证，如限制潜在用户的访问行为、禁止采集正面信用信息（如芬兰和澳大利亚）、在规定的时间内强制删除个人信用信息、禁止收集某些类型的信息以及访问、检查和更正个人信用信息的权利。[①] 造成美国和欧盟迥然不同的个人征信监管政策的重要原因，Nicola Jentzsch 认为是深深根植于两地关于隐私和个人信息的文化概念。美国倾向于将个人信息视为一种经济信息，而欧洲人则将个人隐私视为人权问题，在处理个人信息时应优先考虑个人的基本权利。[②] 她还认为，欧盟的决策者需要在增强借款人个人信用信息交换的积极影响和消极影响之间找到经济上的合理平衡。[③]

我国一些学者也陆续发表针对某一特定国家或地区个人征信业发展状况

---

① Jappelli Tullio, Pagano Marco, "Role and Effects of Credit Information Sharing", *CSEF Working Papers*, Centre for Studies in Economics and Finance (CSEF), University of Naples, Italy, 2005.

② Nicola Jentzsch, "The Economics and Regulation of Financial Privacy-A Comparative Analysis of the United States and Europe", *Working Paper*, No. 128/2001, John F. Kennedy Institute for North American Studies, Freie University, Berlin, 2001.

③ Nicola Jentzsch, "The Regulation of Financial Privacy: The United States VS Europe", *ECRI Research Report*, NO. 5, European Credit Research Institute, Brussels, 2003.

的学术论文，其中以研究美国居多。廖理的《美国个人征信业的发展阶段和制度建设》认为，美国征信市场遵循市场导向原则，其发展经历了基础建设、完善发展以及深化监管三大阶段。① 宋湘燕、巴晶铝的《美国个人征信市场发展》详细梳理了美国个人征信业的发展历史并总结其特点。② 王黎平、邹巧宜、衷卫平的《美国个人征信业的监管经验及启示》从完善的监管法律体系、成熟的监管机制、有效的行业自律机制以及对消费者合法权益的有力保护四个方面对美国个人征信业的监管加以探讨。③ 围绕美国个人征信业的学术论文还有张文博、宋国军的《美国个人征信市场化运作特点、监管措施及对我国的启示》、臧慧萍的《美国个人征信业务的特征及启示》与王建华的《美国个人征信机构的发展、运作及对我国的启示》等。还有学者将对美国个人征信业的研究延伸至个人信用修复领域，吴琪、王秋香的《美国个人信用修复的做法及启示》总结了美国个人信用修复机制的主要经验：第一，完善信用修复法律；第二，加强消费者征信教育；第三，建立信用修复机制；第四，完善异议处理流程；第五，健全征信投诉机制。④ 张亚蕾的《个人信用修复机制：美国案例》系统总结了美国个人信用修复机制的基本构成和主要做法，并得出以下启示：第一，采用综合立法模式，完善信用修复法律法规；第二，政府推动与市场运作相结合的发展模式；第三，建立金融消费投诉机制与争议处理机制；第四，加强金融消费者教育和权益保护研究。⑤

此外，针对英国、日本、德国、意大利、西班牙、中国香港、中国台湾等地征信业的研究成果也屡见不鲜。武迪、武传利的《英国个人征信的经验及对我国的启示》系统研究了英国的个人征信立法、个人征信市场组织管理体系以及个人征信业务。⑥ 池凤彬、刘力臻的《日本征信业的历史沿革及运营机制分析》系统研究了日本会员征信模式的历史形成、运行模式及运营机制，并总结其优势和对我国的启示。⑦ 冯春晓的《关于德国社会信用体系建设模式的若干思考》部分内容涉及德国征信体系建设，分析了德国主要私营征信局业务领域与特点、信用信息的采集和使用机制等。⑧ 王俊山的《西班牙个人征

---

① 廖理：《美国个人征信业的发展阶段和制度建设》，《人民论坛》2019 年第 21 期，第 110 页。
② 宋湘燕、巴晶铝：《美国个人征信市场发展》，《中国金融》2017 年第 4 期，第 81—82 页。
③ 王黎平、邹巧宜、衷卫平：《美国个人征信业的监管经验及启示》，《征信》2016 年第 8 期，第 70—72 页。
④ 吴琪、王秋香：《美国个人信用修复的做法及启示》，《北方金融》2015 年第 7 期，第 76—80 页。
⑤ 张亚蕾：《个人信用修复机制：美国案例》，《金融纵横》2017 年第 9 期，第 74—79 页。
⑥ 武迪、武传利：《英国个人征信的经验及对我国的启示》，《金融纵横》2009 年第 8 期，第 49—52 页。
⑦ 池凤彬、刘力臻：《日本征信业的历史沿革及运营机制分析》，《现代日本经济》2018 年第 5 期，第 81—94 页。
⑧ 冯春晓：《关于德国社会信用体系建设模式的若干思考》，《北方经济》2014 年第 8 期，第 77—79 页。

信市场监管及其启示》不仅介绍了西班牙个人征信市场的基本情况，还进一步分析了西班牙个人征信法律情况和个人征信业务监管情况。[1] 杨柳的《香港商业信贷资料库的有关情况及对内地征信业的几点启示》介绍了香港商业信贷资料库的基本情况、具体运行以及监管实践。[2] 耿得科、张旭昆的《台湾征信业研究》系统梳理了中国台湾征信业的发展历程、现有模式及对大陆征信业的启示。[3]

本书认为，经过近二十年的深耕运作，我国的个人征信业无论从机构数量还是发展质量上都有了明显提高，但是与美国、德国、日本等发达国家仍有不小差距。因此，对其他国家和地区的个人征信业及其监管制度展开研究，从中汲取有利于我国个人征信业健康快速发展的理论养分是极为必要的。但是，国内学者对域外个人征信业的研究仍主要集中于美国、英国、德国、日本等少数发达国家，对俄罗斯、韩国、加拿大、澳大利亚等其他发达国家尤其是发展中国家的个人征信业关注较少。广大发展中国家在发展本国个人征信业过程中的实践和面临的主要问题，同样对我国个人征信业运作模式的选择具有借鉴意义。

3. 我国个人征信业的运作模式选择

针对我国究竟选用何种个人征信业发展模式，学者们的看法不尽一致，但都认为我国个人征信业发展模式应契合本国国情，不宜直接照搬他国模式。绝大部分学者认为我国个人征信业发展模式应同时发挥市场和政府的作用，只是在两者的具体角色扮演方面存在不同认识。主要有以下代表性观点。

（1）有学者认为应构建政府与市场共同推动型的征信制度模式。例如王晓明在《征信体系构建：制度选择与发展路径》中阐明，要充分发挥公共征信机构的基础性作用，加快推动市场主体建设，形成公共征信机构与社会化征信机构力量较为均衡、市场发展稳健高效的良好局面。[4] 李清池、郭雳在《信用征信法律框架研究》中也认为，信用征信体系的政策目标是在政府主导下建立一个公共部门和私营部门共存互补的征信体系。[5] 张忠军认为，应努力寻找公共征信机构与私营征信机构相互协调与相互支持的和谐之路，不要因为公共征信机构的发展而抑制了私营征信机构发展的空间，要使两者各得其

[1] 王俊山：《西班牙个人征信市场监管及其启示》，《征信》2015年第8期，第59—61页。
[2] 杨柳：《香港商业信贷资料库的有关情况及对内地征信业的几点启示》，《西安金融》2005年第10期，第24—28页。
[3] 耿得科、张旭昆：《台湾征信业研究》，《征信》2011年第6期，第69—73页。
[4] 王晓明：《征信体系构建：制度选择与发展路径》，中国金融出版社2015年版，第48页。
[5] 李清池、郭雳：《信用征信法律框架研究》，经济日报出版社2008年版，第39页。

所、公平竞争和共生共荣。①

（2）有学者认为我国可以采用渐进市场化的个人征信模式。例如李俊丽认为可通过分阶段的方式将我国个人征信业由政府主导的公共征信模式逐步过渡为由市场主导的私人征信模式。② 叶世清认为我国征信机构的最终目标是摆脱政府和行业协会的模式，建立独立、公正、更加专业化的民营征信数据库，对于"公共信用信息数据库"要么继续保留，要么引入民间资本实行股份制改造。③ 翟相娟认为，我国的个人征信模式分为两个阶段：第一阶段是政府主导的公共征信模式；第二阶段是市场主导的私人征信模式。④

（3）有学者认为我国应建立类似欧陆国家的公共征信模式，例如李朝晖认为我国尚不具备构建市场征信模式和会员征信模式的经济基础和法治环境，可建立以公共征信系统为主体、商业化运作征信机构发挥主要作用的征信体系。⑤ 姚佳认为，我国应在目前运作模式的基础上逐步过渡到以政府为主导并由其监管，以个人信用数据库为核心载体，以公司化的征信机构为重要主体的运作模式。⑥

本书认为，个人征信业发展模式的选择受到一国基本政治制度、经济发展水平、历史文化传统等诸多因素的制约，我国也不例外。无论采用何种个人征信业发展模式，一旦脱离我国实际将不利于其功效的发挥。其中，我国正处于并将长期处于社会主义初级阶段的基本国情是个人征信业在发展过程中面临的最大实际。除此之外，党的十九大报告指出，中国特色社会主义已经进入新时代，我国社会主要矛盾已经转化为人民日益增长的美好生活需要和不平衡不充分的发展之间的矛盾。结合近几年我国个人征信业的发展动态，私营征信模式、公共征信模式以及会员征信模式都不是我国个人征信业发展模式的最优选项，本书通过进一步论证分析，认为我国个人征信业应该走"公私并重"的发展道路。

4. 我国个人征信业的政府监管

学者在探讨个人征信业发展模式、个人征信法律制度时均会不同程度涉及个人征信业的监管问题。在2013年《征信业管理条例》出台之前，对个人征信业监管的研究主要集中于是否需要监管以及如何监管个人征信业。时至今日，对征信业开展监管的必要性已经不言自明，学界对个人征信业监管的

① 张忠军：《征信法律制度中的政府角色》，《法学》2005年第9期，第97页。
② 李俊丽：《中国个人征信体系的构建与应用研究》，中国社会科学出版社2010年版，第102—103页。
③ 叶世清：《征信的法理与实践研究》，法律出版社2010年版，第100—101页。
④ 翟相娟：《个人征信法律关系研究》，上海三联书店2018年版，第125—128页。
⑤ 李朝晖：《个人征信法律问题研究》，社会科学文献出版社2008年版，第192—193页。
⑥ 姚佳：《个人金融信用征信的法律规制》，社会科学文献出版社2012年版，第104页。

讨论主要集中于如何进一步完善现有的征信监管框架，主要有如下观点。

（1）有学者就我国征信业监管的主要内容作出论述。例如李清池等提出了用征信法规加强征信业监管的具体对策，认为征信企业的市场准入和市场退出、征信企业的业务经营以及信息主体的权益救济是征信法规的重点。① 艾茜认为，个人征信监管的主要范围和内容包括征信机构的市场准入、对征信机构经营合规性的监管、对征信信息安全的监管、对由于征信信息真实性问题引起的纠纷进行行政裁决。② 万存知认为，个人征信市场不仅要实行分类监管，对个人征信机构的监管也应严于企业征信机构。③

（2）有部分学者认为当前个人征信机构的市场准入管制较为严苛，应予以适当放松。邓建鹏等认为，国内个人征信业的监管政策重在严格的准入管制，不利于行业充分竞争和防范金融风险，且在合法性与必要性等方面存疑，应及时放松个人征信业的准入管制，及时下发个人征信牌照，减少监管者对市场准入的过度干预，打破个人征信市场的行政垄断，确保市场主体金融公平。④ 王伟等认为，实现征信业市场化改革的目标必然要求对征信机构放松市场准入控制，但应维持个人征信业务的牌照管理模式，同时适当增加个人征信机构主体数量，引入更多竞争。⑤ 还有学者从数据治理的角度对征信市场准入监管展开研究，郭家琪、刘彤认为，立足分级分类的监管思路，可从征信市场的数据治理层面优化主体资格管理制度，进而完善我国征信市场准入监管。⑥

（3）多数学者提到行业自律是完善征信业监管的重要方面。黄卓认为，除要进一步完善征信法律法规、实行分类监管之外，还要积极发挥行业协会的作用，促进行业自律管理。⑦ 叶世清分析了我国征信市场监管中的难点来源于对"信用"的理解未能统一，认为在完善监督管理手段时，要注重建立和

---

① 李清池、郭雳：《信用征信法律框架研究》，经济日报出版社 2008 年版，第 45 页。
② 艾茜：《个人征信法律制度研究》，法律出版社 2008 年版，第 45 页。
③ 万存知：《个人信息保护与个人征信监管》，《中国金融》2017 年第 11 期，第 18 页。
④ 邓建鹏、马文洁：《大数据时代个人征信市场化的法治路径》，《重庆大学学报（社会科学版）》2021 年第 6 期，第 172 页；邓建鹏：《个人征信业监管政策改革的法制思考》，《暨南学报（哲学社会科学版）》2022 年第 4 期，第 48 页；邓建鹏：《个人征信准入管制困境与法治应对》，《南昌大学学报（人文社会科学版）》2022 年第 2 期，第 66 页。
⑤ 王伟、熊文邦：《我国信用服务业分类规制研究》，《征信》2019 年第 12 期，第 15 页；王伟、欧阳捷：《征信立法的中国探索——写于〈征信业管理条例〉颁布十周年之际》，《征信》2023 年第 6 期，第 4 页。
⑥ 郭家琪、刘彤：《基于数据治理的中国征信市场准入监管制度研究》，《征信》2024 年第 6 期，第 1 页。
⑦ 黄卓：《互联网金融时代中国个人征信体系建设研究》，中国社会科学出版社 2018 年版，第 218—219 页。

充分发挥行业协会的作用。① 李俊丽认为随着个人征信业的不断发展，我国政府应尽快推动个人征信行业协会的建立，行业自律应从无到有、从辅助管理到并重管理再到最终实现主导管理。②

本书认为，对个人征信业的监管应包括政府监管与行业自律两个有机组成部分，两者在监管主体、监管形式和监管实效上存在较大差异。在对个人征信业的监管展开研究时，需要分别把握政府监管与行业自律各自的完善重点。目前，我国征信业监督管理部门对个人征信业的监管仍以传统的组织监管、静态监管、结果监管为主，为了提高政府对个人征信业监管的有效性，应加大对行为监管、动态监管、过程监管等监管方式的研究力度。在行业自律方面，由于我国目前还没有一家严格意义上的征信业行业协会，使得本部分的研究较为薄弱。

（二）对个人征信法律制度的研究

从我国个人征信业起步到《征信业管理条例》出台之前，因缺乏基本的征信业监管法规，对个人征信业只能适用民商法、行政法、经济法等领域相关法律法规和效力层级更低的个人征信地方性法规，因此，学界对征信法律制度的研究侧重于征信立法"从无到有"过程的研究，问题主要集中于征信立法的必要性、可行性以及具体框架设计。2013 年《征信业管理条例》的出台扭转了我国征信业无法可依的局面，但是随其不断深入推行也带来了一些新的问题。学界对个人征信法律制度的研究焦点转移至如何使其日臻完善，并取得了较多研究成果。

1. 征信法律制度的基本理论

（1）征信立法的法律性质。学界关于征信法的性质尚未取得一致，存在征信法是经济法、民商法或者行政法三种观点。有学者认为，征信法应属于经济法的范畴。例如李振东认为，"鉴于该法兼有公法和私法的特性，用经济法理论指导征信法治建设，既有理论基础，又是现实需要"③。杜微也认为，"征信法应当归入经济法的范畴"④。徐志军认为，"征信管理法律法规的设计宜采公、私法规范共同作用，私法规范逐渐由辅助规范上升至主导性规范的路径"⑤。还有学者持征信法属于民商法的观点，如秦辉、方志成、曹如刚认

① 叶世清：《征信的法理与实践研究》，法律出版社 2010 年版，第 209 页。

② 李俊丽：《中国个人征信体系的构建与应用研究》，中国社会科学出版社 2010 年版，第 95 页。

③ 李振东：《我国征信法的经济法解读》，《河南财政税务高等专科学校学报》2011 年第 6 期，第 27 页。

④ 杜微：《论我国征信法律制度的建立》，《当代法学》2002 年第 9 期，第 18 页。

⑤ 徐志军：《我国信用体系建设中征信立法的基本问题分析》，《国家行政学院学报》2008 年第 4 期，第 45 页。

为，"把征信法纳入商法范畴是符合征信法本质的，如若把它纳入经济法，易造成国家对征信业干预过多的局面"①。艾茜也认为征信法律制度属于商事法，"就其核心内容而言，个人征信法律制度应当属于商法范畴，属于一门新兴的商事法律制度"②。

（2）征信立法的必要性。多数学者在论述征信立法的必要性时，仍聚焦于对征信业、市场经济秩序以及社会信用体系建设所产生的良性影响。较有代表性的观点主要有征信立法可以降低市场交易成本，促进经济又快又好发展；征信立法可以规范征信机构资质及其业务行为，是本行业运行的根据；征信立法也是社会信用法治建设的重要环节。例如罗艾筠认为，将征信活动纳入法律框架，"不仅能有效地推动市场经济的不断更新，使市场经济不断规范化、法制化，而且有利于建立一个公开透明的社会环境和市场环境，增强人们的自由参与意识"③。也有学者强调征信立法对于保护个人信用信息的重要意义，例如周晚香认为，"在市场经济时代，既保障个人的信息能为市场的资源优化配置提供条件，又不对公民的隐私权造成侵害是相当必要的"④。

（3）征信立法的法律价值。法的价值是立法思想先导。严格意义上的立法活动都是在一定法的价值观指导下的国家行为。⑤ 作为市场经济领域重要的法律部门，征信立法的法律价值集中于公平与效率间的关系上。江宇、刘碧芳、黄昀认为，"美国和新兴市场国家的征信法律制度侧重于激发市场活力，而欧洲各国的征信法律则侧重于个人数据（信息）保护"⑥。高燕认为，"从社会信用状况和征信业发展的实际出发，我国建立征信法律制度应当坚持效率优先，同时要兼顾公平"⑦。

本书认为，由于个人征信法律制度调整的社会关系极为复杂，其具有明显的综合性特征，因此，无论是民商法、行政法还是经济法均不能完全涵盖个人征信法律制度的内容。在个人征信立法的必要性方面，不仅要看到其对个人征信机构依法合规运作、个人信用信息有效保护、市场经济稳健运行的有利影响，还要深入研究个人征信立法的法理实质，即债权人知情权、个人征信机构的征信权与被征信人隐私权、信用权以及个人信息权的冲突和平衡。

---

① 秦辉、方志成、曹如刚：《论我国征信法的构建》，《甘肃政法学院学报》2003 年第 1 期，第 70 页。
② 艾茜：《个人征信法律制度研究》，法律出版社 2008 年版，第 40 页。
③ 罗艾筠：《个人征信法律关系与信用信息之上的法律权利》，《金融理论与实践》2016 年第 10 期，第 81 页。
④ 周晚香：《论个人征信信息立法的必要性及其原则》，《求索》2008 年第 6 期，158 页。
⑤ 卓泽渊：《法的价值论（第三版）》，法律出版社 2018 年版，第 62 页。
⑥ 江宇、刘碧芳、黄昀：《国外征信立法模式比较及其启示》，《福建金融》2014 年第 S2 期，第 57 页。
⑦ 高燕：《简论我国征信立法原则》，《四川理工学院学报（社会科学版）》2009 年第 4 期，第 71 页。

在征信立法的法律价值方面，绝大多数学者仍旧从公平和效率之间的关系切入，未能就个人征信立法中涉及的法的基本价值与一般价值的位阶关系展开深入探讨。

2. 域外征信法律制度

（1）域外征信立法研究。征信业在美国、英国、法国、德国、日本等国家发展较为充分，其法律制度也相对较为完善。探索适合我国国情的征信法律制度，需要关注域外的经验和做法。正是在此背景下，研究域外征信法律制度的论文不断涌现。关于美国的征信法律，有学者认为，美国的征信法律体系具有法律的分散性、信用监管机构多元化、在同意权上主要采用"选退"方式、修正速度快等特点。① 关于欧盟国家的征信法律，有学者认为，"欧盟国家对于征信行业的监管和消费者保护的法律设计普遍包括：监管机构权力、数据报送机构义务、征信机构义务、信息当事人权利以及跨境数据流动等监管内容"②。关于日本的征信法律制度，有学者认为，"在征信市场监管和消费者权益保护上，日本政府有意识地弱化行政干预，而是把重点放在顶层制度设计上，突出法律的约束作用"③。

（2）中外征信立法比较研究。有学者认为，我国目前个人征信的立法层级较低，"美国从 1837 年开始发展征信市场……已形成了以《公平信用报告法》《公平债务催收作业法》《平等信用机会法》《公平信用结账法》为主体的 16 部法律组成的征信法律体系。而我国的主要依据是 2013 年颁布的《征信业管理条例》和《征信机构管理办法》，尚未上升到法律层面，这方面亟待完善"④。也有学者认为我国个人征信的立法体系不完善，"美国、欧洲的征信法律体系均不是仅仅依靠专业的征信法律法规就能发挥作用的，需要很多其他相关法律的大力配合，而我国的法律基础较为薄弱，特别是与个人隐私权的保护有关的法律较为欠缺，与美欧国家存在着较大的差距"⑤。还有一些学者从各自的角度对中外个人征信立法展开比较，李清池通过对欧洲与美国征信立法与监管的比较分析，认为国际上对于征信立法的基本原则正在趋同，可以为我国的征信立法和监管提供借鉴。⑥ 高克州以我国的《征信业管理条例》为视角，从个人数据信息的采集、个人数据信息的使用以及信息主体权益的实现三个方面系统比较了国内外对个人数据保护的相关法律规定，呼吁

---

① 杨光：《美国征信法律立法变迁的借鉴》，《华北金融》2016 年第 12 期，第 47—48 页。
② 刘荣、孟灿霞：《欧盟国家征信行业监管框架研究》，《金融纵横》2011 年第 10 期，第 70 页。
③ 孙红、金兵兵：《日本征信市场的特点及启示》，《征信》2015 年第 6 期，第 65 页。
④ 徐启昌：《中美征信市场比较》，《中国金融》2015 年第 21 期，第 55 页。
⑤ 徐苏江、姬明：《征信立法的国际比较及对我国的启示》，《征信》2009 年第 4 期，第 50 页。
⑥ 李清池、郭霈：《信用征信法律框架研究》，经济日报出版社 2008 年版，第 72 页。

提高《征信业管理条例》的可操作性。① 唐明琴等将《征信业管理条例》的内容和美国、欧洲国家征信法律的主要内容进行了比较，分析了不同立法倾向给征信业可能带来的深远影响。②

（3）国外征信立法比较研究。对国外征信法律制度的比较主要集中于对美欧的比较，尤其是两者在对个人信息保护上所呈现的差异性。一般认为相较于美国，欧洲对个人信用权益的保护更为严格，《通用数据保护条例》（GDPR）堪称欧盟的数据宪章。例如有学者认为，"欧洲倾向于使用全方位式的立法保护以处罚个人信用信息的滥用者，而美国对市场自由竞争机制充满信心，仅于个人信息侵权事件发生时，才采取因应措施。相对于美国的自律规范，欧盟则倾向于用建立严格的保护法制，进行一种由上而下的强制性规范来因应衍生的相关问题。所以，欧盟的个人信息管制范围要远大于美国"③。李清池等也认为，"欧盟实行一体化保护，不分行业，隐私保护水平可谓是全世界的最高水平，而美国除了保护个人隐私不受侵犯外，也将促进信用信息的有效供给作为同等重要的目标"④。

本书认为，对域外个人征信法律制度展开研究有利于进一步完善我国的个人征信立法。但部分学者在对中外个人征信法律制度进行比较时，仅仅局限于容易发觉的具体操作和实践层面的区别，如个人信用信息采集加工方式、不良信用信息存储时限和披露方式的不同，监管机构及监管方式的不同，侵害个人信用信息法律责任的不同，等等。但对为何会产生此类差异未能再做深入探讨。故在对中外个人征信法律制度展开比较研究时，还需深入分析立法理念的差异。

3. 对我国征信立法及其完善路径的研究

（1）我国现行征信立法的不足。随着《征信业管理条例》、《征信机构管理办法》和《征信业务管理办法》的出台，我国在个人征信领域实现了有法可依。近年来，学者对我国征信立法现状的研究主要集中在对已有制度所存在局限性的研究，进而指出我国征信法制建设仍有较大的完善余地。有学者认为，我国的征信法律制度存在征信法规不健全、征信法规建设严重滞后、征信法规效力不高、征信法规内容不全面、缺乏对征信机构和征信业务的法

---

① 高克州、王娟：《国内外个人数据保护的比较研究——以〈征信业管理条例〉为视角》，《征信》2013 年第 10 期，第 45—47 页。
② 唐明琴、叶湘榕：《〈征信业管理条例〉与欧美征信法律的比较及影响分析》，《南方金融》2013 年第 5 期，第 7—10 页。
③ 张薇、池建新：《美欧个人信息保护制度的比较与分析》，《情报科学》2017 年第 12 期，第 118 页。
④ 李清池、郭雳：《信用征信法律框架研究》，经济日报出版社 2008 年版，第 70 页。

律规范以及企业商业秘密和个人隐私权得不到有效保护等问题。① 还有学者指出，我国《征信业管理条例》存在效力级别偏低、制度对象狭窄、征信业务经营规则不合理、信息数据库运行机制不清晰以及监管对象过广等局限性。②

（2）我国征信法律制度的基本内容。宏观上，根据所调整的社会关系，征信法律制度可被划分为征信管理法律制度与征信服务法律制度。有学者认为，"个人征信法律制度是一项综合性极强的法律制度，涉及民法、商法、刑法和行政法等多方面的法律规范"③。如从法律功能的角度分析，则包括指引功能、救济功能与惩治功能的征信法律制度。微观上，大多数学者认为征信法律法规应明确征信业的性质、法律地位、业务范围、主管部门；明确征信业的市场准入条件、高管和从业人员的任职资格；界定政务公开信息和国家秘密、企业公开信息与商业秘密、消费者公开信息与个人隐私；明确征信违法的法律责任；明确政府部门和征信机构在收集和提供有关信息方面的责任义务。④

（3）我国征信法律制度的层次。征信法律制度层次的高低直接反映立法者对征信业在现代市场经济生活中所扮演角色的认知及重视程度。有学者认为，"征信立法应当是法律，而不是行政法规或部门规章"⑤。也有学者认为我国制定征信法的时机还不成熟，稳妥的方式应以行政法规和规章对征信业作出具体规定，而在上位法层面与民商法、经济法等领域完善个人信息保护、公共信息披露、金融消费权益保护等法律规则相适应。⑥

（4）我国征信法律制度的完善路径。无论是直截了当地指出现行征信立法的不足，还是尝试总结归纳个人征信法律制度的主要内容，其目的在于促进个人征信的立法完善。有学者在肯定《征信业管理条例》为征信法治作出重大贡献的同时，尝试规划构建高质量征信立法的路径，包括完善征信顶层法律设计、优化征信业的市场准入机制、进一步推动信用信息高效传递、适度开放公共征信系统的信用数据、有效维护个人信息权益、探索建立信用修复机制以及创新行业自律机制等⑦。有学者基于完善个人征信信息规制的角度，认为完善征

---

① 杨柳：《构建我国征信法律制度框架的思考》，《武汉金融》2010 年第 9 期，第 27—28 页。
② 李理、扬名杰、段维明：《〈征信业管理条例〉的局限性》，《银行家》2015 年第 2 期，第 121—123 页。
③ 艾茜：《个人征信法律制度研究》，法律出版社 2008 年版，第 39 页。
④ 杨柳：《构建我国征信法律制度框架的思考》，《武汉金融》2010 年第 9 期，第 28 页。
⑤ 杜微：《论我国征信法律制度的建立》，《当代法学》2002 年第 9 期，第 20 页。
⑥ 江宇、刘碧芳、黄昀：《国外征信立法模式比较及其启示》，《福建金融》2014 年 S2 期，第 60 页。
⑦ 王伟、欧阳捷：《征信立法的中国探索——写于〈征信业管理条例〉颁布十周年之际》，《征信》2023 年第 6 期，第 4—6 页。

信业立法应从形式和内容两个层面推进，在形式上体现为提高征信业立法位阶，在内容上体现为立法的体系化及具体规范内容的完备化。①

本书认为，《征信业管理条例》自 2013 年施行以来，其在规范个人征信业务行为、促进个人征信机构稳健运行以及保护个人信用信息等方面发挥了重要作用，但近年来，随着个人征信业的快速发展，尤其是百行征信、朴道征信等市场化个人征信机构相继成立，其内容的滞后性逐渐显现。《个人信息保护法》施行后，征信业监管部门随即制定出台了《征信业务管理办法》作为《征信业管理条例》的补充规定，但属效力更低的部门规章。部分学者已经指出《征信业管理条例》存在立法层级较低、法律效力不高的问题，但未能进一步指明提高《征信业管理条例》立法层级的可行路径，对《征信业管理条例》过渡至《征信业管理法》过程中可能存在的不同法律部门之间的协调问题预估不足。

四、研究方法及思路

（一）主要研究方法

本书坚持辩证唯物主义和历史唯物主义的思维导向，重点运用以下研究方法。

1. 法律解释学的研究方法

准确理解法条背后的基本含义以及蕴含的立法精神是开展研究的基础。本书不仅研究中国的征信法律制度，还涉及不少国外与个人征信相关的法律法规。对征信、个人征信、个人信用信息以及被征信人权利等基本概念的理解，也需要法律解释学的研究方法。

2. 比较研究的方法

通过对不同国家或者地区个人征信业的运行模式、监管手段及法律制度进行比较分析与总结，从中归纳出对我国个人征信业发展及其立法规范的有益经验及启示。

3. 历史研究的方法

个人征信法律制度不是从来就有的，其经历了一个从无到有的过程。个人征信法律制度也不是一步到位的，必然是一个不断健全和完善的过程。个人征信法律制度产生之后，需要随着征信业的发展而经历一条从不完善到完善的客观发展之路。

---

① 李爱君：《个人征信信息法律规制研究》，《中国应用法学》2023 年第 2 期，第 58 页。

4. 法律经济学的研究方法

征信所依赖的信用属于经济领域尤其是金融领域的概念范畴，具有明显的经济属性。因此，法律经济学是研究征信法律制度理论需要运用的研究方法。

（二）研究思路

本书坚持问题导向和目标导向，在充分阐释个人征信基本原理的基础上，逐步对我国个人征信业发展及其法律制度建构面临的主要问题予以分析和探讨。

第一章对个人征信及其法律制度进行概括性论述。首先，界定个人征信的概念，属于资信调查业的重要分支；其次，对与征信关系密切的信用予以阐释，同时对征信与社会信用体系之间的关系予以分析；最后，系统梳理了个人征信运行的法律机制以及个人征信制度中的主要法律关系，为后续研究打下基础。

第二章探讨了个人信用信息权利保护的权利体系。被征信人是个人信用信息的直接来源，保护被征信人的利益要求保护好个人信用信息。被征信人应当是具有完全民事行为能力的自然人，包括外国人和无国籍人。被征信人虽然具有隐私权、信用权和个人信息权，但其在个人征信法律关系中处于相对弱势的地位，极易遭到个人征信机构、信用信息提供者和使用者的侵害，并导致民事责任、行政责任甚至刑事责任的产生，由此应当赋予被征信人有效的救济渠道。

第三章探讨了个人征信机构的法律地位与运作模式。个人征信机构是个人征信法律关系的核心主体。美国的私营征信模式、法国的公共征信模式、日本的会员征信模式以及德国的混合征信模式是目前世界上具有代表性的个人征信业运作模式。不同的个人征信业运作模式，反映了个人征信机构不同的法律地位，我国应继续积极培育市场化个人征信机构。

第四章探讨了个人征信中的权利冲突与平衡。对于针对个人信用信息的外来侵害行为，不能仅依靠简单的事后追责与救济。为充分保护被征信人的利益，必须平衡个人征信中出现的权利冲突问题。个人征信中的权利冲突集中体现为个人征信机构的征信权同被征信人隐私权、信息权的冲突，我国应立足国情探索个人征信法律制度的构建路径。

第五章为总结，概括讨论了完善我国个人征信法律制度的构想，包括健全顶层立法，推动征信法制统一协调；优化市场准入，增加个人征信服务供给；细化征信业务规则，加强个人权益保障；创新业务监管，持续提升征信监管效能。

五、主要创新和不足

(一) 主要创新之处

理论是创新的基础。只有在研究透彻个人征信法律制度基础理论的前提下才有进一步创新的可能性。理论是实践的先导，虽然个人征信法律制度在世界各国有不同的演变和表现形式，但也存在一致性的相同内容。实践是检验真理的唯一标准。征信的实践发展为征信法律制度理论研究提供了丰富的宝贵素材，验证和支持了正确的理论。在充分借鉴既有研究成果的基础上，笔者尝试在以下方面有所创新。

1. 研究视角方面

首先，作为现代金融业的重要补充，征信业的产生与发展离不开信贷业的兴盛。任何事物的存在都不是孤立的，因此在准确把握"信用"内涵的基础上，将个人征信的外延适当予以拓展。正确把握征信业与信贷业的定位，从而正确界定两者之间的关系也是个人征信法律制度必须直面的问题。本书不仅对个人征信法律关系展开分析，同时把个人征信基础交易法律关系纳入研究视野，旨在实现征信业对信贷业健康快速发展的反哺。

其次，将个人征信业定位于整个社会信用体系建设的大格局，应就如何降低个人征信与社会信用体系之间的耦合成本进行进一步思考。能够以货币衡量的经济信用仍属于整个社会信用中最为核心的内涵，直接关系到经济发展的稳定和信用体系建设的质量。"社会信用体系"是中国政府首次提出的概念，为我们认识个人征信提供了一个全新的角度。同时，紧扣近年来我国个人征信体系建设中的热点问题和争议焦点，对个人征信"道德档案化"等观点予以科学辨析。

2. 实践探索方面

一是在个人征信机构的运作方面，针对我国个人征信业市场化程度较低、征信产品供求失衡的现状，提出相应的法律对策。具体而言，在对个人征信机构维持牌照制的市场准入模式的基础上，明晰个人征信机构的市场准入实质条件，以市场为导向积极培育市场化个人征信机构，增加机构数量，促进市场竞争。

二是在个人征信业务行为的具体法律规制上，我国应坚持兼顾公益和私益的基本原则，实现个人征信机构的征信权与被征信人的隐私权、信息权之间的动态平衡，尝试丰富我国个人信用信息的采集行为规则、加工行为规则、存储行为规则以及披露和使用行为规则，使个人征信机构的业务有章可循。

三是在提升政府对个人征信业务监管的有效性上，提出将新型的信用监管率先引入个人征信机构，同时实现动态监管和全程监管；建立个人征信业的监管协调机制，实现对被征信人多重身份的全面保护；加快成立全国性的个人征信业协会，加强行业自律，夯实协同监管基础。

（二）主要不足

一是个人征信蕴含的法律问题众多，本书重点研究其中最主要的法律问题，未能做到面面俱到，因此研究的视野还需要进一步拓展。

二是对个人征信业务行为予以规制的法律本质是平衡权利冲突。然而，个人征信业是一个实践性极强的行业，对于征信权与被征信人权利之间最佳的平衡点在哪里、公共利益与私人利益调和的具体界限在哪里、个人征信机构与被征信人之间的具体权利义务应该如何配置，本书未能给出绝对的答案，需要进一步探讨。

三是本书虽然尝试对个人征信具体行为规则展开讨论，但显得较为原则和粗略。在信息采集范围上，只是大致划定了相对禁止采集信息的范围；在信用信息的存储期限上，没有明确不同类型负面信用信息的具体存储期限，因此还难以适应我国个人征信业发展的需要，未来将在《个人信息保护法》的基础上进一步深化研究。

第一章 个人征信及其法律制度
的基本理论

由于征信在防范金融风险、维护金融稳定等方面所具有的重要作用，其日益受到社会各界的关注。同时，作为我国社会信用体系建设的有机组成部分，征信的经济社会功能日益凸显。尽管个人征信业在我国稳步发展，相关的征信立法也有序展开，但关于个人征信法律制度的一些基本问题尚未完全形成共识，实践中的误解和争议屡见不鲜。为此，有必要对个人征信的基本概念、运行机制以及个人征信法律关系进行探讨，这是研究个人征信法律制度的基础。

第一节 个人征信的基本原理

一、个人征信的语义分析

在汉语中，"征信"最早可远溯至《左传·昭公八年》中叔向的言论。在听闻师旷对晋平公所言之后，叔向赞叹道，"子野之言，君子哉！君子之言，信而有征，故怨远于其身。小人之言，僭而无征，故怨咎及之"①。"信而有征"作为一个成语使用，可用于形容事情有凭有据、真实可信。我国《征信业管理条例》将征信定义为"对企业、事业单位等组织（以下统称企业）的信用信息和个人的信用信息进行采集、整理、保存、加工，并向信息使用者提供的活动"②。这一表述未能揭示"征信"的深层次含义，故有必要进一步对其进行深入的语义分析。

征信的"征"是一个多义词。在一些关于"征信"的字面解释中，有观点认为征信中的"征"意为征集，与征兵、征税中的"征"意思一致。"信"则指代信用信息，所以征信便是征集信用信息的活动。但是，《现代汉语词典》对"信而有征"中的"征"解释为证明、验证的意思，因此，与征兵的"政府召集人民服务"、征税的"征收"、征地的"征用"以及征稿的"征求"

---

① 张文学注、管曙光译：《五经四书全译：春秋左传》，中州古籍出版社 2000 年版，第 2628 页。
② 《征信业管理条例》第 2 条第 2 款。

的含义均不同。① 因此，征信的"征"不完全指征集信用信息，而是在此基础上，再进一步证明和验证其资信和信用状况。

在日语中，征信则被直接表述为"信用調査（しんようちょうさ）"。从狭义上讲，当金融机构向公司或个人贷款时，贷款人会检查借款人及其担保人的偿付能力和抵押品价值，因此又被称为"信用审查"；从广义上讲，制造商和贸易公司等在建立业务关系时会调查业务伙伴的信誉度和应收账款的信用额度，这项调查主要通过专业的企业或个人信用调查机构来完成。② 征信在英语中存在多种表达，如"Credit Checking"、"Credit Investigation"、"Credit Inquiry/Enquiry"、"Credit Reporting"以及"Credit Reference"等。中国人民银行征信中心采取了"Credit Reference Center"的译法。无论采取何种表述，征信均带有"查询、调查、报告或引用"的含义。

我国使用的"征信"与日本的"信用调查"具有基本相同的内涵。正如有学者指出，"征信就是资信调查，是指征信机构通过各类手段广泛收集、处理信用信息，以验证调查对象的信用"③。本书认为，征信是指依法采集、处理、分析和保存自然人、法人及其他组织的信用信息（主要为债权债务信息），并对外提供信用报告、信用评估（评分）以及信用信息咨询等活动，旨在帮助客户判断和控制信用风险从而作出正确的交易决定。当征信机构所采集的信用信息来源于自然人并据此提供个人信用报告时，便是通常所指的个人征信活动。个人征信有广义和狭义之分，狭义上的个人征信仅指采集和加工个人信用信息并对外提供个人信用报告的行为；而广义上的个人征信还囊括了个人信用评分评级、个人债务追收以及个人信用修复等外延。

在围绕个人征信的立法活动和学术研究中，还有使用"个人信用征信""个人金融信用征信"的情况。前者如《上海市个人信用征信管理试行办法》（以下简称《上海办法》）、《广东省深圳市个人信用征信及信用评级管理办法》（以下简称《深圳办法》）与《江苏省个人信用征信管理暂行办法》（以下简称《江苏办法》）等个人征信地方立法。《上海办法》将"个人信用征信"定义为"依法设立的个人信用征信机构对个人信用信息进行采集、加工，并根据用户要求提供个人信用信息查询和评估服务的活动"④。《深圳办法》将"个人信用征信"定义为"征信机构经过与商业银行及其他提供信息单位

---

① 《现代汉语词典》，商务印书馆2005年版，第1735页。
② 《信用調査 世界大百科事典 第2版の解説》，コトバンク，https://kotobank.jp/word/%E4%BF%A1%E7%94%A8%E8%AA%BF%E6%9F%BB-539211，访问日期：2020年3月2日。
③ 陈新年：《信用论》，经济科学出版社2017年版，第2页。
④ 《上海市个人信用征信管理试行办法》第2条。

的约定，把分散在各商业银行和社会有关方面的个人信用信息，进行采集、储存，形成个人信用信息数据库的活动"①。《江苏办法》则通过个人信用信息的范围来界定个人信用征信，个人征信活动是"对个人信用信息进行采集、储存、加工、使用等活动"，个人信用信息是指"自然人在社会与经济活动中形成的履行义务记录和相关数据"②。但从《征信业管理条例》的定义看，个人征信仅指个人信用征信，并不包括个人信用评级等深度评估环节，它是"对个人的信用信息进行采集、整理、保存、加工，并向信息使用者提供的活动"③。

二、个人征信的主要特征

（一）个人征信的对象是自然人

个人征信的对象即被征信人只能是自然人，既非公司等法人组织，也不是合伙制企业等非法人组织。这主要体现在个人征信机构所采集的信用信息，只能是个人的债权债务信息或者能够反映个人偿债能力或偿债意愿的公共信用信息。在企业征信中虽然也会对企业的部分高层管理人员开展征信，其必要性在于他们本身是企业生产经营活动的直接责任者，拥有可以直接影响企业生命周期的权力，与一般职工明显不同。这类企业关键少数群体的债权债务信息能在一定程度上反映企业的偿债能力，尤其是对于合伙人需承担无限责任的合伙制企业。因此，对企业高层管理人员的征信应属于企业征信的一部分。

（二）个人征信是专业化的信息服务活动

个人征信是更加专业化的信息服务活动，专业性是其行业名片。征信是一种信息服务，但并不是一切信息服务活动都是征信。④ 个人征信业务的专业性体现在诸多领域，相较于普通且单一的信息服务活动，个人征信活动有更为健全的工作机制、严密的运作程序、规范的操作技术、专业的工作人员以及严格的工作时效。回顾征信发展史，为何要将归集和共享债务人信息的功能从债权人身上剥离并转移至征信机构？除具备独立性的优势外，专业性也是征信机构得以产生并不断发展壮大的重要因素。市场交易主体需要的是准

---

① 《广东省深圳市个人信用征信及信用评级管理办法》第 3 条第 2 款。
② 《江苏省个人信用征信管理暂行办法》第 2 条。
③ 《征信业管理条例》第 2 条。
④ 万存知：《征信体系的共性与个性》，《中国金融》2017 年第 1 期，第 41 页。

确无误和可信的信息，独立性侧重于解决征信机构是否能够以客观公正的立场开展业务。在信息化普及的今天，征信机构的专业性无疑为信用信息的准确性和价值性提供了无形保证。依托专业的技术、设备和人员，征信机构能够从信息的海洋中快速聚焦市场主体所需要的信用信息并进一步实现对个人信用信息的深度加工。私营征信机构间的竞争，不再局限于资金和规模的竞争，更是技术和人才的竞争。因此，作为智力和技术密集型产业，私营征信机构无不把增强专业性作为提升核心竞争力的重要手段。

（三）个人征信机构是独立的第三方

个人征信是利用独立的第三方实现信用信息共享的。因此，无论采用何种征信模式，开展征信业务的机构必须是独立第三方。坚持独立第三方征信，可以有效防范征信活动中的利益冲突，这是国际公认的征信准则。[①] 以中国人民银行征信中心和欧洲部分国家中央银行信贷登记系统为代表的公共征信机构不以营利为目的，直接由本国中央银行负责日常运营和金融信息数据库的维护，从而能够保持绝对的独立性。独立性也是私营征信机构应当满足的基本要求，由于其从创立、准入再到运营、退出均遵循市场逻辑和竞争规律，旨在追求利益最大化，因此对其独立性的要求有更高的标准。私营征信机构不仅应符合形式上的独立性，更应满足实质上的独立性。形式上的独立性，是指征信机构独立于作为交易关系双方的债权人和债务人，这是绝大多数征信机构均须符合的条件，否则便与商业银行内部的信息征集部门无异。而实质上的独立性要求征信机构分别在征信业务、公司治理以及关联关系上实现完全的独立。[②] 个人征信机构的独立性决定其只是从事信息服务的中介机构，本身并不直接参与信用交易。

三、个人征信与企业征信之辨

广义上的企业征信，包括商业领域的企业资信调查和资信评估、信贷市场的企业资信调查和企业信用评级、资本市场的信用评级和政务领域的企业资信调查和信用评级等，涵盖了企业信用调查和信用评级等行为。[③]

我国有关立法采用狭义上的解释，即企业征信仅指商业领域和信贷市场的资信调查，不包括企业信用评级活动。这有利于维护国内征信法律制度的统一性和稳定性。企业征信与个人征信同属资信调查业，但由于被征信人性

---

① 万存知：《征信体系的共性与个性》，《中国金融》2017 年第 1 期，第 42 页。
② 万存知：《征信体系的共性与个性》，《中国金融》2017 年第 1 期，第 42 页。
③ 范水兰：《企业征信法律制度及运行机制》，法律出版社 2017 年版，第 10 页。

质的不同导致信用信息呈现出不同特点，两者可谓共性与个性并存。我国的《征信业管理条例》采取了个人征信与企业征信集中立法的模式。实践中绝大部分征信机构采取分别经营的策略，即个人征信业务与企业征信业务由不同的征信机构分别经营。相较于个人征信业，企业征信在我国起步更早、发展速度更快，截至 2022 年 2 月末，全国共有 26 个省（市）的 136 家企业征信机构在人民银行分支行完成备案。① 个人征信与企业征信在业务规则上具有较大区别，这主要归因于个人信用信息和企业信用信息的稳定性、复杂性和异质性存在差异。

首先，两者的稳定性不同。企业与个人在对外开展经济交往的必要性和活跃度上存在很大差异，这导致两者的信用信息在更新换代速度上有快有慢。人格具有相对稳定的特点，且影响个人偿债能力的因素相对企业而言更少，因此个人信用信息更加稳定，预测性也更强。企业是国民经济的细胞，是市场经济中最基本的主体。商业银行更倾向于向企业发放信用贷款，加之市场瞬息万变，企业信用信息处于极易变动的状态，故企业信用信息对时效性的要求更高。

其次，两者的复杂性不同。企业信用信息在种类上比个人信用信息更为繁杂多样，前者拥有许多后者所不具备的信息条目。因此，企业信用报告的内容更丰富，层次更复杂，企业信用信息来源的多元化也为信息伪造下了隐患。

最后，两者的异质性不同。对于不同领域、不同行业中的企业，企业征信采集的信用信息类别会有所侧重，不同类别的企业信用信息在信用评价机制中运用的权重也不尽相同。对于个人，无论是性别、出身、职业、收入还是资产，采集的信用信息种类和信用评价机制别无二致。

四、从经济学维度看征信产生的必然性

（一）信息不对称对信贷的影响

信息不对称是一种不平等的信息结构，源于市场中每个交易实体所持有的信息存在差异，这种差异既可能体现在量上，也可能体现在质上，抑或是两者兼而有之。简言之，信息不对称就是由于缺乏交易对手信息而导致交易参与者之间出现信息偏差。在实践中，卖方相对于买方、借款人相对于贷款人能够掌握更多的信息，并进一步形成了交易中的信息优势方与信息劣势方。

---

① 《全国企业征信机构备案数量》，中国人民银行征信管理局网站，http://www.pbc.gov.cn/zhengx-inguanliju/128332/128352/2875623/index.html，访问日期：2024 年 12 月 22 日。

信息不对称环境成为滋生逆向选择和道德风险的土壤，具体而言，当交易中的一方与另一方相比拥有更准确的信息时，就会产生交易活动前的逆向选择与之后的道德风险。信息不准确的一方通常处于劣势，因此拥有更多信息的一方可以从该交易中获益。此外，在道德风险放大效应的作用下，信息优势参与者除需维持其自身效用最大化外，还有可能作出损害信息劣势参与者效用的行为。

信息不对称将损伤市场正常的价格机制，导致配置市场资源的效用搁浅，造成市场调节失灵，因此交易双方信息不对称的程度与信用风险呈正相关。在个人信贷市场中，作为授信方的商业银行、贷款公司如不能较好掌握与之进行首次交易的借款人的信用状况，将成为信息劣势一方。自然人信用贷款的数额虽远低于企业信用贷款，但普遍的个人不良信用贷款同样会导致银行的坏账和呆账，对金融稳定产生负面影响。

（二）征信是市场博弈的结果

博弈论试图考虑参与者和他们的行为之间的相互作用来研究理性个体之间的战略决策。它试图找出"玩家"应该执行的动作，从而使其在数学和逻辑上的成功机会最大化。作为数量经济学的重要分支，博弈论可以作为有力的分析工具帮助我们认清信用的本质。市场主体的每一次信用交易就好比一次博弈。在自利心的驱使下，个人在一次性博弈中出现违约的概率比重复博弈更高。违约行为通常会产生守约方受损与违约方获益两种截然对立的结果，在一个信息共享和市场监管机制不健全的交易环境中，违约者获益而履约者受损，博弈的最优策略为不讲信用，从而导致失信毁约者大行其道。而在信息传递机制更高效、市场环境更透明的情况下，人们会尽可能地避免与作为信用风险源的失信者进行交易，最终使失信者寸步难行直至被驱逐市场。

信用交易中的风险主要来自一方违约，交易双方博弈的关注点是尽可能避免违约行为的发生。由于故意违约行为难以精确界定履约效果、增加缔约成本以及影响市场整体交易效率，因此，恶意违约并不能实现合同的效率。[1]此外，故意违约行为不仅不能实现合同的效率，基于合同履行中的信任优先于效率以及合同法的道德属性反对将他人视为牟利的工具的考虑，违约行为也损害了合同的道德基础。[2]征信之所以能够通过信用信息共享以达成降低信

---

[1]　陈凌云：《论"违约方获益"之归属》，《法律科学（西北政法大学学报）》2018 年第 4 期，第 139—140 页。

[2]　陈凌云：《论"违约方获益"之归属》，《法律科学（西北政法大学学报）》2018 年第 4 期，第 140—141 页。

用风险的目标，根本在于实现了将失信人与单一交易方的博弈转变为其与整个社会潜在交易方的博弈。这就决定了征信并不能从根本上杜绝一切失信行为，而是采用将失信者"公之于众"的倒逼机制。人作为在群体中生存的社会性动物，其任何一次失信行为均能通过征信的信用信息共享机制使社会其他成员关闭与其交易的大门。

（三）征信提高失信者的交易成本

一个没有交易成本的世界，宛如自然界没有摩擦力一样，是非现实的。[①] 科斯认为，古典经济学所坚持的在市场交易中不存在成本是很不现实的。经济主体为了进行市场交易，有必要发现谁希望进行交易，有必要告诉人们交易的愿望和方式，以及通过讨价还价的谈判缔结契约，督促契约条款的严格履行，等等。[②] 信息的高昂费用是交易费用的关键。[③] 高昂的成本使得对商品、服务以及代理人表现属性层次高低的衡量不可能是全面的或完全精确的。辨明每一交换单位的各种属性之层次高低所需的信息成本，是这种意义上的交易费用的根源。[④] 交易成本理论虽然主要运用于企业交易领域，但仍不失为一种能够有效阐释失信行为发生机制的理论工具。

在个人信贷市场，根据严格的财富最大化行为假设，借款人不论是故意隐藏这些信息还是欺骗撒谎甚至违约，一个重要原因在于这些行动的收益能超出其他机会带给他的收益。[⑤] 根据交易成本理论，当个人信贷市场中的失信收益远高于失信成本时，失信行为不仅不用付出一定代价，还能成为获利投机行为，从而诱导失信行为的普遍发生。相反，当失信成本远高于失信收益时，理性的借款人会出于尽可能减少自身损失的考虑少作出或不作出失信行为。因此，要解决失信行为泛滥，需帮助信息弱势一方实现必要的信息补给，加大对失信借款人的惩罚，提升失信行为的成本使其不愿失信、不敢失信、不能失信。个人征信机构在创建个人信用信息的传递共享机制缓解信息不对称的同时，也构建了一套以个人失信信息为基础的个人经济信用领域的惩罚

---

① George J. Stigler, "The Law and Economics of Public Policy: A Plea to the Scholars", *Journal of Legal Studies*, Vol. 1, NO. 1, January 1972, p. 12.

② 〔美〕罗纳德·H. 科斯：《企业、市场与法律》，盛洪、陈郁译校，格致出版社·上海三联书店·上海人民出版社 2014 年版，第 91—92 页。

③ 〔美〕道德拉斯·C. 诺思：《制度、制度变迁与经济绩效》，杭行译，格致出版社·上海三联书店·上海人民出版社 2014 年版，第 32 页。

④ 〔美〕道德拉斯·C. 诺思：《制度、制度变迁与经济绩效》，杭行译，格致出版社·上海三联书店·上海人民出版社 2014 年版，第 35 页。

⑤ 〔美〕道德拉斯·C. 诺思：《制度、制度变迁与经济绩效》，杭行译，格致出版社·上海三联书店·上海人民出版社 2014 年版，第 35 页。

机制，也就是将带来高风险的借款人从个人信贷市场中隔离。

第二节 个人征信与相关概念辨析

一、个人征信与信用

征信与信用有着天然的内在联系，可以说没有信用，征信也就成为"无源之水""无本之木"。然而，汉语中的"信用"概念在不同语境下，内涵也会发生相应改变。征信所指的"信用"主要为经济信用、交易信用。

（一）准确区分经济信用与社会信用、公共信用

信用，与每一个社会成员都息息相关。"信"属会意字，从人从言，表示人的言论应当是真实的。信用是一个多义词，随着使用背景的变化，其含义也会发生改变。"信用"主要在以下四种场景中被使用：第一，能够履行跟人约定的事情而取得信任（名词）；第二，属性词，指不需要提供物资保证，可以按时偿付的（形容词）；第三，银行借贷或商业上的赊销、赊购（名词）；第四，信任并任用（动词）。①《牛津法律大辞典》认为"信用（Credit）"是指作为回报而得到或提供货物或服务时，并非立即进行偿付，而是允诺在将来进行偿付的做法……专业化的金融机构、银行、贷款公司及其他机构提供了许多现代化的信用。②《元照英美法词典》对"Credit"的释义多达六种，包含其在英文语境中具有的所有含义，但其最基本含义仍限于指偿债能力。日语中的"信用"在不同语境下的用法和含义各不相同。作动词使用时，"信用"是指确信、相信或信而不疑；作名词使用时，"信用"与信誉同义。在经济领域，"信用"与"Credit"（日文译法为"クレジット"）同义，指交易信用，如信用卡、信用取引、信用贷款、信用机关以及信用金库等。③

在我国社会信用体系建设的语境下，"信用"被前所未有地赋予最为广泛的内涵，其客体包括履约状态和守法状态，是私权利主体信用与公权力主体信用的结合④，此为"社会信用"。社会信用由经济信用与公共信用构成，分别对应于履约状态、守法状态。经济信用，是指平等的私权利主体之间因信用交易而结成的债权债务关系，其中与金融机构之间形成的债权债务关系属

---

① 《现代汉语词典》（第 7 版），商务印书馆 2016 年版，第 1462 页。
② 《牛津法律大辞典》，法律出版社 2003 年版，第 283 页。
③ 〔日〕林巨树：《现代日汉例解词典》，外语教学与研究出版社 2010 年版，第 1055 页。
④ 王伟：《论社会信用法的立法模式选择》，《中国法学》2021 年第 1 期，第 233 页。

于金融信用，此外，其他平等市场主体之间因交易而形成的债权债务关系同样是经济信用的重要组成部分，属于商业信用。无论是金融信用还是商业信用，均强调按时履行债务的契约精神，是能够用金钱具体衡量的交易信用。公共信用，是指"以遵守法定义务状态为衡量维度的信用形式"①，强调遵纪守法的法定义务，性质上属于个人与他人、集体、社会乃至国家之间的道德精神层面的契约。

鉴于中文语境下"信用"含义的复杂性，国家市场监督管理总局与中国国家标准化管理委员会在其发布的国家标准《信用　基本术语》（GB/T 22117—2018）中对"信用"范围的描述予以进一步细化。"信用"是指个人或组织履行承诺的意愿和能力，承诺的内容则相当宽泛，不仅包括法律法规、强制性标准，也包括合同条款等契约性约定，还包括社会合理期望等社会责任的内容，故此处"信用"应指"社会信用"。该标准在注解中又特意区分了信用在经济与社会两种不同领域的表现。在经济领域，信用特指交易信用，能够用金钱衡量，金融信用、商业信用均属此类。在剔除经济生活的社会领域，信用特指公共信用，难以用金钱度量。总之，"信用"的含义在不同语境下会存在较大差异，在使用中需严格予以区分。应该认为，"信用征信"所指的"信用"主要为经济领域里能够用金钱具体衡量的交易信用，尤其是金融信用，这对于准确把握个人征信的本质，进一步完善个人征信法律制度具有重要意义。

（二）信用与相关近似概念辨析

1. 信用与诚信

诚信（Honesty；Integrity；Trustworthiness），即诚实守信，是公民的第二张"身份证"，主要取决于个人所固有的道德品格，表现为自然人在经济活动和日常生活中表里如一的伦理状态，侧重于过程而非结果，因此，它是一个道德范畴。诚信是中华民族的传统美德，也是社会主义核心价值观的重要内容。诚实信用原则是诸多法律的基本原则，是具有道德内涵的法律规范。诚实强调的是人性中的真善美，比如路不拾遗、拾金不昧的行为，与是否遵守法定义务或履行约定义务并不存在必然联系。在理论研究和实践过程中，尤其要从概念上准确区分诚信与信用。

信用与诚信之间的关系，需要加以甄别。在经济领域，信用是指债务人的偿债能力和偿债意愿，反映的是一种客观的经济关系，能为人们所直接感

---

① 王伟：《公共信用的正当性基础与合法性补强——兼论社会信用法的规则设计》，《环球法律评论》2021年第5期，第35页。

知。诚信发生作用的领域比信用更为广泛，几乎涉及社会生活的所有领域，一个经济信用状况良好的人未必是一个道德诚实的人。

正如道德同法律的关系一样，诚信与信用也有紧密的联系。首先，诚信是信用的道德基础。较高的社会诚信意识是建设信用体系的润滑剂，能够有效降低各类信用工具运作的成本。其次，信用是维系诚信社会的重要手段。一个人的经济信用水平虽不能全面反映其诚信意识的高低，但信用状况较差的人却很难让别人得出他是一个诚实之人的结论。信用将市场主体守法履约的状态以一种能够让第三方直接察知的方式呈现，大体描绘其诚信轮廓。通过信用黑名单、联合奖惩以及信用修复等信用机制，实现社会整体诚信意识的提升。

2. 信用与信任

信任（Trust）是指一方主体对另一方主体言行的相信，它反映的是多方主体间的关系，包括人与人、人与组织或者组织与组织之间。对信任的研究集中于心理学、社会学、管理学、营销学以及政治学等学科中，当前不同学科对信任的定义仍然无法达成统一。可以确定的是，信任是一种特殊的关系，主要体现为相信对方的心理状态。信任同样有助于经济发展，"信任的盛行不仅仅能够协助大规模组织的成长，也将使这一过程更加顺利的展开"[1]。在法律领域，信任还是信托的基础，即委托人基于对受托人的信任将财产权委托于受托人，受托人以自己的名义为受益人的利益或者其他特定目的而处分财产权的法律行为。

信赖（Trust on）即信任且依赖，增加了需要进一步依靠的心理倾向。信赖是信任在程度上的进一步加深，两者一般可以互换使用。根据信任关系双方地位是否平等，信任包括纵向信任与横向信任。前者主要指公民对政府、社会组织的单向信任；后者主要指公民与公民、机构与机构等平等主体之间的双向信任。受政治体制和国民心理等各种复杂因素的综合作用，我国的社会信任状况呈现出纵向信任发达而横向信任薄弱的特点。信用是一种客观的外在表现，而非心理活动，较高的社会信任度是提升我国信用水平的助推器。

3. 信用与信誉

信誉（Reputation）是指市场主体在长期的社会或经济生活中因信用积累到一定程度而获得的社会正面评价和赞誉。信誉属于荣誉的范畴，而具有良好的信用评价是市场主体获得信誉的前提。信誉具有良性的扩散效应，能够从所在的市场环境扩大至周边更广泛的社会环境，使市场主体更具社会竞争

---

[1] 〔美〕弗朗西斯·福山：《信任：社会美德与创造经济繁荣》，郭华译，广西师范大学出版社 2016 年版，第 33 页。

力。此外，在现代市场经济中，信誉是企业和个人最重要的无形资产，是展示自身形象的关键窗口，同时也是其名誉权的重要组成部分并受法律保护。信用与信誉的共同点体现在两者都需要一定的媒介，如通过信用积分、信用评级或信用评价等方式得出一定的结论。马克斯·韦伯谈道，"不论微不足道的行为，只要它影响了信誉都应引起注意"①。"诚实之所以有用，那是因为它可以保证信誉。"② 信用关系可以传递至关联主体，不具备专属性，而包括商誉在内的信誉专属于特定市场主体。

（三）从道德信用到经济信用

虽然信用在今天被更多应用于经济生活领域，但古代中国尤其是诸子百家争鸣时代已经产生丰富的道德信用思想，信用最原始的含义应从道德层面去发掘。道德信用，是一个人在信用方面所具备的思想品德和观念素质，体现为道德行为主体对其应履行义务所持的态度。③ 《论语》《荀子》《管子》《韩非子》《老子》《墨子》等典籍均有大量关于道德信用的论述，成为纵贯儒、墨、道、法的交集之一。中国有长达几千年的农耕文明史，信用最初主要是作为一种道德力量在发挥效用。《吕氏春秋·离俗览第七》的"贵信"一节对信用在社会治理中的道德教化作用有精辟的论述："君臣不信，则百姓诽谤，社稷不宁。处官不信，则少不畏长，贵贱相轻。赏罚不信，则民易犯法，不可使令。交友不信，则离散郁怨，不能相亲。百工不信，则器械苦伪，丹漆染色不贞。"④ 在许慎所编纂的《说文解字》中，"信"就是"诚"，这两个字的含义是相通的。在中国古代伦理思想史上，由于信与诚往往具有同等的意义，因而，人们常常把诚与信结合使用，或者认为诚与信是互训的。⑤ 故在中国古代，"信用"就是诚信。在实行自给自足的小农经济时代，信用在维系社会稳定方面发挥了巨大作用。儒家提出的"五常"，即"仁、义、礼、智、信"具有代表性，信用不仅是一个人的立身之本，也是人际交往的基本原则，更是国家治理的基本准则。

经济信用是道德信用在经济领域的延伸和表现形式，是道德伦理的社会性外延。要准确把握经济信用的内涵，前提是准确理解人类经济活动产生的

---

① 〔德〕马克斯·韦伯：《新教伦理与资本主义精神》，马奇炎、陈婧译，北京大学出版社 2012 年版，第 44 页。
② 〔德〕马克斯·韦伯：《新教伦理与资本主义精神》，马奇炎、陈婧译，北京大学出版社 2012 年版，第 47 页。
③ 焦国成：《中国社会信用体系建设的理论与实践》，中国人民大学出版社 2009 年版，第 7 页。
④ 张玉春等：《吕氏春秋译注》，黑龙江人民出版社 2003 年版，第 622 页。
⑤ 焦国成：《中国社会信用体系建设的理论与实践》，中国人民大学出版社 2009 年版，第 11 页。

原因。原始社会末期，伴随着氏族的解体和私有制的形成，人们开始拥有自己的财产。出于互通有无的需要人们开始劳动生产和相互交易，商业贸易日益兴盛。人类是会劳动的群体性动物，在生产方式的革新带来生产力提高的同时，也带来产品数量的增加和产品种类的丰富。但是囿于个人所拥有的生产资料，作为个体的存在不可能也没必要生产所有他需要的产品。商品作为用于交换的劳动产品，具有价值和使用价值，不论是最开始的物物交换，还是货币与商品的交换，甚至是更晚出现的赊账销售，信用都在潜移默化地发挥作用。正如有学者所言，"人类从物物直接交换到货币进行间接交换……人们由对具体的人和物的信任转换到对某一相对固定物即货币的信任上"[1]。

经济信用旨在实现买方与卖方在商品交易过程中所获得的价值与使用价值对等，实现双赢。因此，经济活动要求商家必须价格公道、童叟无欺、货真价实，反对欺骗顾客、弄虚作假是经济信用最基本的要求。在由自然经济、货币经济迈向信用经济的过程中，银行的地位逐渐凸显并不断丰富和发展信用形式，极大提升了信用在人们经济生活中的作用。例如，信用贷款这一全新的贷款形式免除了借款人提供担保的义务，根据其个人信用发放贷款，这也是当今信用为何被更多地应用于银行信贷（Credit）中的原因。

信用关系并非仅存在于资本主义市场经济体制中，而是为商品货币经济关系所共有。[2] 信用理论是马克思主义政治经济学的重要理论构成，也是完善我国社会主义市场经济体制的理论指导，马克思对其论述集中于《资本论》第 3 卷第 5 章。19 世纪的英国是资本主义世界的领头羊，正是以当时"日不落帝国"的信用制度为蓝本，马克思系统论述了信用的概念、产生和特征以及资本主义信用制度的功能、本质与秘密。按照马克思的观点，财产私有制与生产分工是信用产生的前提。前者决定人们无法随意占有其他人的生产资料，而后者又导致人们自身所占有生产资料的单一性。为了调和资料占有单一性与生活需求多样性之间的矛盾，通过借贷实现相互交换以互通有无成为必经途径。因此，直接借贷是信用及信用关系产生的最早渊源，也是最早的信用形式。[3] 货币的产生则使信用关系更加错综复杂，源于货币所固有的支付手段使商品买卖在时间和空间上同时发生分离。在信用的概念解读上，马克思首先认为信用是一种经济借贷行为，在性质上属于货币商品关系的经济范畴，是以偿还或付息为条件的价值运动的特殊形式。马克思也强调了信用的

---

① 石新中：《论信用概念的历史演进》，《北京大学学报（哲学社会科学版）》2007 年第 6 期，第 121 页。
② 焦国成：《中国社会信用体系建设的理论与实践》，中国人民大学出版社 2009 年版，第 19 页。
③ 焦国成：《中国社会信用体系建设的理论与实践》，中国人民大学出版社 2009 年版，第 18 页。

道德性，把信用、诚恳当作一般人最宝贵的品德。①

但是，在马克思看来，信用虽然是美好的，但它又是极为脆弱的，原因在于信用的实现本身具有不可测度的风险性，信用的出现也并未实现人类之间美好的自然关系以及普遍信任。信用所能带来的信任主要体现为市场主体对市场经济运行规则的一种高度信仰。②

（四）征信中的信用关系及其运行机制

作为一种评价，不论是道德上的诚信还是经济上的信用，其成立与否均依赖于双方或多方主体的存在。通俗地讲，一个人是否重诚信、守信用，不能由其自身予以评判，在缺乏相对方的情况下，对"信用"和"不信用"问题的讨论没有实际意义，单一个体施加于自身的行为并不能成为评判其守信与否的事由。因此，信用产生伊始就是一个关系问题。从微观上看，信用只能存在于双方以及多方关系中，而宏观上的交易信用关系则在商品交换和货币流通的基础上产生，成为维持市场经济正常运行的纽带。交易信用关系作为一种债权债务关系而存在，是发生在不同权利主体之间的有条件让渡货币或商品的经济关系。③

交易信用关系由信用主体、信用行为和信用工具三个要素所构成，即信用关系三要素。信用主体是债权债务关系所依赖之双方，交易信用关系下的债权人为授信人，享有收回信用价值的权利，而债务人则为受信人，应在双方约定的期限内履行向授信人偿还信用价值的义务。具备完全民事行为能力的自然人和法人（如银行等金融机构）均能够成为独立的信用主体。信用行为是交易信用关系产生的重要诱因，两者的关系正如"皮之不存，毛将焉附"所揭示的状态，信用行为无法实现一般买卖行为中的"银货两讫"，即信用行为中债权债务实现的非同时性，必须具有一定的时间间隔。信用工具是表明某种权利义务关系的信用契约，是不同类型信用的主要表现形式，具有收益性、风险性和流动性三个主要特征。④信用工具是信用主体实施信用行为的重要凭证，能够在市场上自由流通，从而有利于扩大信用规模，促进信用经济的发展。

信用关系的实现未必能一帆风顺，信用主体尤其是受信方履约不完全、

---

① 焦国成：《中国社会信用体系建设的理论与实践》，中国人民大学出版社 2009 年版，第 20 页。
② 焦国成：《中国社会信用体系建设的理论与实践》，中国人民大学出版社 2009 年版，第 21—23 页。
③ 柴艳萍：《解读马克思的信用观——兼论诚信与信用之关系》，《科学社会主义》2013 年第 4 期，第 92 页。
④ 李新庚：《社会信用体系运行机制研究》，中国社会出版社 2017 年版，第 8—9 页。

信用行为不规范以及信用工具有效性不足等均会在不同程度上影响信用关系的生命周期，使其偏离正常的运行轨道。尤其是信用主体的履约意愿，很难从外界感知并控制，因此，即使双方已有合法契约加持，各类违反信用的行为仍然屡见不鲜。市场作为资源配置的基本手段，自发形成了一套信用关系运行机制，可以说，信用关系运行机制本身就反映了市场经济的内在要求，是市场经济条件下的产物。

信用关系运行机制的作用主要表现在限制和防止在经济交往活动中可能出现的逃避履行义务、违背信用承诺等方面的反信用行为，使不守信用者为之付出代价。[1] 在内容上，信用关系运行机制主要由动力机制、约束机制、实际作为和惩罚机制四个环节构成。[2] 从各环节的功能侧重点出发，惩罚机制无疑居于重要地位，是其他环节得以生效的最终保障。惩罚的形式多种多样，既有来自道德和社会舆论的谴责，也有具备强制力的经济型惩罚、行政型惩罚甚至刑罚。相较于市场自发形成的一般信用关系运行机制，国家在必要时可运用公权力实施更为严格的强制性规范，以提升市场主体的信用意识，促使其规范实施信用行为，从而使各类信用利益能够以预期和稳定的方式实现。

信用交易是信用关系的具体化，是信用行为的主要表现形式，如银行向客户提供的贷款，企业和个人间的赊购赊销以及各类分期付款合同。信用交易同现金交易均建立在等价交换的基础上，属于一种广义上的商品买卖关系。信用交易是现金交易更高一级的形式，但前者的快速发展并未削弱后者在市场经济中的地位，现金交易仍十分重要。普通商品交易以"一手交钱，一手交货"为特征，在双方达成合意的前提下，出卖人（卖方）转移商品的所有权，与此同时，买受人（买方）支付相应价款并取得商品所有权，一方的权利（义务）便是另一方的义务（权利），实现"银货两讫"。在现金交易中，由于价值和使用价值的转移几乎同时发生，因此债权债务关系在产生的瞬间即归于消灭。相较之下，信用交易中授信人与受信人之间的借贷关系，在交易形式上存在一定的时间间隔，受信人在取得授信机构给予的商品、资金或服务的同时不必立即支付相应的对价，因此，债权债务关系必将存续至受信人履约完毕之时。

---

① 李新庚：《社会信用体系运行机制研究》，中国社会出版社 2017 年版，第 27 页。

② 林江鹏、冉光和、唐齐鸣：《市场主体信用关系运行机制研究》，《金融理论与实践》2006 年第 1 期，第 7—8 页。

二、个人征信与社会信用体系

（一）社会信用体系的"个人信用"

伴随着社会信用体系的不断深入推进，"信用"的内涵呈现出扩张趋势。《社会信用体系建设规划纲要（2014—2020 年）》要求社会各主要领域推进自身的信用体系建设，由此催生出诸如环保信用、财税信用与医疗信用等表述。根据现有社会信用立法的有关规定，社会信用是指信用主体遵守法定义务或履行约定义务的状态，包括公共信用与市场信用。至此，"信用"已经突破传统意义上平等市场主体间的民事债权债务关系，成为社会治理的重要手段，既包括经济信用，也包括无法用金钱衡量的社会信用。

《社会信用体系建设规划纲要（2014—2020 年）》指出："突出自然人信用建设在社会信用体系建设中的基础性作用，依托国家人口信息资源库，建立完善自然人在经济社会活动中的信用记录，实现全国范围内自然人信用记录全覆盖。"由此，明确自然人的信用建设是社会诚信建设的重要内容。与之相适应，"个人信用"的内涵也发生变化。因此，对"个人信用"范围的理解要结合具体语境才能确定，否则，极易产生歧义和引发误解。在理论研究和实际操作中，应厘清并严格界定个人征信与社会信用体系两种不同语境下的"个人信用"。

"在任何现代社会中，经济是人类社会交往最为基本最为多元的场域。"[1]个人在经济活动中的表现往往更受人瞩目，影响社会的方式更为直接，因此，个人信用更多地被应用于经济领域并成为一种约定俗成的表达。在社会信用体系建设中，"个人信用"与"个人社会信用"是可以相互替换使用的同义语，是指自然人遵守法定义务或者履行约定义务的状况。可见，社会信用体系建设中的个人信用记录是指存在于"经济社会活动"中的信用信息，涵盖了自然人所有的市场信用信息和公共信用信息。征信只不过是社会信用体系的一部分，它记载的只是市场主体与金融机构之间的信用关系。[2]故征信机构所采集的个人信用信息只是个人社会信用信息中的一部分。

（二）征信与社会信用体系的联系及区别

2002 年 11 月，中国共产党第十六次全国代表大会提出"社会信用体系"

---

[1] 〔美〕弗朗西斯·福山：《信任：社会美德与创造经济繁荣》，郭华译，广西师范大学出版社 2016 年版，第 10 页。
[2] 罗培新：《社会信用法：原理·规则·案例》，北京大学出版社 2018 年版，第 56 页。

的论断，并明确了"健全现代市场经济的社会信用体系"的战略目标。2003年10月，党的十六届三中全会通过的《中共中央关于完善社会主义市场经济体制若干问题的决定》将建立健全社会信用体系作为完善社会主义市场经济体制的一项重要内容，强调"以道德为支撑、产权为基础、法律为保障的社会信用制度"是建立健全社会信用体系的前提，强调要"加快建设企业和个人信用服务体系"，成为我国个人征信业发展的重要契机。2007年3月，国务院办公厅发布的《关于社会信用体系建设的若干意见》强调，建设社会信用体系，是完善我国社会主义市场经济体制的客观需要，是整顿和规范市场经济秩序的治本之策。可见，此时的社会信用体系建设立足于完善我国社会主义市场经济体制，属于经济治理的范畴。直至2014年6月，国务院印发了《社会信用体系建设规划纲要（2014—2020年)》，首次将社会信用划分为政务诚信、商务诚信、社会诚信和司法公信四大领域。此时的社会信用体系建设除服务于市场经济体制的完善外，还肩负着提高全社会诚信意识和信用水平的重大使命，成为社会治理的重要工具。

1. 征信是社会信用体系的核心内容和重要手段

社会信用体系，是指与社会信用信息的征集、披露、使用有关的一系列法律法规、制度、规范、组织机构、监管体制、技术手段、交易工具的总和。[1] 社会信用体系建设分为政务诚信、商务诚信、社会诚信以及司法公信四大领域，征信作为经济领域信用建设的主要机制，主要涉及商务诚信和社会诚信两大领域。根据《社会信用体系建设规划纲要（2014—2020年)》，金融领域信用建设是商务诚信建设的重要组成部分，要不断实现对金融信用产品的推陈出新，改善金融服务，维护金融消费者的个人信息权益，加大对包括恶意逃废银行债务等金融失信行为的惩戒力度。完善的征信体系要求不断加强金融信用信息基础设施建设，扩大金融信用信息的覆盖面，这是在金融领域实现激励守信者和约束失信者目标的重要前提。征信体系通过规范金融市场秩序从而直接服务于金融领域的信用体系建设，是商务诚信建设的核心内容。与此同时，个人征信也是推进自然人信用建设的核心内容。《社会信用体系建设规划纲要（2014—2020年)》提出要建立完善自然人在经济社会活动中的信用记录，实现全国范围内自然人信用记录全覆盖。其中，自然人经济活动领域的信用记录正是由个人征信机构来完成的。

征信不仅是社会信用体系建设的核心内容，也是实现社会信用体系的重要手段。没有完善的信用信息归集和共享平台，作为社会信用体系建设核心

---

① 李新庚：《社会信用体系运行机制研究》，中国社会出版社2017年版，第43页。

机制的信用联合奖惩便难以发挥作用。《社会信用体系建设规划纲要（2014—2020 年）》明确了行业信用信息系统、地方信用信息系统、征信系统、金融业统一征信平台（金融信用信息基础数据库）四大信用信息系统，实行不同类型信用信息的类型化采集和管理，以此为基础推进信用信息的交换和共享。其中，征信系统和金融信用信息基础数据库的建立时间远早于公共信用信息系统，积累了丰富经验。社会信用体系建设通过对各类失信行为信息的采集、披露和传播，将解决信息不对称矛盾的范围由经济领域扩展至其他社会领域，维护经济社会运行的正常秩序。

2. 社会信用体系为征信制度提供良好的外部环境

征信是以信用信息为中心而展开各项活动的独立制度安排，通过在市场主体之间实现信用信息共享从而将不良信用借款人排除在外，因此征信更多地体现为一种事前预防机制。个人征信报告主要是对债务人历史借贷信息的呈现，具有特定的使用场景，但不具备强制执行力。换言之，个人征信报告有利于授信方就是否向借款人发放贷款作出更加精准的判断，但面对债务人恶意拖欠债款的行为仍无能为力。商业银行或贷款公司欲追回借款，一般首先会委托可以从事个人债务催收业务的征信机构、律师事务所，若债务人仍不能偿还债务，其可直接向法院起诉要求债务人偿还借款，由法院执行部门强制债务人履行生效判决确定的义务。

然而，仅有生效判决书和强制执行程序仍难以对恶意债务人形成全方位的威慑，经济活动中的"老赖"现象并不少见。社会信用体系是为了促进社会各方面的诚信建设而进行的一系列制度安排，自然将保证经济社会的良性运转作为基本目标，因此，个人征信体系要服务于社会信用体系建设的目标。社会信用体系并不仅仅局限于经济领域中的诚信，而是将建设良好的社会信用大环境作为自己的总体目标，这将为征信制度的运行提供良好的外部环境。在社会信用的语境下，"老赖"的行为不仅在经济领域受到约束，同时还将受到来自多个部门在众多领域的共同惩戒，这将督促其更加积极主动偿还个人债务，有力打击恶意规避执行甚至暴力对抗执行等现象。可见，社会信用体系关于失信被执行人及其联合惩戒的一系列制度安排能够有效压缩"老赖"的生存空间，从而进一步优化并巩固征信制度的实施效果。

3. 结论：个人征信不等同于自然人诚信建设

个人征信体系与社会信用体系的区别在于其与自然人诚信体系之间的关系。加强自然人信用建设是全面推进社会诚信建设的关键组成部分，发挥基础性作用。个人征信体系与自然人诚信体系虽联系密切但不能完全等同，主要体现在以下两个方面。

第一，两者内涵的不同导致其采集的信息范围有别。个人征信机构采集的信息被完全包含于自然人社会信用信息的范畴内，不论是金融信贷信息，还是能够反映个人偿债能力和偿债意愿的其他信息，均是反映个人履行约定义务或遵守法定义务的一个侧面。

第二，两者的推进方式不同。征信因债务而生，债务就是一个人为了信用或为了获取别人的信任，或在别人面前为了获取自身的信誉而必须承担的一种责任。因为债务涉及借钱还钱问题，涉及具体的金额大小，可计量、可对比、可控制，所以在这一质点上，信用日益具体化。① 故个人征信的标准是一元的，征信机构衡量每个债务人偿债水平的尺度是相同的，其所采集的所有信息均紧紧围绕个人偿债能力和偿债意愿这一核心因素，通过建立统一的个人征信系统实现对所有债务人信用信息的标准化管理是推进个人征信体系建设的基本方式。

然而，自然人诚信体系的建设标准是多元的，自然人遵守法定义务和履行约定义务的情形有多种可能。对于从事不同职业的人群而言，除要遵守"爱岗敬业、诚实守信、办事公道、服务群众、奉献社会"的一般职业道德外，还要遵守各自行业的特殊职业规范，比如国家为某些行业专门立法、制定职业标准。各行各业的自然人在遵守法定义务和履行约定义务的具体情形方面各有所侧重，我国在推进自然人信用体系建设过程中将加强职业信用建设作为重点任务，建设行业信用信息系统，开发和推广使用职业信用报告。②

（三）走出个人征信"道德档案化"的误区

1. 对个人征信"道德档案化"的质疑

在我国社会信用体系的建设进程中，面对形形色色的个人失德和轻微违法行为，人们发现个人征信系统是应对各种不文明行为的好办法，通过将个人征信系统"道德档案化"，让个人征信报告在事实上等同于个人道德档案。早在2009年7月，浙江省浦江县政府就为每一位18周岁以上公民设置了一份个人道德档案，名为"公民违德信息综合数据库"，专门记载违反社会公德、职业道德、家庭美德的失德行为。③ 当地公众对该"公民违德信

① 万存知：《信用的模糊与清晰》，《金融博览》2017年第6期，第41页。

② 例如2024年5月20日，国家发展和改革委员会办公厅印发《2024—2025年社会信用体系建设行动计划》的通知，提出要探索重点人群信用体系建设，围绕公务员、律师、家政从业人员、金融从业人员等重点职业人群，探索建立和完善个人信用记录形成机制，及时归集有关人员在相关活动中形成的信用信息。

③ 《浙江浦江："道德档案"记录公民违反道德的信息》，中国文明网，http：//archive.wenming.cn/jddzhr/2009-08/26/content_17505379.htm，访问日期：2019年12月18日。

息综合数据库"运行的合法性产生了诸多质疑，数据库在运行3年后即宣告终结。

为了更好地实施信用联合奖惩机制，有人提出，有必要扩大个人征信机构所采集的个人信用信息范围，其基本思路是将个人不守诚信的行为一概记入征信系统。这方面的典型例子有养犬不文明行为[①]、闯红灯行为[②]、考试作弊行为[③]、频繁跳槽行为[④]，甚至连不赡养父母[⑤]的行为都应计入个人征信系统。这些做法无疑扩展了个人征信机构所采集信用信息的范围。上述信息是涵盖个人失德行为、轻微违法行为甚至犯罪行为的公共信息，不属于征信领域的信用信息。对于信用信息的使用者来说，难以根据上述信息对个人的偿债能力和偿债意愿作出精准判断。

还有观点认为，个人征信系统可以服务于社会信用体系建设中的守信激励机制。为了弘扬社会正气，可将无偿献血等先进事迹记入个人征信报告。这也引发了社会争议。[⑥] 将个人在道德上的先进事迹或荣誉纳入个人征信系统，同样是对个人征信的误读，或者说是混淆了个人征信系统与公共信用信息系统。随意扩大个人征信系统采集信息范围，不利于我国个人征信行业的健康发展。

2. 个人征信不应成为公民道德档案

如果说"从无到有"式地建设个人道德档案数据库存在法律依据不足、行政成本偏高等障碍，那么现在基于个人征信系统，建设个人道德档案数据库的路径是否可行？答案同样是否定的。

个人征信作为个人信用治理的有效工具，其方式突破和手段创新均不能

[①]《叶金福：以个人征信治理"不文明养犬"是个好办法》，河北新闻网（百度百家号），http：//baijiahao. baidu. com/s？id=1643018142848382941&wfr=spider&for=pc，访问日期：2019年9月26日；《养犬不文明或纳入个人征信》，上海城事（搜狐号），http：//www. sohu. com/a/110077085_259518，访问日期：2019年9月26日。

[②]《闯红灯能否与个人信用挂钩？》，信用中国网，https：//www. creditchina. gov. cn/gerenxinyong/gerenxinyongliebiao/201907/t20190712_161799. html，访问日期：2019年9月26日。

[③]《史上最严司法考试 三亚考区考试作弊将录入个人征信系统》，海南省司法厅网站，http：//justice. hainan. gov. cn/xxgk/0200/0202/201811/t20181124_1201544. html，访问日期：2019年9月26日。

[④]《频繁跳槽影响个人征信？你还敢离职吗？》，蓝领通（搜狐号），http：//www. sohu. com/a/311001956_100222865，访问日期：2019年12月19日。

[⑤]《将不孝纳入征信名单，伦理道德陷入法律窘境，谁来为社会公德出头》，国际视线（百度百家号），https：//www. baidu. com/link？url=hgu5Jik6V_3FimFppBqRhOwEB_1wFTErgw4Y7ekxu2GmSB0rH6KPLOFPY-2RdrcCaZ5J5uBsi2zoiBXZlzdOS2Jj31QLqN2WjaweHbfL9MS&wd=&eqid=ee902a790003b607000000035d8e2ccc，访问日期：2019年9月26日。

[⑥]《无偿献血跟征信挂钩引争议 征信系统的边界在哪？》，中国青年网，http：//news. youth. cn/sh/201911/t20191123_12126448. htm，访问日期：2019年12月19日。

违背征信的一般原理。美国、日本等国家的征信实践表明，严格限定征信机构采集的个人信用信息范围是征信法律制度的基本要求。各国征信机构在采集个人信用信息的范围上虽有所不同，但都以个人信贷信息为主。我国的个人征信法律制度也强调，采集个人信用信息，着眼于个人违约行为，以采集个人金融信息为主，反映个人的偿债能力和偿债意愿是其开展业务的基本出发点。个人失德和违法犯罪行为不应归属于个人信用信息采集的范围。

导致"征信是个大箩筐，什么都往里面装"的因素有很多，一个重要原因是简单将信用从经济领域扩展到社会领域。如何准确把握个人在社会领域的信用情况，这既是重点，也是难点，如有不慎，极易产生将个人征信"泛化"的倾向。信用泛化不单指信用边界的扩大化，其本质上是将信用拔高到与其自身功能不相匹配的高度，认为个人的所有行为均可简单地纳入"守信"与"失信"的二元划分结构，个人征信便理所当然成为解决一切社会问题的"万灵丹"。不受限制、不加甄别地采集个人所有的违约违法信息并将之作为评判个人信用水平的标准，这可能偏离个人征信法律制度的本源，从而影响该制度的功能发挥。

将个人征信系统转变为公民道德档案，是不可行的。建立公民道德档案缺乏法律依据。对行政机关而言，法无授权不可为。政府为公民建立道德档案，属于使用公权力的行为，将对公民的学习、工作和日常生活产生极大影响，并存在侵犯公民隐私的可能性。道德的模糊性和主观性对立法技术也提出了极大挑战，不同于信贷记录的精确性，也不同于违法犯罪记录的客观性，公民的哪些行为信息可以纳入道德档案、哪些政府部门能够参与公民道德档案建设、公民道德档案的使用范围和消除期限本身就极具争议。采用行政手段干预公民的道德生活，不仅难以从根本上提升公民的道德素质，还可能适得其反。

为了更好地服务于社会信用体系建设，不少地方建立了独立于征信系统之外的社会公共信用信息平台，负责归集、查询和使用个人的公共信用信息。相比于个人征信机构采集的信息，公共信用信息采集了反映自然人、法人和非法人组织履行法定或约定义务状况的信息，其涵盖范围比个人征信更为宽泛，也会涉及不守诚信方面的信息。需要指出的是，公共信用信息的采集应本着"应归尽归，避免无序乱归"的指导思想，遵循合法、必要、客观的原则。[①] 能够纳入公共信用信息平台的违约或违法信息必须有法律制度依据，即必须在《中华人民共和国立法法》确定的权限范围内，通过法律法规、规章

---

① 罗培新：《社会信用法：原理·规则·实践》，北京大学出版社 2018 年版，第 67 页。

或者规范性文件达成。① 无论是个人征信系统还是个人公共信用信息系统均不应将公民道德档案作为自身的建设目标。"不能将征信泛化为信息服务，不是所有的信息服务都是征信，只有在资金借贷关系中通过独立第三方开展的信用信息服务，才是征信。"②

第三节　个人征信法律制度的主要内容

一、个人征信运行的法律机制

个人征信运行的法律机制，是指为了确保个人征信活动能够在法治的轨道上运行，推动个人征信法律制度目标实现的各种法律手段的有机整体。其中，健全的个人征信法律制度、良好的个人征信法律制度执行与适用，以及个人征信法律制度功能的实现是个人征信法律机制的主要环节。

（一）健全的个人征信法律制度

个人征信法律制度回答了个人征信业发展过程中"有法可依"的问题，是个人征信法律机制得以运行的基本前提。没有个人征信法律制度，个人征信运行的法律机制就无从谈起。个人征信法律制度的体系是否健全、内容是否完善，尤其是对被征信人信用信息权益的保护是否到位，同样会影响个人征信法律机制的运行是否顺畅，并决定自身功能的实现程度。健全的个人征信法律制度具有形式和内容两方面要求，形式上的要求主要指个人征信法律制度的立法层级，层级越高，其约束力越强，实施的效果就越能够得到保障。个人征信法律制度的内容作为开展行政执法和司法审判的法律依据，则是我们关注的重点。健全的个人征信法律制度要求其内容完整、结构科学、逻辑清晰。

权利和义务是法学的基本范畴，也是个人征信法律制度的核心内容。个人征信活动至少涉及四方主体——个人征信机构、被征信人、信用信息的提供者与使用者。他们在个人征信关系中具有不同的利益指向，加之职责分工和价值目标的差异使他们的利益存在相互冲突的可能。其中，个人征信机构与被征信人的利益冲突最为明显，这种冲突直观地表现为个人征信机构希望尽可能多地采集被征信人的信用信息，而被征信人却不愿个人信用信息被过度采集和商业化利用，甚至存在一部分被征信人认为个人信用信息属于个人

---

① 罗培新：《社会信用法：原理·规则·实践》，北京大学出版社 2018 年版，第 67 页。
② 万存知：《何为征信？（下）》，《征信》2009 年第 5 期，第 8 页。

隐私，不应被采集。虽然世界上绝大多数国家的个人征信法律制度已经确认不同主体各自的权利和义务，但法律作为化解冲突、协调利益的艺术，不能仅满足于对权利和义务的确认而止步不前，还要就个人征信活动中可能发生的权利冲突作出预想，并根据个人征信业的发展实际及时调整法律规则，化解权利冲突，促进权利平衡。一言以蔽之，个人征信法律制度不仅是权利确认之法，更是权利平衡之法。

（二）个人征信法律制度的执行与适用

即使有健全的个人征信法律制度，如果不能得到有效执行，个人征信机构合规运营、个人信用信息物尽其用的美好蓝图仍然不能实现。个人征信法律制度的执行是实现其社会功能的必经环节，主要包括以下三个方面。

首先，严格执行关于个人征信机构市场准入的法律规定。个人征信属于高度专业化的信息服务活动，与被征信人的信息安全、信息隐私休戚相关，因此，不是任何人、任何组织都有从事个人征信业务的资格。在我国，主要由征信业监督管理部门履行审核个人征信业务申请者从业资格的法定义务，拥有对申请者是否能够进入个人征信市场的最终决定权。通过一系列市场准入程序，政府可以将不具备资质的申请者排除在个人征信市场之外，从而确保个人征信机构的质量。

其次，对个人征信机构的业务行为进行指导、监督和管理。个人征信机构的业务行为主要指对被征信人信用信息的采集、加工、存储、披露以及使用等环节。个人征信业务的申请者在取得经营资质并设立个人征信机构之后，需要严格遵守现行法律法规关于个人征信业务以及个人信息保护的有关规定。在个人征信机构不遵守甚至违反业务规则的情况下，征信业监督管理部门有权要求其改正违法行为，追究其行政责任，并视具体情形施加相应的行政处罚，从而保证被征信人的信用信息权益不受侵害。

最后，除征信业监督管理部门主动开展的行政执法外，审判部门的法律适用也是实现个人征信法律制度功能的重要环节。与行政执法相比，审判部门对个人征信法律制度的适用需遵守"不告不理"原则，并作为完全中立的第三方对个人征信活动中发生的法律纠纷作出具有国家强制力的法律裁决。例如，被征信人认为个人征信机构的业务行为侵害了自身合法权益，其有权向人民法院提起民事诉讼；在个人征信机构的业务行为涉嫌犯罪、触犯刑律的情况下，作为公诉部门的检察机关应向人民法院提起公诉；当被征信人被个人征信机构侵害且有证据证明其属于轻微刑事案件，或者被征信人有证据证明个人征信机构侵害自己人身、财产权利的行为应当依法追究刑事责任，而公安机关或者检察机关不予追究被告人刑事责任的案件，被征信人还可以向人民法院提起刑事自诉。当然，人民法院对个人征信法律制度的适用并非仅仅局限于《征信业管理条例》中的法律条文，民商事法律规范、刑事法律规范、经济法律规范以及行政法律规范都是其审理和裁判案件的重要依据。

（三）个人征信法律制度功能的实现

个人征信法律制度作为中国特色社会主义法律体系的有机组成部分，当然一般性地具有法的作用，即法的规范作用和法的社会作用。个人征信法律制度的规范作用体现在五个方面：（1）指引作用。个人征信法律制度为参与个人征信活动的各方主体提供某种行为模式，指引个人征信机构可以这样行为、必须这样行为或不得这样行为。（2）评价作用。个人征信法律制度具有判断、衡量个人征信机构的行为是否合法或有效的作用。（3）教育作用。通过个人征信法律制度的执行与适用，其能够对个人征信机构今后的行为产生直接或间接的诱导影响。（4）预测作用。个人征信活动的参与方能够根据个人征信法律规范，事先估计当事人将如何行为以及行为的法律后果，从而合理安排自身行为。（5）强制作用。这是指个人征信法律制度为了保证其功能得到充分实现，运用国家强制力制裁、惩罚违反个人征信法律规范的行为。个人征信法律制度的社会作用主要体现在维护个人征信活动主体之间的社会关系和社会秩序。

相较于法的规范作用和社会作用，个人征信法律制度还具有其他法律规范所不具备的特殊功能。通过严格执行和公正适用个人征信法律规范，一是有利于促进个人征信业的健康快速发展。考虑到市场对征信服务的需求，个人征信机构的数量既不是越多越好，也不是越少越好，其数量应控制在一定范围之内。不仅要考虑到数量，更要重视质量，只有尽可能让优质的个人征信机构进入市场，个人征信业的健康快速发展才会有坚实的基础。二是有利于个人信用信息的保护。在信息时代的背景下推动信用中国建设，信用信息无疑是最宝贵的资源。个人征信机构作为被征信人信用信息的实际控制者，通过履行严格的信息采集、加工、存储、披露和使用行为规则，能够最大限度地降低侵害被征信人权益的可能性。

二、个人征信法律制度的属性

个人征信法律制度，是指由国家制定或认可的，调整个人征信活动中形成的社会关系并由国家强制力保证实施的法律规范的总称，即运用法律规范来调整个人征信活动中产生社会关系时所形成的各种制度。由于个人征信活动涉及多方主体、多种行为，个人征信法律制度具有极强的综合性。

本书通过梳理个人征信业务的各个环节，可以更直观地理解个人征信活动中各方主体的行为以及彼此之间的关系。第一阶段，自然人甲向商业银行乙申请信用贷款，后者对甲的信用状况进行审查并为甲发放了信用贷款；第二阶段，商业银行乙将自然人甲的还款情况作为信用信息提供给个人征信机构；第三阶段，个人征信机构将采集而来的个人信用信息进一步加工为个人征信报告；第四阶段，自然人甲又向商业银行丙申请信用贷款；第五阶段，商业银行丙向个人征信机构申请查询自然人甲的个人征信报告，以此为基准决定是否向自然人甲提供信用贷款以及信用额度的大小。除此之外，个人征信机构的设立条件、市场准入、机构运行以及破产退出，还要受到来自政府部门的必要约束。

本书认为，狭义上的个人征信活动仅指个人征信机构对信用信息的采集、加工、存储、披露以及使用行为，同时会涉及信用信息提供者（商业银行乙）、被征信人（自然人甲）以及信用信息使用者（商业银行丙）等其他主体。围绕个人信贷交易中产生的信用信息，上述主体之间进一步形成了五对社会关系：（1）信用信息提供者与个人征信机构因信用信息的提供（采集）行为而形成的民事关系或行政关系；[①]（2）个人征信机构与信用信息使用者因信用信息的提供与获取（或出售与购买）行为而形成的民事关系或行政关系；（3）信用信息提供者与被征信人之间因前者的信息提供行为而形成的民事关系；（4）个人征信机构与被征信人之间因前者的信息采集、加工、存储以及披露行为而形成的民事关系；（5）信用信息使用者与被征信人之间因前者的信息使用行为而形成的民事关系。个人征信法律制度的主要任务是，调整个人征信机构、信用信息提供者与使用者在信息流动过程中因采集、加工、存储、披露和使用等行为而产生的社会关系，尤以对个人征信机构的规制为重点，故个人征信法律制度包含大量民事法律规范。

囿于个人征信活动的特殊性，针对普通企业的一般监管规则并不能完全适用，因此逐渐形成了适用于个人征信机构的特殊监管规则，是个人征信法律制度的重要组成部分。个人征信机构、信用信息提供者与使用者的行为依法受到政府有关部门的监管，监管部门与这些主体之间形成了行政关系。需要强调的是，我国的征信业监管部门除对个人征信机构的业务行为展开监管外，还依法具有决定个人征信机构能否进入市场的裁量权。个人征信机构在设立过程中不仅要接受公司登记部门的形式审查，还必须满足征信业监管部

---

① 取决于个人征信机构的法律性质，私营征信机构、市场化征信机构与信用信息提供者之间形成的关系为民事关系，公共征信机构与信用信息提供者之间形成的关系为行政关系。

门的实质审核条件。因此，我国的个人征信法律制度既包括个人征信业务监管法律制度，也包括个人征信机构的设立与市场准入制度等。为了有效调整个人征信监管活动中的行政关系，个人征信法律制度包含许多特殊的行政法律规范。

如何看待个人信贷交易活动与个人征信活动之间的关系？从严格意义上说，个人征信与个人信贷交易属于两个彼此独立的范畴，但是后者却是个人征信开始的必要条件和直接服务对象。虽然经过多年发展，征信不再是信贷业的附庸，但两者的天然联系却从未割断，个人信贷信息仍然是个人征信最主要的信息类型，商业银行也仍然是最重要的信用信息提供者。"商业银行是最重要的消费者贷款机构。商业银行通过三种方式来和消费者打交道：通过直接贷款；通过从商户处购买分期付款票据；通过贷款给其他消费者贷款机构。"① 这是由商业银行的基本功能决定的。"银行的基本功能包括中介功能、信用创造功能、结算功能三种，但是三种功能中的信用创造功能是从银行整体上来理解的，在个别银行的层次上是不存在的。"② 个人信贷关系属于更加特殊的债权债务关系，由债法中的贷款规范或信贷法律制度予以调整，一些国家的个人信贷法律制度也会对信用信息提供者与使用者的权利和义务作出规定，使个人信贷法律制度与个人征信法律制度在某些方面存在一定交叉，因此，个人征信法律规范也可能存在于信贷法律中。

个人征信法律制度包括所有直接或间接与个人征信机构、个人征信行为相关的法律、法规、规章。在采用分散立法的国家，如美国的个人征信法律制度一般由一组法律法规组成，而在采用集中立法的国家，如欧陆国家的个人征信法律制度则体现为统一的"个人信息保护法"，并受到欧盟法的制约。此外，还有一些国家如日本，由信贷法和个人信息保护法发挥个人征信法律制度的功能。

征信不仅是信用信息服务活动，还是一种不可避免存在公共经济与民间经济二元结构的经济活动，这种经济的二元结构对政府和市场的角色和分工提出了不同要求，对征信法的法律结构产生了重要影响。③ 理论上，"征信法"是个人征信法律制度的核心法律，然而在各国立法实践中很少见到以此作为名称的专门立法。美国《公平信用报告法》与我国《征信业管理条例》是世界上少有的直接以"征信"为题的立法，但立法理念与实际内容根本不

---

① 〔美〕彼得·S. 罗斯、米尔顿·H. 马奎斯：《金融市场学》（原书第10版），陆军等译，机械工业出版社2012年版，第468页。
② 〔日〕斋藤精一郎：《现代金融导论》，王仲涛译，商务印书馆2006年版，第197页。
③ 付慧姝、刘言波：《征信立法应遵循哪些基本原则》，《人民论坛》2017年第8期，第110页。

同。部分欧陆国家的"个人信息保护法"是个人征信法律制度的核心法律，但其适用于所有领域的信息控制者与处理者，并不等同于"征信法"。因此，我们简单将"征信法"定性为民商法、行政法或者经济法并无实际意义。

综上所述，个人征信法律制度具有较强的综合性，以民事法律规范与行政法律规范为主。除专门的"征信法"之外，个人信息保护法、个人信贷法也是个人征信法律规范的重要来源。从个人征信法律制度的具体内容看，其首先应是个人征信业务行为规制法，规范个人信用信息的采集、处理、存储、披露以及使用行为是个人征信法律制度的基本内容。当然，我国的个人征信法律制度还包括个人征信机构的设立条件与市场准入等规定，且内容充分。

三、个人征信制度中的法律关系

德国法学家萨维尼曾说，"任何一项法律关系都是由法律规则规定的人与人之间的关系"[1]。我国学者沈宗灵认为，"法律关系就是法律所规定的以及在调整社会关系的过程中所形成的人们之间的权利和义务（权力和义务）关系"[2]。个人征信法律关系的共性便体现在无论哪个国家或地区，完整的个人征信流程所能涉及的主体基本相同，无外乎信用信息提供者、个人征信机构、信用信息使用者以及被征信人，在某些特殊情况下个人征信监管机构也会加入，且上述主体的活动无一不是围绕着个人信用信息、个人征信产品或服务而展开。个人征信法律制度以个人征信业为经济基础，其对后者的反作用主要是通过对各主体设置不同的权利义务体系来实现的。

个人征信制度中的法律关系主要包括三类：个人征信基础交易法律关系、个人征信法律关系以及个人征信监管法律关系。还有学者将个人征信体系中形成的法律关系划分为四类，区别在于将个人征信机构和征信产品使用方之间因加工征信产品而形成的法律关系作为委托征信法律关系，其独立于个人征信法律关系而存在。[3] 个人征信法律制度的功能就在于规制个人信用信息的采集、加工和使用行为，这也是确定个人征信法律关系主体和内容的逻辑主线。换言之，个人征信法律关系的存续期间应始于个人信用信息的采集行为并终于个人信用信息的使用行为。因此，委托个人征信法律关系仍然属于个人征信法律关系的范畴。作为个人征信制度中法律关系的重要组成部分，其由征信主体与信息提供主体之间的法律关系、征信主体与信息使用主体之间

① 〔德〕弗里德里希·冯·萨维尼：《萨维尼论法律关系》，田士永译，载郑永流：《法哲学与法社会学论丛（七）》，中国政法大学出版社 2004 年版。

② 沈宗灵：《法理学（第三版）》，北京大学出版社 2009 年版，第 325 页。

③ 艾茜：《个人征信法律制度研究》，法律出版社 2008 年版，第 42 页。

的法律关系、被征信主体与征信主体之间的法律关系、被征信主体与信息提供主体之间的法律关系以及被征信主体与信息使用主体之间的法律关系五对法律关系所构成。

(一) 个人征信基础交易法律关系

以消费者信用贷款为代表的个人征信基础交易活动虽不属个人征信活动，但它是启动个人征信活动的必要前提，同时又直接服务于个人征信活动。个人征信机构所依赖的信用信息正是在这些征信基础交易活动过程中源源不断地产生，继而才有了信用信息的采集、处理和使用行为。换言之，信用交易活动的过程就是信用信息从无到有的过程，对作为交易双方的授信机构和受信人而言，信用交易的顺利达成才是其共同追求的目标，相较之下，作为信用交易活动的副产品，信用信息的产生只是必然性结果。个人征信基础交易活动的形式虽多种多样，但消费者信用交易活动仍然是最主要形式，故它是发生在平等市场主体间的民商事活动。但是，结合我国实际，并非所有信用交易所产生的信息都会被纳入个人征信系统 (如部分民间借贷)，即使是个人征信系统所登载的信息同样不能反推为个人征信基础交易活动 (如纳税信息、行政处罚以及失信被执行人信息)。

个人征信基础交易法律关系的外延超出个人信贷交易法律关系，但在绝大多数场合，两者之间是重合的，是法律规范在调整授信机构 (贷款人) 和受信方 (借款人) 之间的信贷交易行为过程中所形成的债权债务关系，授信方主要是经金融监管部门批准设立的从事贷款业务的金融机构及其分支机构。有学者认为征信基础交易法律关系应包括广义上的雇佣劳动关系和消费者个人参与的各种保险关系等内容。[①] 在个人征信基础交易法律关系中，双方的法律角色尚未转化至信用信息提供主体和被征信主体，因此，与个人征信法律关系相区别。在具体的法律调整上，双方具体的权利义务内容主要由债法尤其是贷款法予以调整，而非由个人征信法律制度规范。尽管个人征信基础交易法律关系不属于个人征信法律关系的范畴，但随着信用信息的产生和个人征信机构的涉入，个人征信法律关系的形成便能水到渠成。

(二) 个人征信法律关系

个人征信法律关系在个人征信制度的法律关系中居于中心地位，是指在征信法律规范调整个人征信活动过程中所形成的权利义务关系。个人征信活

[①]　艾茜:《个人征信法律制度研究》，法律出版社 2008 年版，第 41 页。

动始于信息提供主体向征信主体提供信息，终于信息使用者从征信主体获得信用报告并予以有效利用，其中共涉及征信主体、信息提供主体、信息使用主体以及被征信主体四方主体。个人征信法律关系虽作为一个复杂的系统，但其内容的组织依据两条逻辑主线，即信用信息和权利保护。首先，信用信息采集、加工和使用行为将信息提供主体、征信主体以及信息使用主体联结起来，分别形成了两对法律关系：征信主体与信息提供主体之间的法律关系、征信主体与信息使用主体之间的法律关系；其次，征信主体、信息提供主体以及信息使用主体因保护被征信主体合法权利的共同义务形成了三对法律关系：被征信主体与征信主体之间的法律关系、被征信主体与信息提供主体之间的法律关系、被征信主体与信息使用主体之间的法律关系。上述五对法律关系便是个人征信法律关系的主要内容。

1. 征信主体与信息提供主体之间的法律关系

个人征信业务以征信主体向信息提供主体采集信用信息为开端，两者之间的法律关系不仅发端于征信主体的信用信息采集行为，同时包括信息提供主体的信用信息提供行为。而此类法律关系的具体性质，需要结合征信主体和信息提供主体的机构性质予以判断。一般而言，征信主体与信息提供主体之间存在数据资源共享的关系，信息是在自愿的基础上于二者之间进行流动。① 作为征信主体的专业化征信机构与信息提供主体之间构成的是民事法律关系。结合当前实践，征信主体的信息采集方式无外乎以下三类。

第一类，公共征信机构依法从商业银行采集个人信用信息，由后者主动履行提交个人信用信息的法律义务。公共征信机构一般隶属于扮演本国金融监管者角色的中央银行，除我国的征信中心外，法国、德国、比利时、奥地利以及爱尔兰等国都建立了本国的公共征信系统，其信息采集行为与商业银行的信息提供行为并非基于双方意愿的意思自治，而是来自本国金融法律制度的强制性规定，征信主体可以无偿取得商业银行所掌握的个人信用信息。此外，公共征信机构依托隶属于中央银行的特殊身份，能够更容易与政府其他部门展开平等合作，取得其他能够反映被征信主体信用状况的公共信用信息，属于政府机关之间的合作行为。

第二类，私营征信机构从非政府部门，如商业银行、贷款公司、信用卡公司以及提供信用消费的销售公司等处采集个人信用信息的行为，因双方均是完全平等的民事主体，故此类法律关系属于民事法律关系，这也是征信国家最主要的信息采集和流动形态。此类信息提供主体基于同被征信主体的业

---

① 白云：《个人信用信息法律保护研究》，法律出版社 2013 年版，第 39 页。

务往来掌握了大量个人信用信息，并有权根据自身实际情况决定是否向征信主体提供。在此种情形下，私营征信机构不得强制要求对方提供个人信用信息。

第三类，政府部门同样是私营征信机构重要的信息来源，私营征信机构采集的个人信用信息不仅包括依据《政府信息公开条例》取得的政府公开信息，还包括来自政府以及其他公权力部门所掌握的不能公开但可以反映被征信主体信用状况的公共信用信息，征信主体获得这些公共信用信息，需遵守法定的程序、期限以及支付相应的费用。不论属于何种情形，由于私营征信机构与政府等公权力部门处于不平等的法律地位，两者之间构成行政法律关系。

2. 征信主体与信息使用主体之间的法律关系

信息使用主体出于了解被征信主体信用状况的需要，会通过支付一定对价的方式从征信主体获得特定个人的信用信息。当征信主体是营利性私营征信机构时，原始的个人信用信息经其加工形成了个人征信报告以及其他个人征信产品，其凝聚了征信主体的具体劳动，在性质上已经变为可用于交换的商品。遵循等价交换的基本原则，信息使用主体向征信主体购买个人征信报告或其他个人征信产品，征信主体向其提供所需要的信息，由此实现了个人信用信息在两者之间的流动。可见，私营征信机构与信息使用主体之间的法律关系实质上为平等市场主体之间的民事合同法律关系。但对于公共征信机构而言，来自商业银行的原始信用信息并未进一步形成可用于市场交换的商品，信息使用主体主要通过查询而非购买的方式使用个人信用信息。有权查询的主体包括商业银行、保险公司以及经过授权的房贷机构等非政府部门，以及政府机构、司法机关等公权力部门，但未经被征信主体本人授权的任何个人和机构不得私自查询。

3. 被征信主体与征信主体之间的法律关系

在大部分情况下，征信主体并不直接向被征信主体采集信用信息，但个人信用信息所内含的人格属性与财产属性并未将两者的关系割裂，征信主体包括采集、处理以及披露等所有环节在内的征信业务行为均与被征信主体的具体权益息息相关。被征信主体与征信主体之间的法律关系之所以能够成为个人征信法律关系中最核心的一对法律关系，源于其是征信法律制度发挥协调和平衡公私利益的主要阵地。征信主体在对被征信主体行使征信权的同时，被征信主体的隐私权、信用权与个人信息权不受侵犯，两者形成相互制约的态势。征信主体保障被征信主体合法权利的重要前提就是保证个人信用信息及其衍生产品的内容真实、准确、完整，对个人信用信息的披露和使用需遵循严格的程序和时限要求，在形式和实质上均对征信权的行使提出了较高要求。对被征信主体而言，其有权要求征信主体在信用信息的采集、加工以及披露环节严格保护自身合法权益，在自身权益因征信主体的违约和侵权行为遭受损害时，有权要求其承担相应的民事责任。

4. 被征信主体与信息提供主体之间的法律关系

以客户向商业银行申请信用贷款为例，在个人征信基础交易法律关系中双方角色分别是授信机构（贷款人）与受信人（借款人），当信用交易成立时两者关系还将进一步演变为债权人与债务人。而在个人征信法律关系中，两者虽然在法律地位上仍然平等，但法律关系的内容由债权债务关系变更为信用信息使用和保护的关系，在此框架下两者的法律角色变更为信息提供主体与被征信主体。有学者认为，在征信的过程中信息由被征信主体向信息提供主体流动。[1] 在实践中，商业银行在与客户签订信用贷款合同时，会附加将客户的信用信息提供给第三方征信机构的条款，因此，信息提供主体所掌握的信息质量将直接影响征信主体的工作质量。此外，无论是政府机构还是非政府部门，均会对被征信主体的信用状况加以记录，如商业银行对被征信主体拖欠还款的行为予以记录、税务部门对被征信主体的税收违法行为予以记录等。其中，政府机构基于自身的行政管理职能记录被征信主体在行政管理过程中产生的信用信息，两者之间构成行政法律关系；非政府部门将被征信主体与其进行交易的信息作为信用信息加以记载，两者之间构成民事法律关系。无论信息提供主体法律性质如何，其均不得侵犯被征信主体的隐私权、信用权以及个人信息权，否则需承担相应的法律责任。

5. 被征信主体与信息使用主体之间的法律关系

随着个人征信报告应用范围的扩大和使用场景的多样化，信息使用主体已经不再仅仅局限于商业银行、贷款公司等授信机构。易言之，个人征信报告可以服务于除信用交易之外的其他场合，如租房、招聘等，如果征信报告还记载了失信被执行人信息，被征信主体的经济社会生活还会遭受更严格的限制，如不能乘坐高铁或飞机、不能报考公务员等。无论个人征信报告的使用场景如何扩大，信用交易仍然是最主要的应用渠道，信用信息在被征信主体与信息使用主体之间进行双向流动。由于信息使用主体与信息提供主体存在角色转换关系，信息使用主体与被征信主体在进行市场交易的过程中互相公开与交易有关的信息，此次交易的信息又会作为信用记录，进入下一次的信息循环。[2] 相较之下，在非信用交易的应用场景中，信息使用主体与信息提

---

[1]　白云：《个人信用信息法律保护研究》，法律出版社 2013 年版，第 38 页。

[2]　白云：《个人信用信息法律保护研究》，法律出版社 2013 年版，第 40 页。

供主体并不存在必然的身份重合和角色转换，在此期间产生的信息难以反馈至征信主体，因而信息的流动是单向的。在个人征信报告的使用过程中，所有的信息使用主体必须确保被征信主体的权利尤其是隐私权不受侵犯，在法律许可的范围内使用信用信息。

（三）个人征信监管法律关系

个人征信法律关系中的主体均是法律地位完全平等的个人或机构，而在个人征信监管法律关系中，公权力主体与私权利主体并存。征信监管主体依法对征信主体、信用信息提供主体以及信用信息使用主体进行监督管理。征信监管机构是国家设立的依法对征信业开展监督管理的行政机构和法律法规授权的具有公共事务管理职能的组织，故个人征信监管法律关系属于典型的行政法律关系。虽然世界上大部分国家仅对征信业务行为施加监管，但个人征信监管法律关系的客体还应将征信组织机构包括在内。

在我国，对个人征信机构的组织监管由市场监管部门和征信业监管部门共同承担，对个人征信机构的业务行为监管主要由征信监管部门负责。大部分征信国家均未设立监管个人征信业的专门机构，且在相关机构设置与职能上也大相径庭，如美国主要是由金融消费者保护机构而非中央银行履行征信业监管的职责，而法国、德国以及北欧国家主要是由专门的数据保护机构履行该项职责，虽然监管内容有所差异，但对个人隐私和信息权益的保护是其重要职责。

广义上的征信业监管还包括行业自律，行业协会与个人征信机构之间的关系既有民事法律关系，也存在行政法律关系。例如，行业协会在自治过程中对作为成员的征信机构作出的惩戒、处罚等决定，属于为了社会公益而行使社会公权力的行为，对于行业协会的公共行政行为应纳入行政法的调整范围。行业协会基于完全平等的法律地位与征信机构往来而形成的法律关系应归为民事法律关系。

第二章　个人信用信息保护的权利体系

个人信用信息是个人征信法律关系的客体，是被征信人、个人征信机构以及信用信息提供者、使用者的联结点，是其权利义务共同指向的对象，个人征信法律制度对被征信人权益的保障主要通过对个人信用信息的保护来实现。虽然个人征信机构的业务活动以不得侵犯被征信人的合法权益为前提，但处于完全弱势一方的被征信人更易遭受来自个人征信机构、信用信息提供者与使用者的侵权行为，同时也将付出更为巨大的维权成本，基于形式平等的私法规则无法为被征信人提供实质意义上的平等保护。因此，有必要系统研究被征信人所享有的基本权利，并赋予其相应的权利救济途径。

第一节　个人信用信息的法律界定

一、个人信息的概念与特征

个人信用信息是个人信息中最具有经济价值和社会价值的一种类型。在对个人信用信息展开讨论前需要明确个人信息的概念、范围及特征。

（一）个人信息的概念和范围

1. 个人信息的基本概念

欲对个人信息进行法律界定，首先必须对"信息"的概念予以准确的法学剖析。一般而言，法律上的信息是指固定于一定的载体之上的，对人或事物（的现象或本质）的认识的表达。[①] 在学术研究和立法实践中，个人信息（Personal Information）还存在个人数据（Personal Data）或个人资料（Personal File）等类似表述，各国往往会结合本国的具体实际在上述名称中加以选择。例如，我国《个人信息保护法》、日本《个人信息保护法》、韩国《个人信息保护法》等采用"个人信息"名称；欧盟《通用数据保护条例》、德国《联邦数据保护法》以及瑞典《个人数据保护法》等采用"个人数据"名称；而

---

① 齐爱民：《信息法原论：信息法的产生与体系化》，武汉大学出版社 2010 年版，第 50 页。

我国香港特区的《个人资料（私隐）条例》与《个人信贷资料实务守则》、我国台湾地区的"个人资料保护法"等采用"个人资料"名称。

个人信息、个人数据与个人资料是既存在密切联系，同时又有所区别的三个概念。个人信息侧重于内容，个人数据与个人资料更侧重于形式。有学者从三者间的内在关系分析，认为个人资料、个人数据是个人信息的载体，个人信息是个人资料、个人数据的内容，个人数据又是个人资料的表现形式之一。① 因此，三者并无根本性区别，考虑到行文方便和服务于我国的立法实践，本书选择"个人信息"的表述。

2. 个人信息范围的规定

目前，世界上对个人信息的定义及其范围并未达成一致。总体而言，各国对个人信息的定义主要分为"概括式定义"与"概括兼列举式定义"两种方式。"概括式定义"是指将各种各样的个人信息所具有之共性予以抽象化规定并以此作为判定是否能够成为个人信息的根据，代表性文件如经济合作与发展组织（OECD）的《隐私保护和个人数据跨境流通的指南》。而"概括兼列举式定义"在抽象出个人信息共同特点的同时，还对一些典型的个人信息类别加以列举，旨在使个人信息能够以更加形象直观的方式呈现在人们眼前，但不同国家或地区的立法实践所列举的个人信息种类和数量会有所差异。无论是"概括式定义"还是"概括兼列举式定义"，两者作为个人信息的定义方式并无优劣之分，可基于个人信息保护的实践需要灵活选择。

从我国立法实践上看，两种定义方式均被立法者所采用。例如《个人信息保护法》采用了"概括式定义"的方式，未对个人信息主要类型进行列举，根据该法第4条第1款，"个人信息是以电子或者其他方式记录的与已识别或者可识别的自然人有关的各种信息，不包括匿名化处理后的信息"。而《中华人民共和国网络安全法》（以下简称《网络安全法》）以及一些国家标准对个人信息的定义采用了先概括、后简单列举的方式。根据《网络安全法》第76条第（五）项，"个人信息，是指以电子或者其他方式记录的能够单独或者与其他信息结合识别自然人个人身份的各种信息，包括但不限于自然人的姓名、出生日期、身份证件号码、个人生物识别信息、住址、电话号码等"。作为个人信息保护应遵循的国家级标准，《信息安全技术　个人信息安全规范》（以下简称《规范》）对开展收集、保存、使用、共享、转让、公开披露等个人信息处理活动应遵循的原则和安全要求作出规范，适用于各类组织与个人的信息处理活动，是除《个人信息保护法》之外的有关个人信息权益保护工作开

① 翟相娟：《个人征信法律关系研究》，上海三联书店2018年版，第35页。

展的重要指引。《规范》对个人信息的定义也采用了"概括兼列举式定义",在内容上基本与学界通说保持一致。在对个人信息共性特征的提炼上,《规范》将个人信息定义为"以电子或者其他方式记录的能够单独或者与其他信息结合识别特定自然人身份或者反映特定自然人活动情况的各种信息"。《规范》附录 A 详细列举了 13 类个人信息,分别是个人基本资料、个人身份信息、个人生物识别信息、网络身份标识信息、个人健康生理信息、个人教育工作信息、个人财产信息、个人通信信息、联系人信息、个人上网记录、个人常用设备信息、个人位置信息以及其他信息。总之,《规范》通过采用"概括兼列举式定义"的方式,既能使信息主体对个人信息的范围一目了然,同时尽可能将个人信息的主要类型包括其中。

(二) 可识别性:个人信息的根本特征

个人信息除拥有一般信息类型所具备的共同特征,如普遍性、依附性(载体性)、存储性、可再生性、可传递性(共享性)以及时效性等,还呈现出独有的特性。毋庸置疑,个人信息一定是与作为单独个体的自然人存在某种联系的信息,具有关联性。但若要构成个人信息,仅仅具备关联性又是不够的,关联性充其量只能作为个人信息的必要不充分条件而存在。例如,一本未能明确作者身份的个人日记、病人信息残缺不全的病历簿等,里面虽然记载了大量与之相关的信息,但在最终无法确定个人具体身份的情况下则不宜再将其作为个人信息。

因此,个人信息所指代的"个人",必须是某特定的自然人,根据信息内容可将该特定个人锁定,而非泛泛停留在生物学意义上的自然人,故可识别性是个人信息的核心特征,不能识别出特定个人的信息不属于个人信息,不具有法律保护价值。所谓"可识别性",就是指个人数据信息与其主体存在某一客观确定的可能性,即通过这些数据信息能够把当事人直接或间接地辨认出来。[①] 从立法实践上看,无论是欧盟、德国、英国以及我国台湾地区的个人信息保护立法,还是我国的《个人信息保护法》《网络安全法》以及关于个人信息保护的国家标准,均严格遵循"可识别性"的个人信息定义思路。

可识别性作为个人信息的根本特性,也反映在最高人民法院、最高人民检察院(以下简称"两高")所发布的文件及司法解释中。在 2013 年由"两高"和公安部发布的《关于依法惩处侵害公民个人信息犯罪活动的通知》中,个人信息包括能够识别公民个人身份或者涉及公民个人隐私的信息、数据资

---

① 蒋坡:《个人数据信息的法律保护》,中国政法大学出版社 2008 年版,第 4 页。

料。此处的"或者"并非意指个人信息与隐私信息完全并列，而在于强调隐私信息是公民个人信息中需要重点保护的一种类型。公民隐私信息属于个人信息中尚未向社会公开的一部分，因此属于个人信息的下位概念。隐私只有与某特定个人相结合才有意义，不管是由个人组成的团体还是不特定的个人均不是隐私权的享有者，故个人隐私信息必然具备可识别性的特征。此外，2017 年由"两高"发布的《关于办理侵犯公民个人信息刑事案件适用法律若干问题的解释》第 1 条则进一步将个人信息界定为"能够单独或者与其他信息结合识别特定自然人身份或者反映特定自然人活动情况的各种信息"。此处的"或者"仍非在并列意义上使用，而只是一种补充和强调。反映各类活动的信息若不具备可识别性，则意味着其不能够单独或者与其他信息结合识别特定自然人身份，从而不能与"特定自然人"产生关联，不再是《中华人民共和国刑法》（以下简称《刑法》）所保护的个人信息。

二、个人信用信息的主要分类

（一）以内容为标准的基本分类

根据不同的标准，可以对个人信用信息进行多种分类，而内容是最基本的分类标准。个人信用信息根据内容，可分为个人身份识别信息、个人信用交易信息、社会公共信用信息以及经个人同意的其他与信用相关的信息。[①]

个人身份识别信息，即个人基础信息，其在所有个人信用信息中处于基础的地位，主要包括个人的姓名、性别、身份证件号码、出生日期、籍贯、民族以及个人联系方式等。个人身份识别信息虽然与个人信用状况没有直接关联，但它是确保其他信息具备"可识别性"必不可少的条件。

个人信用交易信息是指个人在借贷、贸易、投资、服务等社会经济活动中形成的，能够反映信用主体经济状况、履约能力、商业信誉等信用能力和信用行为的信息。[②] 个人信用交易信息与市场信用信息相对应，是个人征信信息的主体部分，是个人征信报告的"灵魂"，也是信息使用者最为关注的内容。需要强调的是，随着我国数字经济的迅猛发展，第三方支付、网上借贷、社交媒体、公用事业缴费等替代数据开始应用于征信领域，成为传统信贷信

[①] 也有学者基于信息内容将个人信用信息划分为基本信息、借贷信息、其他信息（替代信息）及基于前述信息所形成的对个人信用的分析评价信息四个部分。李爱君：《个人征信信息法律规制研究》，《中国应用法学》2023 年第 2 期，第 52 页。

[②] 翟相娟：《个人征信法律关系研究》，上海三联书店 2018 年版，第 44 页。

息之外判断借款人偿债能力和偿债意愿的重要依据。[①]

个人征信机构采集的公共信用信息仅限于由行政机关、司法机关、法律法规授权的具有管理公共事务职能的组织以及公共企业事业单位、群团组织等，在其履行职责、提供服务过程中产生或者获取的，可用于判断被征信人偿债能力和偿债意愿的信息。例如，税务部门掌握的纳税人拖欠税款的信息、司法部门掌握的民事判决记录和强制执行记录等。

经个人同意的其他与信用相关的信息，主要指存在于社会各个角落中的信用信息，因此，与被集中掌握在商业银行和公权力部门的信用信息不同，分散性是其主要特征。例如，深圳个人信用征信系统已经收录全国高校学历记录、部分单位关于个人就业的信息，以及部分赊购商品的商业机构关于个人赊购商品的信息，等等。[②]

（二）信用 5C 分析法

信用 5C 分析法（Five Cs of Credit）是美国在判断借款人偿债能力和偿债意愿时所采用的方法。通过系统分析借款人的五大信用核心特征，不仅可以判断借款人是否满足贷款条件，同时估计违约的可能性和贷方发生财务损失的风险。5C 指代品行（Character）、能力（Capacity）、资本（Capital）、抵押（Collateral）与条件（Conditions），所以，个人信用信息应该是能够全面反映上述五大特征的个人信息。信用 5C 分析法结合了定性和定量的措施，贷款人可以查看借款人的信用报告、信用评分、损益表以及其他与借款人财务状况有关的文件，还要考虑有关贷款本身的信息。

（1）品行是指具体的信用历史记录，即借款人的信誉或偿还债务的记录，此部分信息主要显示在个人信用报告中。为进一步评估借款人的信用风险，贷款人还可审查其留置权及判决报告，如美国的 LexisNexis RiskView 能够提供此项服务。

（2）能力是指贷款人通过比较借款人的收入与经常性债务，从而进一步得出债务收入比（DTI）来衡量借款人的还贷能力。在美国，每个贷款人设置的 DTI 标准并不相同，但申请人的 DTI 越低意味着获得新贷款的机会越大，有时贷款人也禁止向 DTI 较高的申请者发放贷款。除检查收入外，贷款人还会考虑申请人在目前以及未来工作时间的稳定性。

（3）资本是指借款人用于潜在投资的任何资本，借款人的大额供款降低

① 赵以邗：《机遇与挑战：我国征信业务中个人信用信息处理的法律困境及改革路径》，《中国应用法学》2023 年第 2 期，第 67 页。
② 翟相娟：《个人征信法律关系研究》，上海三联书店 2018 年版，第 45 页。

了违约概率，实践中首付款和预付定金的大小会影响借款人的贷款利率和条款。

（4）抵押可以帮助借款人获得贷款，因此，他们对贷款人产生的风险较小。与其他无抵押融资形式相比，以某种形式的抵押担保的贷款通常具有较低的利率和更好的条件。

（5）贷款的条件，如利率和本金金额会影响贷款人为借款人融资的意愿。有明确贷款目的和用途的借款人更容易获得借款人的青睐，此外，贷款人还可能考虑借款人无法控制的情况，如经济状况、行业趋势、立法变更等。

（三）个人敏感信息与非敏感信息

个人信用信息根据敏感程度，可以被分为个人敏感信息与个人非敏感信息，此种分类的意义在于区分两者的采集方式。其中，个人敏感信息是各国法律规制的重点，根据采集方式的差异又分为个人高度敏感信息和个人一般敏感信息。

个人高度敏感信息，是指与个人隐私高度相关且无助于判断个人偿债能力和偿债意愿的任何信息。个人一般敏感信息，是指虽然涉及个人隐私，但能在一定程度上反映个人偿债能力和偿债意愿的信息，主要由两部分构成：一是个人的现有财产和变动情况，如拥有的房屋、车辆、土地、藏品等；二是以财产性收入为主的各类收入，如银行存款、有价证券等。

受各国法律传统和社会文化的影响，个人敏感信息的范围并不一致，个人敏感信息和个人非敏感信息的界限并不绝对。有学者也认为，个人敏感资料所涉及的所谓个人隐私或社会观念，是一个相对模糊并不断发展的概念。[①]

（四）正面信用信息与负面信用信息

根据对信息主体产生的影响，信用信息可以被分为正面信用信息和负面信用信息。征信法律法规一般并不直接明确回答征信机构采集的个人信用信息中，究竟哪些属于正面信用信息，哪些属于负面信用信息，但此种分类对个人征信的实践具有重要意义。通常而言，对信息主体的权利实现起积极作用的信用信息，即可纳入正面信用信息的范畴，反之亦成立，即负面信用信息是对信息主体的权利实现起阻碍作用的信用信息。

需要指出的是，正面信用信息与负面信用信息的分类并不适用于个人身份识别信息和公共信用信息，而应主要运用于个人信贷交易信息。原因在于，

[①] 张鹏：《个人信用信息的收集、利用和保护——论我国个人征信体系法律制度的建立和完善》，中国政法大学出版社 2012 年版，第 133 页。

个人身份识别信息属于客观信息，其无法对被征信人的信用状况作出任何评价，而征信机构采集的公共信用信息基本属于负面信息，如仅采集居民拖欠水电气费的信息、纳税人拖欠税款的信息等。在个人征信实践中，正面信用信息主要指信贷交易活动中按时还款和履约的信息。相比于正面信用信息，授信方对负面信用信息更加重视。从个人征信机构的角度看，其发展伊始便以实现借款人欠款信息共享为目的，世界上从未产生只采集正面信用信息的征信机构；从贷款人的角度看，为了将潜在风险降至最低，他们会格外重视借款人的负面信用信息；从借款人自身的角度看，负面信用信息是对其偿债能力和偿债意愿的否定性评价，在一定程度上会限制其社会经济活动的开展。

是否采集正面信用信息与征信机构的性质并无必然联系。例如在公共征信系统中，我国的个人金融信用信息基础数据库既采集负面信用信息，也采集正面信用信息，而法国的中央信贷登记系统只采集负面信用信息；在私营征信机构中，美国同时采集正面信用信息和负面信用信息，而丹麦却只采集负面信用信息。只允许采集负面信用信息的国家一般是对个人隐私采取严格保护的欧陆国家，对授信人挽留优质客户、征信机构降低经营成本具有一定作用。

但是，将正面信用信息完全排除在外也会给征信实践带来一定困扰，例如对于一个信贷交易极为活跃但能够每次按时还款的借款人，应该如何通过征信报告展示其信用状况？是否应该采集正面信用信息，应考虑其对于全面衡量借款人的信用能力有无必要性。正如有学者谈道，"当个人信用记录所提供的信息并不能够使其准确地评估、预测当事人的信用状况时，查询人使用个人信用记录的目的也就不能实现了，我国建立个人征信体系的价值也就不复存在"[①]。个人征信报告并不是"黑名单"，其应将全面反映个人信用状况作为基本目标。正面信用信息的纳入提升了个人征信报告内容的全面性、准确性、客观性，对于其可能带来的侵犯个人隐私的情况，则应通过完善相关法律法规、制定行业标准等方式规范。

三、从社会信用的角度界定个人信用信息

在不同国家和地区的个人征信实践中，对个人信用信息的范围界定并不完全一致，我国个人征信法律制度尚未对此作出明确规定。因此，有必要对个人征信机构采集的个人信用信息范围展开讨论。

---

① 张鹏：《个人信用信息的收集、利用和保护——论我国个人征信体系法律制度的建立和完善》，中国政法大学出版社 2012 年版，第 152 页。

（一）　社会信用信息的范围

社会信用信息，是指可用于识别信息主体（具有完全行为能力的自然人、法人和非法人组织）守法、履约状况的客观数据和资料。[①]根据信息采集主体的不同，社会信用信息可被进一步细分为公共信用信息和市场信用信息，两者的主要区别集中在信息范围、信息提供主体以及信息获取方式三个方面。

市场信用信息是指信用服务机构及其他企事业单位等市场信用信息提供单位，在生产经营活动中产生、采集或者获取的，可用于识别信息主体信用状况的数据和资料。[②]由此可以看出，市场信用信息的范围聚焦于平等民商事主体之间的契约履行情况，信息的提供主体不是专业的信用服务机构就是其他市场主体，以主动积极作为的方式采集个人信用信息。市场信用信息本质上属于私有财产，不具备公共属性，故采集市场信用信息原则上应当经信息主体同意并约定用途。

公共信用信息主要包括自然人的个人基本信息、收入资产信息、行政管理信息、司法信息、公共事业信息、荣誉信息以及其他信息共七大类。[③]公共信用信息仅限于信息提供单位在履行职责、提供服务过程中产生或者获取的信息，这些主体不负有主动采集市场信用信息的义务，故而，公共信用信息的获取方式，不包括从市场部门采集信息，更不包括与市场部门共享共用而获得信息。[④]故公共信用信息不存在专业的采集机构，其提供机构主要包括行政机关、司法机关、法律法规授权的具有管理公共事务职能的组织，以及公共企业事业单位、群团组织等。

（二）　个人信用信息的分层

征信信息属于社会信用信息的一部分，但其与公共信用信息和市场信用信息又分别构成何种关系？从金融领域再到社会领域，伴随着信用边界的不断扩张，其含义逐渐丰满，根据自然人"失信"的程度，可将其社会信用信息予以更加精细化的分层。

（1）个人与金融部门批准设立的从事贷款业务的商业银行及其分支机构、贷款公司（不包括小额贷款公司）之间，反映金融债权债务关系的信贷信息，如信

---

① 　罗培新：《社会信用法：原理·规则·案例》，北京大学出版社 2018 年版，第 38—39 页。
② 　罗培新：《社会信用法：原理·规则·案例》，北京大学出版社 2018 年版，第 40 页。
③ 　关于自然人公共信用信息更详细的分类，可参见李向华、江洲、周莉：《公共信用信息分类方法研究》，《标准科学》2018 年第 12 期，第 113—116 页。
④ 　罗培新：《社会信用法：原理·规则·案例》，北京大学出版社 2018 年版，第 66 页。

用卡消费、房贷、车贷、教育贷款等大额贷款均属此类，属于市场信用信息。

（2）民间借贷信用信息。作为历史悠久、分布范围广泛的民间金融活动，个人作为借款人的民间借贷主要指个人向其他自然人或非经金融监管部门批准设立的从事贷款业务的非银行类金融机构，以货币或其他有价证券为标的进行资金融通的行为。小额贷款公司、P2P网贷公司、投资公司、担保公司、典当公司、理财公司是常见的民间借贷机构，属于非持牌金融机构。因此，借款人的民间借贷信用信息也属于市场信用信息。

（3）个人在经济活动中未按照合同履行约定义务，从而与平等市场主体之间形成的能够反映其偿债能力的非金融类债权债务信息，主要指个人与各类商业企业等非金融机构发生信贷或赊购业务等工商活动往来过程中产生的信用信息，性质上仍属于市场信用信息。

（4）个人与公共企事业单位之间产生的采取先消费后付款的公共事业缴费信息，如水电费、电信费、煤气费等，在性质上应归属于公共信用信息而非市场信用信息。不过，拖欠水电费的行为与欠债不还、故意违约相比，形成原因较为复杂，存在因经营者服务不到位与消费者发生纠纷的可能性。因此，消费者欠费行为在彻底定性之前并不能反映其真实信用情况。出于此种考虑，我国最新的二代征信系统尚未采集个人水电费的欠缴费信息，但在二代格式信用报告中设计预留了展示格式。①

（5）行政机关、司法机关及法律法规授权的具有管理公共事务职能的组织，在其履行职责、提供服务过程中产生或者获取的，可用于判断被征信人偿债能力和偿债意愿的信息，如社保公积金信息、纳税信息、行政执法类信息、法院判决信息（包括失信被执行人）等，性质上属于公共信用信息。

（6）不能反映个人偿债能力和偿债意愿的其他公共信用信息，主要指地方信用法规确认的个人某些违法失信信息，如环保失信信息、拒服兵役失信信息、养狗不文明失信信息等。

结合我国个人征信实践，除第六类之外，前五类均是我国个人征信机构采集和共享的信息范围，因此，个人信用信息的内容以市场信用信息为主，同时包括部分公共信用信息。②

---

① 《中国人民银行：水电欠费不纳入征信系统体现法治理性》，国际电力网，http://power.in-en.com/html/power-2353622.shtml，访问日期：2020年2月23日。

② 我国《征信业管理条例》同样能够支持上述结论。该条例第44条将"不良信息"定义为对信息主体信用状况构成负面影响的信息，由三部分构成：（1）信息主体在借贷、赊购、担保、租赁、保险、使用信用卡等活动中未按照合同履行义务的信息；（2）对信息主体的行政处罚信息、人民法院判决或者裁定信息主体履行义务以及强制执行的信息；（3）国务院征信业监督管理部门规定的其他不良信息。

（三）征信系统中的失信被执行人信息

失信被执行人本是司法机关民事执行制度改革的产物，主要目的是解决长期存在的"执行难"这一痼疾。经济生活中，"老赖"现象曾是长期困扰社会各界的棘手难题。"老赖"的存在使法院作出的生效裁判迟迟得不到执行，债权人的合法权益得不到有效保护，对司法公信力造成了损害。为此，有必要对原有的民事被执行人制度加以改革。

2013 年 11 月 14 日，最高人民法院执行局与中国人民银行征信中心签署合作备忘录，共同明确将失信被执行人名单信息纳入征信系统的相关工作操作规程。这意味着失信被执行人名单信息将被整合至被执行人的信用档案中，并以信用报告的形式向金融机构等单位提供。[①] 如果说个人征信机制仅仅满足于通过信用信息的充分共享以实现对不良信用主体的消极规避，那么失信被执行人则是通过一系列强制性手段迫使其主动偿还债务。由于对失信被执行人的惩戒以行政性惩戒为主，将对其权利行使带来实质上的影响和限制。

1. 被征信人最严重的失信信息

所谓失信被执行人，是指在有履行能力的情况下无正当理由拒不履行生效法律文书确定的法律义务，从而被记入失信被执行人名单的被执行人。[②] 可见，失信被执行人只是被执行人的一种特殊情形，但从被执行人到失信被执行人仅有一步之遥。自 2013 年 10 月实施失信被执行人名单信息公布制度起，截至 2019 年 6 月底，全国法院累计发布失信被执行人名单 1443 万人次。[③] 失信被执行人名单制度并非由我国首创，其与德国民事执行中的债务人名录制度有异曲同工之处，两者在适用条件和法律后果上具有相似性。债务人黑名单在德国全国范围内公布，这些人在 3 年内将无权享受银行贷款、分期付款和邮购商品等信用消费活动。债务人黑名单一经公示，即与政府相关部门的征信机构对接，从法律、经济、道德、社会和舆论等方面，形成对拒不执行义务债务人的强大威慑力。[④]

---

① 袁定波：《最高法执行局与中国人民银行征信中心签署合作备忘录》，东方网，http：// news. eastday. com/eastday/13news/node2/n4/n6/u7ai152546_ K4. html，访问日期：2020 年 2 月 17 日。

② 根据《最高人民法院关于公布失信被执行人名单信息的若干规定》，以下六类情形将被纳入失信被执行人名单：（1）以伪造证据、暴力、威胁等方法妨碍、抗拒执行的；（2）以虚假诉讼、虚假仲裁或者以隐匿、转移财产等方法规避执行的；（3）违反财产报告制度的；（4）违反限制高消费令的；（5）被执行人无正当理由拒不履行执行和解协议的；（6）其他有履行能力而拒不履行生效法律文书确定义务的。

③ 《全国法院已累计发布失信被执行人名单 1443 万人次》，中国新闻网，http：//www. chinanews. com/gn/2019/07-16/8895902. shtml，访问日期：2019 年 7 月 29 日。

④ 高翔：《黑名单管理制度若干问题研究与探索》，载《中国工商报》第 007 版，2017 年 8 月 31 日。

当一个人的征信报告出现不良信用信息时，来自平等市场主体的市场性惩戒和社会性惩戒已经开始，但未经严格的司法程序认定，此时的失信人仍只是一般的债务人，无法对其实行来自公权力的失信惩戒。具体而言，个人征信不良信息主要应用于金融信贷领域，是否需要对失信人施加市场性惩戒、行业性惩戒、社会性惩戒由金融机构和其他市场主体自行决定。而失信被执行人已经属于法院强制执行的范畴，即使不纳入个人征信报告其同样面向全社会公开并强制性接受来自公权力的行政性惩戒，因此，失信被执行人是被征信人最严重的失信信息。

作为司法性惩戒，失信被执行人信息显示在个人征信报告中本身就是最严重的不良信用记录，将失信被执行人名单信息整合至征信报告并向金融机构等授信方提供，授信方不再享有是否与一般失信人进行交易的自由选择权，其不得为失信被执行人办理信贷业务或信用卡。可见，成为失信被执行人同时也意味着高消费行为被限制，成为限制高消费人员。

2. 扩充民间借贷违约信息

民间借贷在我国是个人筹措资金的重要方式，个人在民间借贷中的还款表现同样是界定其信用状况的重要素材。因个人征信报告主要记录的是借款人与专业授信机构和接入征信系统的民间借贷机构之间的债权债务关系，因此，个人征信机构并不采集所有的民间借贷违约信息，而失信被执行人信息还包括自然人相互之间的、自然人与未接入征信系统的其他机构之间的债权债务关系，从而进一步扩大了个人信用信息的范围和提升了信息的有效性。

具体而言，无论是与商业银行、贷款公司签订的正式信贷合同，还是对私人开具的借条、欠条，都是能够证明借款人个人信用水平的重要依据。虽然个人征信机构不能采集分散在社会角落中的民间借贷信息，但这些民间借贷纠纷中的债权人在面对债务人不按期偿还债务，导致其债权不能顺利实现时，享有同商业银行、贷款公司等相同的权利救济方式，即向人民法院提起民事给付之诉。在给付之诉中，法院生效裁判对一方克以相应的法律义务时，其作为"败诉方"将承担败诉的后果。如败诉方既不在法定期限内提起上诉又不积极履行给付义务，胜诉方可向法院执行部门申请强制执行，此时"败诉方"的法律角色才正式转变为被执行人。被执行人如能在规定期限内主动积极地履行生效法律文书确定的义务将会直接终结执行程序，被执行人的身份即归于消灭。被执行人只有满足一定的条件才能成为失信被执行人，从而启动针对失信被执行人的行政性惩戒。因此，这部分民间借贷纠纷是产生失信被执行人的重要来源。

3. 行政性惩戒的启动

失信被执行人反映出司法性惩戒与行政性惩戒之间相互配合、密不可分的关系。首先，由最高人民法院确定失信被执行人的统一纳入标准；其次，全国各级法院依据《中华人民共和国民事诉讼法》和失信被执行人确认标准，归集失信被执行人的信息并制作名单；再次，地方各级法院将失信被执行人名单信息汇总至最高人民法院，由其在中国执行信息公开网面向全国统一公开公示①；最后，各失信惩戒主体根据法院发布的失信被执行人名单对其展开联合惩戒。

失信被执行人必然导致行政性惩戒。失信被执行人是存在严重失信行为的被执行人，是被纳入"黑名单"的债务人，这是启动行政性惩戒的重要前提。2016 年 1 月 20 日，由国家发展改革委和最高人民法院牵头，中国人民银行、中央组织部、中央宣传部、中央编办、中央文明办、最高人民检察院等44 家单位联合签署《关于对失信被执行人实施联合惩戒的合作备忘录》，其第三部分规定了多达 32 项失信行政联合惩戒措施，通过与其他行政部门联动，在政府采购、招标投标、行政审批、政府扶持、融资信贷、市场准入、资质认定等方面对失信被执行人予以全方位的信用惩戒。对于常见的具备履行能力而恶意逃避执行的"老赖"，通过限制各类高消费、限制不动产交易、限制任职资格甚至无法乘坐飞机和高铁等手段给其日常生活带来不便，从而迫使其主动履行义务。

（四）其他公共信用信息的管理

由于个人金融信用信息数据库已经掌握个人绝大部分市场信用信息，因此，建立统一的个人社会信用信息系统没有必要。根据社会信用体系的制度逻辑与推进安排，我国已有多地创建本地的公共信用信息系统（共享平台），负责归集整合本行政区域内企业、个人、社会组织各类主体的信用信息，如浙江省信用服务综合平台、安徽省公共信用信息共享服务平台、江西省公共信用信息平台、海南省个人公共信用信息共享平台等。此外，一些有条件的城市也在探索建设本市的个人公共信用信息数据库。个人公共信用信息与个人征信信息相比，其主要服务于提高政府公共管理与公共服务的效能，一般不主动对外公开，查询个人公共信用信息需取得明确授权。易言之，对个人公共信用信息的使用和披露受到比个人征信信息更为严格的限制，难以采用

---

① 在失信被执行人名单的公开渠道上，除中国执行信息公开网之外，一些有条件的地方法院也会通过官方网站、微信公众号等方式公开来源于本院的失信被执行人信息，此外，还可以采取在公告栏上直接粘贴失信被执行人信息的方式。

征信机构市场化的运作机制。为了提升个人征信体系的运行效率，实现个人金融信用信息基础数据库与个人公共信用信息数据库两者之间的协调，故应对个人征信信息和个人公共信用信息实行"分别采集，分类管理"的基本方针。

四、隐含在个人信用信息中的私法利益

(一) 个人信用信息的人格利益

要回答什么是人格，需要首先回答什么是人？人何以为人？人与其他动物不同的本质是什么？马克思提出了关于人的本质的三个重要命题，即自由的有意识的活动是人的类本质、人的本质在现实性上是一切社会关系的总和、人的需要即人的本质，三者存在内在的统一性与层次性。有学者从哲学、伦理学角度对人的本质展开探索，更加侧重于对"人格"价值层面的表达，即人格是人之所以为人所具有的伦理价值。卡尔·拉伦茨认为，"在伦理人格主义哲学看来，人正因为是伦理学意义上的'人'，因此他本身具有一种价值，即人不能作为其他人达到目的的手段，人具有其'尊严'"[1]。康德的人道原则认为，"一个人必须永远被尊为一个自主者，即被尊为一个能够设定和追求他自己的目的的人"[2]。

在法学领域，"人格"更多在主体层面上被使用，因此"人格"即为法律人格，具有法律上的主体资格。例如，王利明将人格分为三种，第一种是指一种抽象与平等的法律地位，它是权利取得的基本资格；第二种是指作为民事主体必备的民事权利能力；第三种是从人格权的客体角度来理解人格概念的，即认为人格是一种应受法律保护的利益。[3] 人格权的客体既包括人作为自然界中的生命体所天生具有的生命、身体、健康等自然因素，还包括作为社会活动的主体所具有的姓名、肖像、荣誉、自由等社会因素。

人格权的客体是人格利益，个人信用信息是对人格利益的表达，对此学界并无太大争议。从内容上看，个人信用信息蕴含着人格要素。与一般的个人信息相比，个人信用信息不仅能够把某特定自然人识别出来，还能够比较详细地描述个人的信用状况，进而得知其在经济领域中的表现，因此它还是一种评价。个人信用信息的内容错误和不当使用所造成的危害集中于对隐私

---

[1] 〔德〕卡尔·拉伦茨：《德国民法通论（上）》，王晓晔等译，法律出版社2003年版，第47页。

[2] 〔英〕A.J.M.米尔恩：《人的权利与人的多样性——人权哲学》，夏勇、张志铭译，中国大百科全书出版社1995年版，第103页。

[3] 王利明：《人格权法研究》，中国人民大学出版社2005年版，第5—7页。

的侵犯，继而阻碍人格自由、人格尊严、人格平等和人格独立等一般人格权的实现。从形式上看，互联网时代，作为"经济身份证"的个人信用信息仅是对人格利益的数字化处理。"在网络空间，人类终于摆脱了'肉身'实现了'数字化生存'，拥有了'数字化人格'。"① 正是在这种意义上，个人信息实现了对人的"再造"，个人信用信息则再现了个人的经济生活。无论是物质意义上的人体，还是依附于个人信息上的"虚拟人"，都是人格利益的载体。凭借良好的个人信用信息，借款人足不出户也能成功完成信用交易，而充满信用污点的借款人只能成为贷款人远离的对象。

（二）个人信用信息的财产利益

同"人格"一样，"财产"的内涵也随着人类社会的发展而不断扩张。虽然财产包括无体物，但不是任何信息均可以成为财产。信息财产是指固定于一定的载体之上，能够满足人们生产和生活需要的信息。② 根据是否依附于一定的载体，信息财产又分为纸面信息和电子信息（计算机信息）。个人信息既可以是纸面信息（如打印的个人征信报告），也可以是电子信息（如存储在计算机和数据库中的信息）。不论以何种方式显示，个人信用信息均属于信息财产的范畴，表现在其同样具备一般财产的独立性、价值性、稀缺性和可控制性。

1. 个人信用信息具有独立性

独立性是信息成为财产的首要条件，正是凭借独立性，个人信用信息才能成为财产权的客体，并形成独立的信息财产权。具体而言，尽管个人信用信息的载体和形式能够千变万化，但其内容并不会改变。有学者直观地描述道，"同一信息可以同时附载于多个不同的物质之上，同时存在于多个空间……载体物的变换不影响信息本身"③。这表明个人信用信息是完全独立于人本身和人的意识的客观存在。

2. 个人信用信息具有价值性

价值是一种评判，价值性是指个人信用信息对人们而言是有用的，便利了人们的生产和生活。正是由于信息的有用性，信息已经与物质、能量并列，成为人类的第三大重要资源。④ 因此，在瞬息万变的市场交易中，谁能够掌握

---

① 齐爱民：《拯救信息社会中的人格：个人信息保护法总论》，北京大学出版社 2009 年版，第 31 页。
② 齐爱民：《论信息财产的法律概念和特征》，《知识产权》2008 年第 2 期，第 25 页。
③ 郑成思、朱谢群：《信息与知识产权（续）》，载《西南科技大学学报（哲学社会科学版）》2006 年第 2 期，第 1—10 页。
④ 金海卫：《信息管理的理论与实践》，高等教育出版社 2006 年版，第 23 页。

更多的信用信息，谁就能立于不败之地，因此，争夺个人信用信息资源成为个人征信机构做大做强的重要途径。

3. 个人信用信息具有稀缺性

不同于取之不尽、用之不竭的阳光、氧气等可再生资源，也不同于在公共领域自由流通的有用信息，个人信用信息不仅是有价值的，更是极为稀缺的新型资源。为此，才有必要对如何优化个人征信市场资源配置展开研究，平衡征信市场中的供给与需求。

4. 个人信用信息具有可控制性

不能为人所控制和支配的信息，如转瞬即逝的灵感、无法再现的信息不是财产权的客体，不是信息财产。个人信用信息可以通过一定的载体予以固定，如存储在数据库中的信息，或个人征信报告等纸质载体显示的信息。针对已经商品化的个人信用信息，征信机构可以依法出售或转让凝聚自身劳动心血的征信产品。

第二节　被征信人：信用信息的来源

一、被征信人的基本条件

被征信人是个人信用信息的来源，也是个人征信报告所阐释的对象。从各国的征信实践上看，被征信人的基本条件与本国法律所规定的成年人高度重合，而这源于成年人所具备的完全民事行为能力。被征信人主要是能够与商业银行等授信机构发生信贷行为和产生债权债务关系的自然人，而从事信贷行为的自然人必须是能够独立实施民事法律行为的完全民事行为能力人，包括十八周岁以上的成年人和十六周岁以上但以自己的劳动收入为主要生活来源的未成年人。我国《贷款通则》支持了上述结论，即作为个人的借款人应当是具有中华人民共和国国籍的具有完全民事行为能力的自然人。[①]

鉴于信贷的特殊性，商业银行会根据自身实际情况设定更高的条件，一般要求借款者具有地区常住户口以及提供身份证、稳定的住址证明，尤其能够证明自己具有支撑还贷能力的稳定收入。例如，中国银行的个人信用循环贷款的适用对象是具有中华人民共和国国籍、具有完全民事行为能力、资信良好、有固定住所和稳定收入、还贷来源充足的自然人。另外，对于并非初次办理信用贷款的自然人，贷款人还要求提供其征信报告，例如，中信银行

---

① 《贷款通则》第 17 条。

的"信秒贷"经授权获取客户收入、征信等数据信息，依托其网络信贷业务平台系统，对客户进行综合信用评价，向符合本行贷款条件的客户在线发放用于消费用途的个人信用贷款。[1]

二、特殊情形：死者和外国人

（一）死者不是被征信人

无论从法律规定的角度，还是从个人征信存在的现实意义出发，被征信人不应是不具备生命特征的死者，因此，个人征信机构不应再保留死者的信用信息。根据《中华人民共和国民法典》（以下简称《民法典》）第 13 条之规定，"自然人从出生时起到死亡时止，具有民事权利能力，依法享有民事权利，承担民事义务"。因此，死者不具备民事权利能力和民事行为能力，公民死亡或者被宣告死亡便意味着根本丧失了作为借款人从事信贷交易的基本条件，无论在民事合同法律关系还是在个人征信法律关系中均不能作为主体出现。只有在具备生命的前提下，对公民作民事权利能力和民事行为能力的划分才具有实践意义。此外，个人征信机制的有效运行建立在对被征信人行为准确预测的基础之上，死者不能够从事新的信贷交易和产生新的债权债务法律关系。由于死者不能够成为将来交易的主体，市场中针对死者的征信需求将不复存在。当然，否认死者能够成为被征信人并不等于不保护死者的个人信息，死者生前的个人信息所反映的人格利益仍然得到我国法律的保护。

（二）被征信人包括外国人

对于符合条件的外国人或无国籍人，我国的个人征信机构已经将其作为被征信人并采集其信用信息。如果外国人未在中国办理信贷业务，金融信用信息基础数据库便暂未收录其信息，从而无法查询个人征信报告。如果外国人已经和我国的金融机构或者网络借贷平台发生过信贷交易且该信息已被报送至征信系统，就可以在我国的个人征信机构查询到本人的征信报告。因此，被征信人范围之确定采用的是属地原则，即不论借款人是否具有中国国籍，只要在我国境内发生了信贷交易行为，其均是个人征信机构的信息采集对象，这也是国外个人征信机构的一致做法。我国作为世界第二大经济体，在国内工作和生活的外国人不计其数且增长势头强劲，扩大信用信息的采集群体范

---

[1]　关于"信秒贷"的介绍，中信银行官方网站，http：//www.citicbank.com/personal/loan/credit-loan/，访问日期：2020 年 2 月 13 日。

围会增加我国个人征信机构所掌握的信息储量，这是提升我国综合发展实力与市场竞争力的重要基础。

三、一体两面：被征信人与信用消费者

（一）信用消费者与被征信人高度重合

同一个自然人，当我们称他为被征信主体时，明显具有被动色彩；当我们称他为信用消费者时，主动的意味更浓。[①] 在个人征信基础交易法律关系和部分个人征信法律关系中，被征信人主要是以信用消费者的积极姿态出现的，即凭借自身的信用能力而消费或从事交易的一类特殊消费者。信用消费者也不等于金融消费者，因为并非所有的金融消费者均会凭借自身信用购买产品或接受服务。一般消费者是指为生活消费而需要购买、使用商品或者接受服务，从而与经营者发生交易关系的人。在消费者合法权益发生侵害的部分场合，产品的生产者也会承担相应的法律责任。信用消费者的目的是尽可能多地促成信用交易和提升其信用额度，因此，其并未脱离"消费"这一根本目的，信用消费者也是我国消费者体系的重要组成部分，受我国消费者法律制度的保护。

（二）信用消费者的信息安全权

信用消费者与普通消费者"一手交钱、一手交货"的消费方式明显不同。信用消费者之所以不需要像普通消费者一样以支付金钱、提供抵押物或保证人的方式获得商品和服务，正是凭借其信用消费能力，信用消费者只能从事与其信用消费能力大小相适应的信用交易活动，缺乏信用消费能力的消费者不能够申请信用贷款和从事信用消费。从某种程度上说，信用消费能力就是指消费者的偿债能力和偿债意愿，两者呈正相关关系。消费者的信用消费能力处于不断变化中，交易方能够根据征信机构所提供的个人征信报告来衡量其信用消费能力大小并作出相应决策。

信用消费者与普通消费者交易方式的不同导致两者权益保护路径应有所区别。但是，《中华人民共和国消费者权益保护法》（以下简称《消费者权益保护法》）在事实上却难以为信用消费者提供完全充分的保护，这种不足集中体现在对信用消费者信用信息安全权的保护存在缺陷。《消费者权益保护法》所设定的知情权、自主选择权、公平交易权、损害赔偿权、结社权、知识获

---

① 翟相娟：《个人征信法律关系研究》，上海三联书店 2018 年版，第 28 页。

取权、尊严维护权以及监督权等权利体系基本上满足了信用消费者权益保护的需要，但对体现信用消费者"信用能力"的信用信息的保护存在先天不足。有学者认为《消费者权益保护法》关于安全权的规定较难涵盖信用消费者的信用信息安全权的内容，而这是信用消费者的重要权利之一。[①] 根据《消费者权益保护法》第 7 条，普通消费者的安全权是指在购买、使用商品和接受服务时享有人身及财产安全不受损害的权利，旨在保护消费者的人身安全和财产安全。但对信用消费者而言，对信用信息的不当使用和滥用会进一步导致其隐私权和信用权的侵犯，还会带来精神上的损害，而精神损害的来源不再仅仅局限于经营者和生产者。威胁信用信息安全权之始作俑者是利益，而具体实施者则是合法控制信息的主体，涉及征信机构、信用信息提供者与使用者等多方，此种多层次的、复杂的主体关系已远远超出《消费者权益保护法》所设定的经营者和消费者之间的法律关系范畴。[②] 从这种意义上说，信用消费者和被征信人的权利保护具有一致性。

第三节　被征信人的基本权利

一、隐私权

（一）隐私权的含义

所谓隐私（Privacy），是指自然人的私人生活安宁和不愿为他人知晓的私密空间、私密活动、私密信息。隐私权（Right of Privacy）是一个首先由美国学者提出的概念[③]，并深深融入美国的法律实践中。布兰蒂斯和沃伦对隐私权的经典表述是"the right to be let alone"，即它是一种个人能够独处的能力。《哥伦比亚电子百科全书》将隐私权定义为"不被政府、媒体或其他机构与个人无正当理由干涉的独处权"[④]。英国《牛津法律大辞典》认为，隐私权是指不受他人干扰的权利。[⑤] 由于隐私的范围深受一国社会风俗和文化传统的影响，移植到我国民法中的隐私权也面临本土化的挑战。在我国的民法权利体

---

① 翟相娟：《个人征信法律关系研究》，上海三联书店 2018 年版，第 28 页。
② 翟相娟：《个人征信法律关系研究》，上海三联书店 2018 年版，第 28 页。
③ 1890 年，美国布兰蒂斯（Brandeis）和沃伦（Warren）两位法学家在哈佛大学《法学评论》上发表了一篇题为《隐私权》的文章，在该文中使用了"隐私权"一词，被公认是"隐私权"概念的首次出现。
④ 转引自罗培新：《社会信用法：原理·规则·案例》，北京大学出版社 2018 年版，第 134 页。
⑤ 〔英〕戴维·M. 沃克：《牛津法律大辞典》，李双元等译，法律出版社 2003 年版，第 901 页。

系中，隐私权是一项旨在确保自然人的隐私不受侵犯的具体人格权。根据《民法典》第 1032 条的规定，自然人享有隐私权。任何组织或者个人不得以刺探、侵扰、泄露、公开等方式侵害他人的隐私权。被征信主体虽然具有多重身份，但其首先是一个能够享受安宁生活的自然人，其隐私权应当受到保护。因此，被征信人的隐私权，就是指在个人征信业务的各个环节、个人信用信息流动的全部过程中享有的保证其私生活安宁的权利。不过，传统隐私权理论在保护个人信息方面并不完全适用，这也是一些国家制定专门的信息保护法的重要原因。

（二）信息隐私权

信息隐私权是指权利主体对表征为信息的个人隐私所享有的隐瞒、维护、控制、利用和支配的权利。① 信息隐私权的行使方式与传统隐私权的"免于被打扰和侵犯"不同，呈现明显的积极性。由于以信息形式表征的个人隐私能够脱离个体及其生活空间而存在，使作为隐私的个人信用信息不断地在征信机构、信用信息提供者和使用者之间流转和使用，个人的消极不作为难以再实现对个人生活秘密和生活安宁的保护，以自力救济为主的事后维权方式陷入失灵。信息隐私权的核心内涵在于，被征信主体是个人信用信息的来源、是个人信用信息是否准确和完整的最终确认者、是个人信用信息披露和使用环节的全程参与者。

在征信框架下，个人信用信息处于"私"而"不隐"的状态，对信息主体隐私权的保护"不只是对信息保密，而是在信息利用和流转过程中保障当事人对信息的控制力以及对信息流转过程中的有效参与和决策能力"②。为此，有学者也认为，"隐私领域中最引起大众恐慌的，便是所谓的信息隐私"③。信息隐私权的出现极大地丰富了隐私权的内容，也是对人格权的续造，它是互联网信息技术迅猛发展的产物。信息隐私权也影响了我国的民事立法，《民法典人格权编（草案）》三审稿除了突出隐私"不愿意为他人知晓"的特点，对"私"的理解也发生了变化。从"私人"到"私密"的一字之差，不仅扩张了隐私权的保护范围，而且也强调了自然人不愿意为他人知晓是隐私的根本特征。④ 个人信用信息不仅具有私人属性，同时具备私密属性，只能应用于必要的个人征信

---

① 翟相娟：《个人征信法律关系研究》，上海三联书店 2018 年版，第 89 页。

② 翟相娟：《个人征信法律关系研究》，上海三联书店 2018 年版，第 82 页。

③ 〔美〕爱伦·艾德曼、卡洛琳·肯尼迪：《隐私的权利》，吴懿婷译，台北：商业周刊出版公司 2001 年版，第 439 页。

④ 翟羽艳：《我国隐私权法律保护体系存在的问题及其完善》，《学习与探索》2019 年第 10 期，第 82 页。

业务、授信业务、行政执法、司法取证等领域，不得随意查询和传播。

二、个人信用权

（一）个人信用权的性质论争

信用权是一个虽法无明文规定却极其重要的权利。被征信主体享有的信用权，是指"个人所享有的在征信活动过程中从征信机构和信息提供者处获得客观真实的信用状况记载以及公正的信用评价的私法权益"[1]。它包括两个层面的含义：一是被征信主体享有被公正评价的权利；二是被征信主体根据公正的评价得到相对应利益的权利。当前，学界在对当事人信用权益的保护与否上态度趋于肯定，但作为独立权利类型的"信用权"概念本身仍存在较多争议。学界对信用权的争论主要集中在两个方面：第一，信用权是否存在，或规定信用权是否具有实际意义；第二，如果存在信用权或法律明确了信用权，其应归属于何种性质？[2]

权利的本质是实现某种利益的可能性，如果信用利益能够通过其他权利形式予以充分保护，就没有必要另外规定信用权。[3] "研究信用权的前提就在于分析信用权是否具有独特的保护法益，或者说'法益'，并且这种利益是其他权利所不能涵盖的。"[4] 随着个人征信不断融入人们的日常生活，被征信人因信用利益受损害向法院提起民事诉讼的案例不断增多，然而在现有的民事权利体系之下，无论是财产权还是人格权均不能完全覆盖被征信人的信用利益。个人信用信息虽然具有财产属性，但其不能完全等同于民法理论中的财产，故对个人信用信息的保护不能完全被纳入现有的财产权体系中。[5] 多数学者倾向于将信用权归入人格权的范畴。作为人格权，信用权依附于特定个人而存在，因此不能转让和继承。被征信人的信用权根源于个人信用信息（报告）对其信用状况的评价，只要其不断从事信贷交易活动，这种评价就会处于不断变化中，从而影响信用权的权能和行使效果。也有学者持相反观点，

---

① 冉克平：《数字时代个人信用权的构造与规制》，《中国法学》2023 年第 4 期，第 51 页。

② 关于信用权的性质，主要有人格权说、商事人格权说、财产权说以及混合权利说等观点。详细分析可参见白云：《个人信用信息法律保护研究》，法律出版社 2013 年版，第 89—90 页。

③ 持此种观点的学者认为，信用不是独立的权利类型，不必另行创设"信用权"，《民法典》人格权编第 1029 条的规定针对的是信用信息记载错误而导致名誉受损的情形，侵害的是信用主体的名誉权。参见罗培新：《论社会信用立法的基本范畴》，《中国应用法学》2023 年第 2 期，第 34 页。

④ 卢亮：《信用与信用权刍议——从两个典型案例谈起》，《金融法苑》2005 年第 1 期，第 82 页。

⑤ 有学者认为，个人信用权不可能完全脱离人格属性，因此"无形财产说"不符合个人信用权在我国人格权的体系定位。参见冉克平：《数字时代个人信用权的构造与规制》，《中国法学》2023 年第 4 期，第 54 页。

认为人格权无法完全覆盖个人信用权益，"个人信用权非自然人固有的特征及其与人格的可分离性，意味着'人格权说'不足以完全阐释个人信用权的本质，若将其归为人格权反而会使其成为人格权体系中的'异数'并带来体系上的困扰"。

人格权中的名誉权同样不能完全覆盖被征信人的信用权益，因为名誉是社会公众对个人品德、才能以及其他素质的综合性评价，其核心要素是社会评价。侵犯名誉权的行为会直接导致社会公众对当事人的评价降低，造成精神损害和财产损害，故名誉权体现的是一种人格尊严上的精神利益。相较之下，信用权在权利客体、评价对象与评价方式等方面与名誉权存在明显区别。关于权利客体，信用权的权利客体是信用利益而非综合声誉，其"信用"更侧重于经济信用而非不能用货币衡量的社会信用。关于评价对象，信用权聚焦于被征信人的偿债能力和偿债意愿，其依据的信用记录是以客观数据为基础的一种直接反映，不涉及社会公众的综合评价。[①] 关于评价主体，被征信人的信用状况主要由个人征信机构予以评价，具有专业性和排他性。

（二）个人信用权的主要内容

信用权除具有在遭到侵害时要求侵权方承担相应民事责任的消极权能外，还具有一定积极权能，且积极权能的重要性日益凸显。个人信用保有权、个人信用维护权以及个人信用利益支配权是信用权的重要组成部分。

1. 个人信用保有权

个人信用保有权又称为个人信用持有权，是指被征信主体对于其所具有的偿债能力与经济能力在社会上获得相应信赖和评价所享有的保有的权利。[②] 个人信用信息直接来源于被征信主体，是对其偿债能力和偿债意愿的客观评价，被征信主体同时作为信息主体对之享有绝对的支配权，任何人不得妨碍其行使信用权。保有权的行使结果不仅包括被征信主体的信用状况不降低，还包括通过提高经济实力、强化诚信履行来优化个人信用记录，从而提升社会对自己的评价和信赖度，以更好的经济信用形象向外界展示。

2. 个人信用维护权

被征信主体不仅要积极保持和提升自己的信用水平，同时要主动排除他人对自身信用权的不法侵害。如果说保有权是"修炼内功"，那么维护权则是"一致对外"，即对他人侵犯个人信用权的禁止。实务中，信用维护权主要是

---

① 卢亮：《信用与信用权刍议——从两个典型案例谈起》，《金融法苑》2005年第1期，第84页。

② 李新天、朱琼娟：《论"个人信用权"——兼谈我国个人信用法制的构建》，《中国法学》2003年第5期，第98页。

通过要求征信机构保证信用信息的准确性、真实性、完整性和适时性来实现的。因此，个人信用维护权的行使与个人信息权利具有高度的重合性。

3. 个人信用利益支配权

在保证信用信息质量的前提下，被征信主体能够获得与其信用状况相对应的经济利益，即可以向交易方请求相应的权利。交易方需根据被征信主体的信用信息作出合理的授信决定，不得拒绝或者附加其他不合理条件，否则应视为对个人信用权的侵犯。

（三）个人信用权的保护方式

世界各国不同的信用权保护立法实践，在很大程度上反映出立法者对信用权不同的认知水平，根源在于一国的信用经济发展水平不同。① 在征信框架下，个人信用信息是对被征信主体信用状况的客观评价，确保信用信息具有准确性、完整性和适时性是保护被征信主体信用权的基本逻辑。

信用可以作为法律制度而存在，以保护当事人的期待利益。无论是诚信还是信用，在其入法之前，均属道德范畴；而在入法之后，无论体现为原则性表述还是具体条文规定，都在法律范畴之内。② 道德意义的信用最终可以通过立法的方式转换为信用法律制度，具有强制约束力。而违反信用法律制度的当事人，不仅要面对道义上的谴责，还要承担相应的法律责任。我国民法的诚实信用原则、公司法的信义义务，以及《中华人民共和国反垄断法》《中华人民共和国反不正当竞争法》《中华人民共和国票据法》《消费者权益保护法》《刑法》等法律规范都基于各自的角度强调了诚实信用。此外，绝大多数地方出台的"社会信用条例"和"公共信用信息管理条例"，将一些传统上只被认为是违反道德的非诚信行为纳入违法行为的范畴，情节严重的当事人将被纳入失信黑名单并被施加联合惩戒。

我国民事法律制度尚未正式确认"信用权"，对民事主体信用利益的保护是在人格权的框架下完成的，信用权并非独立的民事权利。根据《民法典》第1029条规定，"民事主体可以依法查询自己的信用评价；发现信用评价不当的，有权提出异议并请求采取更正、删除等必要措施。信用评价人应当及时核查，经核查属实的，应当及时采取必要措施"。上述条文在事实上肯定了民事主体的信用利益。基于《民法典》人格权编的结构体例，对民事主体信用状况的评价构成其名誉的组成部分，因此对信用权的保护属于间接保护模

① 有学者将大陆法系国家或地区关于信用权的保护模式分为七大类，参见赵万一、胡大武：《信用权保护立法研究》，《现代法学》2008年第2期，第163—171页。
② 罗培新：《社会信用法：原理·规则·案例》，北京大学出版社2018年版，第59页。

式。司法实务中，审判部门在审理此类案件时多采用人格权的保护思路，以《民法典》第 1029 条为裁判依据，通过自然人名誉权的名义对被征信人的信用利益提供保护。例如，在周某诉上林县某金融机构名誉权纠纷案中，一审法院认为，金融机构具有如实记录、准确反映、及时更新用户信用记录的义务。金融机构怠于核查、更正债务人信用记录的，属侵害当事人名誉权的行为，依法承担消除影响等民事责任。①

三、个人信息权

人作为能够为外界所感知的客观存在，从出生的一刹那便会不断产生与自身相关的信息，即使肉体上的死亡也不意味着个人信息的烟消云散。文明的高度发达催生了更为多样的个人信息类型和更为丰富的个人信息表达方式，相比于生命权、身体权以及健康权等传统人格权，个人信息权是一项非常年轻的新型民事权利。我国《民法典》与《个人信息保护法》尚未正式确立个人信息权，因此该权利在学界仍属极具争议的话题。但不可否认，个人信息权益是与公民关系最为密切的民事利益，受到社会各方的高度关注和法律的严格保护。

本书认为，个人信息权是指信息主体依法对其个人信息所享有的支配、控制并排除他人侵害的权利，是被征信主体所应当享有的一项基本权利。被征信主体对来源于自身的个人信用信息享有所有权，故个人信息权主要是从信息主体的角度来阐述的。在信息社会，相同的个人信息会面临多个不同的信息处理者和占有者，这意味着信息主体不能以独占有形财产的方式实现对自身信息财产的所有权。与此同时，个人信息的特质使其经常面临被侵害的尴尬境地，并导致信息主体其他权益的进一步损害。因此，赋予信息主体以个人信息权，是有效保护隐含在个人信息中的人格利益和财产利益的必要手段。

虽然各国对个人信息权的定义、分类以及具体范围有不同规定，但是一般认为，个人信息权包括信息主体的知情权、同意权、查询权、异议权、封存权、更正权以及删除权（被遗忘权）等，是一系列消极权能和积极权能的统一体。

（一）知情权

知情权是指数据主体有权知道其数据将被处理的一切相关资讯，包括数

---

① 广西壮族自治区上林县人民法院（2021）桂 0125 民初 1139 号民事判决书（2021 年 7 月 27 日）。

据控制人的身份、拟处理数据的范围、处理依据、处理目的、处理类型、处理持续时间、后果影响、是否向他人或境外传输以及主体享有的各种权利，等等。[1] 被征信人只有在知道相关事实的前提下，才能就信用信息后续的采集、处理和使用予以进一步回应，因此知情权是后续其他个人信息子权利的基础。知情权根据行使方式，可以进一步被分为积极知情权和消极知情权。

1. 积极知情权

积极知情权是指被征信人有权在个人信用信息流动的任何阶段，向个人征信机构、信用信息提供者和使用者主动了解其个人信用信息内容和状态的权利。积极知情权以被征信人主动作为的方式行使，其中查询权是其行使积极知情权的主要方式，指被征信主体享有的依法查询本人征信报告的权利，其可在法律规定的期间内于相关场所查询个人的信用报告。除法律规定的特殊情形外，个人信用信息的查询权只能由被征信人本人行使，其他任何组织和个人不得随意查询他人的征信报告。

2. 消极知情权

与积极知情权的主动行使不同，消极知情权是通过个人征信机构、信用信息提供者和使用者主动履行法定告知义务来实现的。其他主体的如实告知义务主要存在于个人信用信息的采集环节，如商业银行与借款人所签订的信贷合同中，附加条款会包括关于信用信息采集和使用的相关内容。

（二）同意权

同意权是知情权的高级阶段，主要存在于信用信息的采集和使用环节。在采集环节，对于一些特定的信用信息，如相对禁止采集的信用信息、一般敏感信息、负面信用信息，法律会要求个人征信机构不仅需要告知被征信主体，还必须取得本人的同意，否则不得采集。在使用环节，信用信息使用者在未得到被征信主体同意之前，不得将个人信用信息使用于约定之外的用途。同意权与拒绝权相对应，从加强被征信人权利保护的角度出发，对在一定期限内未能取得其同意或未能明示同意的，应推定为拒绝。

（三）异议权

异议权，是指被征信人认为征信机构所掌握的个人信用信息存在不准确、不真实、不完整、不适时的可能性时，向征信机构提出异议的权利。异议权属于积极性权利，向个人征信机构表达异议并非行使异议权的唯一目的，其

---

[1]　叶名怡：《论个人信息权的基本范畴》，《清华法学》2018 年第 5 期，第 152 页。

中还隐含着被征信人希望个人征信机构主动解决争议的意图。根据信用信息瑕疵程度的不同，异议权可进一步分为封存权、更正权以及删除权。

1. 封存权

封存权是指当个人信用信息存在的瑕疵暂时无法确定时，被征信主体要求征信机构在争议尚未解决期间，须以一定方式将存在瑕疵的信息予以封存，并暂时停止信息处理的权利，从而暂停该信息的披露和使用。

2. 更正权

更正权是指在个人信用信息存在瑕疵并能够予以更正的情况下，被征信主体要求征信机构及时更正从而使其恢复到真实和完整的状态的权利。除此之外，被征信主体针对个人信用信息中存在的遗漏，要求征信机构予以补充是行使更正权的另一种表现。

3. 删除权

删除权是指被征信主体对于征信机构收集的不符合法律规定的信息要求彻底删除的权利。删除的信息主要是完全错误的信息、无法通过更正予以修复的信息以及超出存储时限的信息。

第四节　侵害个人信用信息的法律责任与救济

一、侵害个人信用信息的样态分析

侵害个人信用信息的样态不同，则侵犯的具体权利以及程度各异。如有的行为只侧重于对隐私权的侵犯，却并不必然导致对信用权的侵犯。但在绝大多数情况下，个人信用信息侵权同时导致多个不同权利被侵犯，如信用信息的窃取行为。因此，在分析行为人的侵害行为时需要坚持"具体问题，具体分析"。

（一）侵害隐私权的主要样态

个人征信框架下，对被征信人隐私权的侵犯集中于信息隐私权。"侵犯信息隐私权的行为，是非法获取、传播、使用个人信用信息，造成信息主体隐私利益损害的行为。"[1] 传统隐私权与信息隐私权并不存在泾渭分明的界限，对信息隐私权的侵犯通常会进一步蔓延至信息主体的私人生活，间接导致传统隐私权的侵犯。个人征信机构、信用信息提供者以及使用者均有可能成为

---

[1]　白云：《个人信用信息法律保护研究》，法律出版社 2013 年版，第 119—120 页。

侵犯信息隐私权的外来威胁，随着信息化程度的不断提高，其他个人和机构侵犯被征信人信息隐私权也处于高发态势。个人信用信息的泄露和广泛传播，是信息隐私权被侵犯的主要后果。例如，信用信息提供者将信用信息非法提供至不具备经营个人征信业务资质的其他机构，致使信用信息存在被泄露的可能；或个人征信机构非法采集、披露和使用信用信息也会直接导致信息隐私权被侵犯；还包括信用信息使用者和其他个人、机构非法使用和传播个人信用信息来侵害信息隐私权的情况。

个人征信领域是个人信息泄露的高发区。例如，某人非法登录央行个人征信系统，查询并下载保存他人的征信报告，最终被以侵犯公民个人信息罪判处有期徒刑 1 年，并处罚金 4000 元。[①] 此外，还有银行客户经理监守自盗，违规对外提供征信报告而获刑。[②] 在最严重的个人信息泄露事件中，被害人的数量往往是百万、千万甚至上亿。2019 年 11 月 19 日，江苏淮安警方破获了一起信息泄露案件，拉卡拉旗下的考拉征信等 7 家科技公司涉嫌非法缓存公民个人信息超 1 亿条。[③] 2017 年 7 月，美国个人征信巨头 Equifax（艾克飞）的数据库遭到攻击，将近 1.43 亿美国人的个人信息可能被泄露，成为美国历史上程度最为严重、性质最为恶劣的个人信息泄露事件。[④]可见，信用信息保护与隐私权关系极为紧密。

（二）侵害信用权的主要样态

有学者认为，个人征信活动中信用权被侵犯的情况主要有："第一，个人信用信息提供单位提供错误信息；第二，个人征信机构收集信用信息不全面、不及时；第三，个人征信机构处理信用信息程序不科学。"[⑤] 对于不同的行为主体，其侵犯被征信人信用权的行为样态有所区别。信用信息提供者主要是各类授信机构，其通过向个人征信机构报送不实甚至错误的信息达到侵害被征信人信用权的目的。个人征信机构在信用信息加工环节通过歪曲信用信息、在个人信用报告上作不实评价，以及向信用信息使用者提供不准确的个人信

---

① 《查询下载他人征信报告是"好玩"？男子"玩"进监狱了！获刑一年》，北晚新视觉网（百度百家号），https://baijiahao.baidu.com/s? id = 1634286303377283709&wfr = spider&for = pc，访问日期：2020 年 2 月 28 日。

② 《银行客户经理违规提供 22 人征信报告获刑 6 个月》，珠海市香洲区人民法院，http://www.zhxzcourt.gov.cn/index.php? do = news&ac = info&cid = 3214，访问日期：2020 年 3 月 10 日。

③ 《考拉征信等 7 家公司被查 4 亿条个人信息泄露》，新浪财经（百度百家号），https://baijiahao.baidu.com/s? id = 1650731292597094908&wfr = spider&for = pc，访问日期：2020 年 2 月 28 日。

④ 《7 亿赔款分摊！1500 万加州人将获赔偿》，大耳安（百度百家号），http://baijiahao.baidu.com/s? id = 1639935876469651268&wfr = spider&for = pc，访问日期：2019 年 10 月 5 日。

⑤ 张鹏：《个人征信语境下的信用权问题》，《浙江工商大学学报》2014 年第 1 期，第 60 页。

用报告,均能够侵犯被征信主体的信用权。例如,在陈启宝与中国民生银行股份有限公司上海分行侵权责任纠纷案中,原告申请再审称,民生银行故意、恶意错误记载其征信的行为应当构成信誉侵权。[①] 信用信息使用者使用不实、错误的信用信息,并据此作出与被征信人真实信用状况不相符的信贷决策也会侵犯其信用权;或者使用正确的信用信息但故意作出与之不符的决策,则侵犯了被征信人的平等受信权。其他任何个人或组织的身份盗用行为也会构成对被征信人信用权的侵犯。

(三) 侵害个人信息权的主要样态

个人征信活动中侵犯个人信息权的形态较多。有对个人信息人格利益的侵害,如个人信用报告的使用超越其一般合理使用范围,有可能造成对社会某一群体或特定个人的歧视,从而贬低其人格。但更多情况下,对个人信息权的侵犯表现为对信用信息的不当采集和滥用,如个人征信机构采集血型、基因、指纹、宗教信仰、疾病史和医疗史等法律、行政法规明确禁止采集的信息;在未取得本人明确同意的前提下,采集收入、存款、有价证券、商业保险、不动产的信息和纳税数额信息等;信用信息提供者向个人征信机构提供不良信用信息,未履行告知义务的;信用信息使用者未在法定和约定的用途内使用个人信用信息;在被征信人依法免费查询个人信用报告的场合,被个人征信机构要求付费的;在信息存储的法定期限内,被征信人欲对不良信用信息作出说明的,个人征信机构无正当理由予以拒绝;不良信用信息存储期限届满,个人征信机构不予删除等。

二、个人信用信息侵权的构成要件

个人信用信息侵权的构成要件,是指行为人承担因实施个人信用信息侵权行为所带来的侵权责任之必备要件。"侵权责任的构成要件即侵权损害赔偿的构成要件,包括侵害行为、损害事实、侵害行为与损害事实之间有因果关系和行为人过错四个方面。"[②] 个人信用信息侵权的构成要件同样遵循以上思路。

(一) 侵害行为

美国法律社会学者罗斯科·庞德认为,"法律与外部行为相关。所以,它

---

① 上海市高级人民法院 (2018) 沪民再 13 号民事判决书 (2018 年 7 月 30 日)。
② 王利明主编:《民法 (第五版)》,中国人民大学出版社 2010 年版,第 566 页。

只涉及外部强制的可能性"①。构成个人信用信息侵权，首先需要行为人实施了针对信用信息的侵害行为。"侵害行为，是指行为人实施的侵害他人合法权益的作为或者不作为。"② 在大多数场合，信用信息侵权行为是以积极主动作为的方式展现的，如对个人信用信息的非法采集、非法窃取、故意歪曲、非法披露和非法使用等行为。除此之外，个人征信机构作为信用信息事实上的控制者和支配者，负有维护信用信息准确性、真实性、公正性的法定义务。因此，个人征信机构同样能够以消极不作为达到侵害个人信用信息的目的，例如，不按时更正存在瑕疵的信用信息、不及时删除超出法定存储期限的信用信息、不及时修补信息存储中的安全漏洞等，都是个人征信机构以消极不作为的方式实施的侵害行为。

我们处在一个充满信息的世界，这是由数据驱动的时代，针对个人信用信息的侵害行为因此显现出很多新特征。一是技术性，对电子化信用信息实施侵害并不需要像有体财产那样造成物理性的破坏或毁损。自 20 世纪 50 年代以来，以电子计算机技术应用为主要成果的第三次科技革命在美国兴起并席卷全球，对人类的生产方式、生活方式乃至思维方式产生深远影响，信息文明也成为继农耕文明、商工文明之后的人类文明发展趋势。随着人类相互交往的渠道骤增，社会关系更趋复杂，个人信息从古代以书面信息为主要演绎形式转向现代的可存储电子信息，同时建立各种类型的大型个人信息数据库方兴未艾。因此，越来越多的涉及个人信用信息的犯罪行为其实也是技术型犯罪。二是隐蔽性，个人信用信息在大部分时间内是以电子数据的形式存储在数据库中，被征信人并不能完全实现对自身信息的完全控制，也不能在第一时间发觉针对个人信用信息的侵害行为和结果。三是扩散性，信息的泄露是不可逆转的，而互联网场景中的信息泄露不仅不可逆转，其扩散速度也是惊人的，受害者的数量也将随着技术升级继续扩大，维权成本将越来越高。互联网是一把"双刃剑"，开放性和共享性是它的本质，在方便人们生活的同时，也在不知不觉中增加了个人信息的泄露风险。网络漏洞一旦被不法分子利用，信息泄露便不可避免。

（二）损害事实

行为人的侵害行为必须存在损害事实，否则不构成个人信用信息侵权。个人信用信息侵权中的损害事实是行为人对被征信人的法益所施加的不利益，造成其权利受损的客观状态。个人信用信息侵权中的损害事实包括财产性损

---

① 〔美〕罗斯科·庞德：《法律与道德》，陈林林译，商务印书馆 2015 年版，第 77 页。
② 王利明主编：《民法（第五版）》，中国人民大学出版社 2010 年版，第 566 页。

害和非财产性损害，司法实践中更倾向于认定为非财产性损害。例如，侵害信息隐私权的损害事实表现为，被征信人的信用信息被刺探、窃取、传播和扩散，在违背本意的前提下被他人和社会公众知悉，主要属于精神层面的人格利益损害。侵害信用权的损害事实则有可能同时包含两种情况，如因内容错误的个人征信报告而受到交易方的不公正评价，这也属于人格利益损害；同时，受自身信用状况被不公正评价的波及，会间接给被征信人带来财产性损失，即预期财产收益的减损。对于侵犯个人信息权的损害事实，仍主要表现为人格利益的损害，因为个人征信机构合法地采集信用信息并不需要向被征信人支付相应的对价。个人信用信息虽然具有财产利益属性，但对个人信息权的侵害并不直接表现为财产性损害，换句话说，就是未给被征信人的实际拥有财产带来任何减损。"从现行各国的法律来看，非财产损害是多数情况，财产损害是少数情况，因为通过立法保护个人信用信息财产权还没有形成通行的做法。"①

（三）因果关系

个人信用信息侵权中的因果关系，是指行为人实施的个人信用信息侵权行为与损害事实之间存在因果上的联系。如果侵害行为与损害事实之间不具备因果关系，其后的过错认定和责任归属便丧失了正当性基础。目前，关于侵权责任因果关系的认定，学界主要采取"相当因果关系说"，即因果关系须具有条件性和相当性两个要求。首先，侵害行为需要与被征信人的损害事实具有条件关系，如果没有侵害行为，就没有损害事实，那么两者之间就构成条件关系。如果不构成条件关系，就没有进一步判断相当性的必要。根据相当性的判定标准，没有行为人的侵害行为必然不会导致被征信人权益受损害的事实，而当存在行为人的侵害行为时通常足以导致权益受损害事实的发生，即可判定因果关系的存在。反之，虽然没有行为人的侵害行为必然不会导致损害事实的发生，但即使存在侵害行为通常也不必然导致损害事实的，则意味着侵害行为与损害事实之间仅具有条件关系而缺乏相当性，故不构成因果关系。

在司法实务中，认定个人信息侵权中的因果关系较为复杂。有学者指出，"由于专业知识的欠缺以及算法黑箱的存在，信息收集者与信息泄露行为之间是否存在因果关系，很难为身为'第三人'的用户所知"②。这是否意味着传统因果关系理论在个人信用信息侵权中不再有适用的余地，而采取其他特殊

---

① 白云：《个人信用信息法律保护研究》，法律出版社 2013 年版，第 124 页。
② 陈吉栋：《个人信息的侵权救济》，《交大法学》2019 年第 4 期，第 41 页。

的因果关系判定标准呢？答案是否定的。相较于分散至网络中的一般个人信息，个人信用信息的侵权者较为明确，即个人征信机构、信用信息提供者与使用者等主要能够事实上支配个人信用信息的行为人，以及针对个人信用信息实施侵害行为的其他人。所以，在个人信用信息侵权案件中，行为人更容易被锁定，侵害行为与损害事实之间的因果关系在认定上并不存在很大的障碍。相反，在一般互联网个人信息侵权案件中，"所谓的'因果关系认定困难'，往往只是因为赛博空间的侵权者藏匿较深、现有技术水平难以发掘，或是在'多因一果'的侵权纠纷案件中，个人认识能力有限，难以还原整个信息侵权产业链而已"[①]。

（四）公私主体适用不同的归责原则

侵害行为人的法律地位不同，对其适用的侵权损害赔偿的归责原则也应有所区别。对于实施个人信用信息侵权行为的私权利主体，如民营或市场化个人征信机构、信用信息提供者和使用者中的商业银行或互联网金融公司以及其他个人和组织，应适用过错责任原则。对于实施个人信用信息侵权行为的公权力主体，如征信监管部门、信用信息提供者中的行政部门和司法部门，应适用严格责任原则。

对实施个人信用信息侵权行为的私权利主体适用过错责任原则，意味着其承担侵权责任需要具备主观上的过错，表现为故意或者过失，无过错即无责任。之所以对私权利主体适用过错责任原则，主要是出于促进信用信息流通和利用方面的考虑。尤其是个人征信机构的业务行为贯穿采集、加工、存储、披露和使用的所有环节，均会不同程度地涉及个人信用信息，在此过程中发生各种摩擦在所难免。如果对私权利主体适用严格责任原则，对主观上的过错在所不问，势必会加重其在正常业务开展中的义务和责任，最终会阻碍个人信用信息的利用和个人征信体系的构建。但是，对私权利主体完全适用过错责任原则也具有局限性，主要体现在司法诉讼中举证责任的配置上。实际上，力量弱小的被征信人在面对强势的个人征信机构时，难以证明个人征信机构是否存在主观上的过错甚至恶意。"从美国早期的侵权诉讼来看，要证明征信机构的过错是非常困难的……征信机构的抗辩理由往往是基于公共利益而提供信用报告，即使不是为了公共利益，也是为了他人利益。"[②] 因此，对私权利主体适用过错推定原则更为适宜，由行为人自身证明是否存在过错，如不能证明不存在过错，推定其有过错并承担侵权责任。可见，过错推定原

---

① 陈吉栋：《个人信息的侵权救济》，《交大法学》2019 年第 4 期，第 52 页。

② 王卫国：《过错责任原则：第三次勃兴》，中国法制出版社 2000 年版，第 289—290 页。

则可视为对被征信人与个人征信机构力量失衡的补救。

公权力主体处于绝对强势的地位，负有保护个人信用信息并依法使用的法定责任，因此，对公权力主体的侵害行为应适用更加严格的归责原则。行政机关权力的不断扩张，使个人信用信息同时面临公权力的侵害。但是，公权力本身来源于私权利的授权，它是为了保障私权利和解决私权利之间的冲突而存在的，在行使方式上受到"法无明文规定即禁止"的严格限制。来自行政主体的侵害行为会对被征信人造成更大的危害，在维权和救济上也更加困难，所以，对公权力主体的侵害行为适用严格责任原则，就是强调行政机关的公权力本身是用于保护个人信用信息而非侵害个人信用信息的本义。

三、侵害个人信用信息的法律责任

个人征信机构、信用信息提供者与使用者在个人征信活动中实施的侵害个人信用信息的违法行为会不同程度导致对被征信人权利的侵犯，并需要承担相应的法律责任。"法律通过各种法律责任条款，要求行为人承担刑事、民事、行政等不同的责任，从而强制地将个人的自由纳入法律所设定的领域。"[①] 根据行为的具体样态和侵害程度，侵害个人信用信息的法律责任包括民事责任、行政责任以及刑事责任。其中，民事责任主要指侵权责任，且当同一个行为导致三种责任同时出现并产生责任竞合时，民事责任具有优先性。

（一）民事责任

个人信用信息侵权行为产生的民事责任是实务中的重点。侵害个人信用信息的民事责任是指行为人的侵害行为因损害了被征信人的民事权利而应承担的法律责任，在形式上主要为侵权责任。侵害行为及其损害事实打破了行为人与被征信人之间权利义务的均衡状态，民事责任是对被征信人所遭受损失的首要补救方式。在具体的承担方式上，包括但不限于停止侵害、消除影响、恢复名誉、赔礼道歉以及赔偿损失等。在我国司法实务中，个人信用信息属于关注度较高的个人信息类型。有学者指出，"个人信息与信息主体的关联程度具体可由信息是否具有唯一性、信息识别个人的可能性、信息滥用等行为对个人的影响程度这三项因素综合决定"[②]。据此观点，个人信用信息均满足上述条件，故应处于较高的司法保护位阶。对于个人信用信息侵权的责任承担方式是否包括精神损害赔偿，实务中大多数法院倾向于认为信息侵权

---

① 王伟等：《法治：自由与秩序的平衡》，广东教育出版社 2012 年版，第 85 页。

② 李怡：《个人一般信息侵权裁判规则研究——基于 68 个案例样本的类型化分析》，《政治与法律》2019 年第 6 期，第 151 页。

难以导致当事人严重的精神损害，因此在司法裁判中较少适用。但是，某些国家和地区的法律对个人信息侵权中的损害赔偿责任予以明确，如我国台湾地区便规定，"非公务机关违反本法规定，致当事人权益受损害者，应负损害赔偿责任"①。

（二）行政责任

世界上大部分国家和地区都设置了个人征信机构的行政监管部门，其依法对个人征信机构的经营和业务行为展开监督管理。侵害个人信用信息的行为不仅损害了被征信人的民事权利，同时也是扰乱正常征信管理秩序的违法行为，在触犯行政法规的情况下还会构成行政责任，行为人将受到来自征信监管部门的行政处罚，如行政罚款、没收违法所得和非法财物，甚至责令停止营业和吊销营业执照等。例如，我国《征信业管理条例》针对个人征信机构不同程度的侵害行为设置了多种行政责任，轻则责令限期改正，重则罚款甚至吊销营业执照。欧盟《通用数据保护条例》为触犯条例的数据处理者和控制者设定了巨额的行政罚款，一共分为两档：处以上至 1000 万欧元的行政罚款，或者企业上一年度全球年营业额的 2%，按照高者计算；或处以上至 2000 万欧元的行政罚款，或者企业上一年度全球年营业额的 4%，按照高者计算。②

（三）刑事责任

随着人类社会文明程度的不断提高和对个人隐私保护的日渐重视，侵犯个人信息日益被视为具有严重社会危害性的行为。在大多数国家，严重侵害个人信息的行为还会触犯刑事法律。针对个人信用信息的非法采集、窃取、泄露和传播行为在触犯刑法时，行为人还将承担刑事责任。例如，我国《刑法》规定了"侵犯公民个人信息罪"，最高人民法院和最高人民检察院在共同发布的《关于办理侵犯公民个人信息刑事案件适用法律若干问题的解释》中就构成该犯罪的要件作了进一步细化。日本《个人信息保护法》专设"罚则"一章，根据对个人信息的侵害程度，行为人将承担罚金、有期徒刑等刑事处罚。③

四、侵害个人信用信息的救济途径

法律在惩罚侵害个人信用信息行为的同时，也要畅通被征信人的权利救济渠道，主要包括私力救济、行政救济以及司法救济三种渠道。当事人可根

---

① 我国台湾地区"计算机处理个人数据保护法"第 28 条。
② 欧盟《通用数据保护条例》第 83 条。
③ 日本《个人信息保护法》第 56 条至第 59 条。

据行为的危害程度与自身利益受损情况，确定所要采用的救济方式。

（一）私力救济

被征信人的私力救济，是指当其发现自身权益受到外来侵害并能锁定行为主体时，在没有公权力作为第三方介入的前提下，主动向侵权行为人提出权利主张并要求其予以尊重的救济方式，因此又称为自力救济。广义上的私力救济还包括社会救济，它们与行政救济、司法救济的主要区别便在于没有公权力主体的介入，因此，私主体作为第三方的调解也属于私力救济的范畴，但要求此第三方不能与利益冲突的双方当事人存在利益关系，从而独立和公正地做好居中协调工作。社会经济的高速发展在使人们之间的关系变得更加紧密的同时，也激发了作为独立市场主体的个体之权利意识，导致经济和生活领域中的摩擦和纠纷不断增加。对于侵害程度不深、权利冲突尚未恶化的利益纠纷，行政救济和司法救济并非最佳的维权途径。相较之下，私力救济具有纠纷解决的自主性和自治性、纠纷解决依据的多元性和灵活性、纠纷解决主体的民间性和非官方性、纠纷解决效果的非强制性等众多优点。[①] 加之，我国法律赋予被征信人一系列主动排除外来非法侵害的权利，为其优先选择私力救济提供了必要的法律基础。

（二）行政救济

在通过私力救济无法解决利益冲突时，被征信人可以向个人征信监督管理部门寻求必要的帮助。例如，我国《征信业管理条例》明确赋予被征信人以投诉权，这是其申请行政救济的重要手段。例如，面对行为人变本加厉的侵害行为，被征信人可以向其监督管理机关，即中国人民银行征信管理局及其派出机构进行申诉或直接投诉，要求征信监管部门依法作出裁决。当被征信人不服征信监管部门的行政决定或裁决时，有权提起行政复议甚至行政诉讼。总之，行政救济也是被征信人维权的重要方式，具有简便、快速、成本低廉的优点。但是，行政救济也存在固有的局限性，特别是个人信用信息侵权属于具有较高专业性的法律问题，行政机关有限的调查手段显得捉襟见肘。此外，行政救济中的强制措施形式较少且单调，难以有效实现对被征信人权利的充分保护。

---

① 李谦：《私力救济及其法律规制探讨》，《广西政法管理干部学院学报》2018 年第 4 期，第 111—113 页。

（三）司法救济

司法是社会公平和正义的最后一道防线，这也决定了司法救济是被征信人维权的最后一根稻草。所谓司法救济，就是被征信人就行为人的信用信息侵害行为直接向法院提起诉讼，由法院依法作出裁决的救济方式。相较于私力救济和行政救济，司法救济具有很多优点，特别是在面对个人信用信息侵权等较为复杂的案件时。一是司法审判的程序极为严格，加之审判人员的专业性，使裁判结果更具公信力，有利于防止对被征信人权利的进一步损害。二是法院裁决具有强制力，并有保证裁决得以执行的完整程序，可以最有效地满足被征信人的维权需求。

第三章 个人征信机构的法律地位与运作模式

个人征信机构的法律地位是个人征信法律制度的重要内容，能够对个人征信业的发展模式产生直接影响。经过一百多年的稳步发展，个人征信业在世界范围形成了私营征信模式、公共征信模式、会员征信模式与混合征信模式四种主要发展模式。为了规范个人征信业发展秩序，维护被征信人合法权益，不同国家和地区对个人征信业采取的监管方式也各不相同。我国个人征信业经过二十多年的快速发展，已经走上一条更加符合本国国情的"政府＋市场"双轮驱动的发展道路。未来，应逐步探索民营个人征信机构的发展路径，推动个人金融信用信息基础数据库服务于征信市场化建设，坚持公私并重，实现公共征信机构与私营个人征信机构、市场化个人征信机构优势互补、共同发展的局面。

第一节 个人征信机构的设立方式

一、个人征信机构的类型

个人征信机构是个人征信法律关系的核心主体，是指依法成立的以采集、整理、保存、加工个人信用信息为主要业务，并对外提供个人征信报告等产品或服务的专业化机构，又被称为个人信用报告机构、个人信用调查机构等。广义上的个人征信机构还包括个人信用评级或评分机构。我国《征信业管理条例》第 5 条规定，征信机构是指依法设立，主要经营征信业务的机构。[①] 根据不同的标准，可对个人征信机构进行多种分类。一般而言，个人征信机构的性质不同，其设立方式也不同；性质完全相同的个人征信机构，其设立方式也未必相同。其中，所有权性质和业务类型是较具有实践意义的个人征信机构分类标准。

---

① 《征信业管理条例》第 5 条。

（一）私营征信机构与公共征信机构

个人征信机构根据其所有权性质，可以分为私营征信机构与公共征信机构两大系统。此外，我国还存在混合所有制的市场化个人征信机构。

私营征信机构，即民营征信机构或征信局，主要存在于美国、英国、日本以及部分欧洲国家。无论是产生时间还是机构数量，私营征信机构远远胜过公共征信机构。目前，世界上已经产生能够实现跨国经营的大型私营个人征信机构。发达国家的私营征信机构在性质上属于产权明晰、权责分明、自负盈亏的独立市场主体，实现利润最大化是其存在和运作的首要目标。

公共征信机构存在于中国和以法国为代表的部分欧陆国家，如我国的中国人民银行征信中心、法国的全国家庭信贷偿付事故登记系统以及德国的中央信贷登记系统，意大利、西班牙、葡萄牙、爱尔兰、比利时、奥地利等国也存在公共征信机构。公共征信机构是由本国政府出资设立的信用信息登记系统，其在行政关系上直接隶属于本国中央银行。公共征信机构主要采集来自商业银行的信贷信息，为中央银行、商业银行以及金融监管机构提供有关个人负债情况的数据，服务宏观调控和金融监管。

（二）传统型征信机构与专业型征信机构

个人征信机构根据其业务内容，可以分为传统型个人征信机构与专业型个人征信机构，体现为两者侧重的业务领域和信息采集范围不同。

传统型个人征信机构主要从商业银行等传统金融机构采集个人信贷交易信息，无论是跨国个人征信巨头还是由政府创建的公共征信系统大多属于传统型个人征信机构。传统型个人征信机构采集的个人信用信息范围较为狭窄，难以全面应对市场日益多样化的征信需求。

专业型个人征信机构是指以采集传统金融信贷交易领域之外的其他个人信用信息为主要业务的征信机构。专业型征信机构服务于垂直领域的机构（用于特定的服务、特定行业的交易或者面向特定的人群），收集和整合该垂直领域内消费者非银行信贷类的历史信用信息，解决该领域内的信用风险问题。[①] 针对不断涌现的征信新需求，同时为了避免同传统型个人征信机构形成过度竞争关系，一些征信机构在信用信息采集和征信业务上另辟蹊径，从而覆盖传统型个人征信机构无法触及的角落。我国的百行征信有限公司、朴道征信有限公司均属于专业型个人征信机构，其成立是对处于快速发展过程中

---

① 刘新海：《专业征信机构：未来中国征信业的方向》，《征信》2019 年第 7 期，第 12 页。

的互联网金融信贷的回应，同时也突破了传统型个人征信机构信息采集范围狭窄的限制。

二、私营个人征信机构的设立方式

一般而言，公共征信机构是由代表国家的中央银行依职权设立的中央信贷登记系统、中央金融信用信息数据库，并不涉及市场准入的问题。对于私营个人征信机构，不同国家的法律规定并不相同。结合国内外征信实践，个人征信机构的法律性质，尤其是所有权性质是影响其设立方式的主要因素。

（一）个人征信机构的组织形式

美国的艾克飞（Equifax）① 和环联（TransUnion）② 属于有限责任公司（Limited Liability Company, LLC），适用美国《统一有限责任公司法案》的规定。LLC 公司相对受到的法律限制最少，因此，在美国征信行业被广泛采用。另一家个人征信业巨头益博睿（Experian）③ 为股份有限公司（Inc.），成立条件比 LLC 公司更加严格。除此之外，芬兰 Asiakastieto 公司以有限责任公司作为组织形式，日本信用信息机构（JICC）④、日本信用信息中心（CIC）⑤ 以及德国舒发公司（Schufa Holding AG）⑥ 以股份有限公司作为组织形式。

我国现有的立法文本并未明确限定民营以及市场化个人征信机构的法律性质。《征信业管理条例》仅将征信机构定义为一种依法设立和主要经营征信业务的机构，其对征信机构的定性采取了模糊化的处理方式，而且"机构"并不属于一个严谨的法律概念。在现有的多部地方征信或社会信用信息管理

---

① 全称 Equifax Information Services LLC（Equifax），成立于 1899 年，总部设在美国佐治亚州的亚特兰大。
② 全称 TransUnion LLC（TransUnion），成立于 1968 年，总部位于美国芝加哥。
③ 全称 Experian Information Solutions, Inc.（Experian），成立于 1992 年，集团总部位于爱尔兰首都都柏林，并分别在英国的诺丁汉、美国的科斯塔梅萨以及巴西的圣保罗三地设置了运营总部。
④ 日本語：株式会社日本信用情報機構，英文：Japan Credit Information Reference Center Corp.，略称 JICC。日本信用信息机构股份公司（JIC）于 1986 年 6 月成立。2009 年 8 月，日本信用信息机构（JIC）与全业种横断型信用情报机关（CCB）合并，在进行行业务整合之后，组建了新的日本信用信息机构（JICC）。
⑤ 日本語：株式会社シー・アイ・シー，英文：Credit Information Center Corp.，略称 CIC。
⑥ Schufa 是德语"Schutzgemeinschaft für allgemeine Kreditsicherung"的首字母缩写，意为保护信用关系的组织，全称 Schufa Holding AG。

办法中，民营征信机构存在诸如企业法人①、法人单位②以及公共服务机构③
等多种定性，甚至在无法定性的情况下直接予以模糊化处理④。相较之下，
2006 年《湖南省信用信息管理办法》第 3 条直接将征信机构划分为公共征信
机构与商业征信机构，并将商业征信机构定性为企业法人，更为贴合当前实
际。根据《征信业管理条例》第 6 条和第 10 条的规定，无论是设立个人征信
机构还是企业征信机构均应当符合公司法的设立条件，因此可以推定个人征
信机构的法律性质是公司制的企业法人，并可根据自身情况在有限责任公司
和股份有限公司中作进一步选择。⑤

（二）个人征信机构的市场准入

1. 市场准入的立法原则

作为个人征信业监管的重要环节，个人征信机构的市场准入，是指征信
监管部门依照有关法律规定，对该机构的经营资格、能力资质等条件进行审
查、确认和限制，从而赋予其相应的权利能力和行为能力。依法获准设立的
个人征信机构将在事实上取得法律上的主体资格，能够以自身名义从事个人
征信业务活动。与金融机构的市场准入存在自由主义、特许主义、准则主义
以及核准主义等不同的立法原则类似⑥，政府对个人征信机构的市场准入管制
仍需遵循一定原则。从实践上看，世界不同国家和地区对个人征信机构的市
场准入管制主要存在自由主义、准则主义与核准主义三种方式。

关于自由主义。自由主义又称为放任主义，是指法律未对个人征信机构
的市场准入予以调整，既未规定个人征信机构的设立条件，也无注册登记等
程序性要求。对个人征信机构实行自由主义的准入模式需以高度发达的市场
经济与相对成熟的社会环境作为前提，且个人征信业务实践超前于征信法律
制度建设，此种情形主要存在于美国益博睿、艾克飞与环联等个人征信业巨
头的早期发展阶段，个人征信机构非依法创设，而是依据事实存在。鉴于个
人征信业对于维护金融安全稳定和保障个人信息权益的重要作用，当前鲜有

---

① 如根据《江苏省信用服务机构监督管理办法》第 2 条第 2 款的定性，包括个人征信机构在内的信
用服务机构属于向社会提供信用产品和服务的专业服务机构，可以推断出个人征信机构性质为营
利性的企业法人。

② 如《深圳市个人信用征信及信用评级管理办法》第 3 条将个人信用征信机构定性为法人单位。

③ 如《湖北省社会信用信息管理条例》第 3 条将包括征信机构在内的信用服务机构统一定性为中介
服务机构。

④ 如《内蒙古自治区信用信息管理办法》第 3 条未将征信机构定性，直接表述为"单位"。

⑤ 《征信业管理条例》第 6 条："设立经营个人征信业务的征信机构，应当符合《中华人民共和国公
司法》规定的公司设立条件和下列条件……"

⑥ 张忠军：《金融监管法论：以银行法为中心的研究》，法律出版社 1998 年版，第 156 页。

国家采用自由主义的准入模式。

关于准则主义。准则主义又称为登记准则主义，是指法律对个人征信机构的设立条件作出规定，申请者只要符合法律所规定的要件，经登记机关依法登记或注册即可成立。准则主义使个人征信机构仅需履行一般程序性要求便可自由进出市场，最契合个人征信机构通过自由竞争实现信息资源优化配置的本质。例如美国缅因州规定，所有位于本州或为本州用户提供服务的消费者信用报告机构须通过全国抵押贷款许可系统和登记处进行注册，管理员可通过规则制定注册要求，包括但不限于背景调查、通过指纹或其他数据库了解犯罪历史、民事或行政记录、信用记录以及全国抵押贷款许可系统和登记处认为必要的任何其他信息。[①]

关于核准主义。核准主义又称为许可主义，即审批制、牌照制，是指个人征信机构除需满足法律规定的条件外，还须经过征信监管部门的事先审批或核准，方能申请登记成立。易言之，行政许可构成个人征信机构登记和成立的前提条件，未获得政府颁发的个人征信业务牌照的任何机构均不得从事个人征信业务。核准主义也是当前我国针对个人征信机构市场准入的立法原则，我国《征信业管理条例》对个人征信机构和企业征信机构设置了不同的市场准入门槛，分别实行牌照制和备案制。在我国从事个人征信服务的机构，应当依法取得政府颁发的个人征信业务经营许可证。国务院征信业监管部门对经营个人征信业务的申请依法进行实质性审查，且审查内容并未局限于《征信业管理条例》所明文规定的准入条件。在新加坡，开展消费者信用报告业务的机构必须持有新加坡金融管理局颁发的许可证，其有效期为 5 年或指定的更短期限，如需延长期限，应在许可证到期日前至少 6 个月以书面形式向新加坡金融管理局申请续签许可证。在尼日利亚，从事个人征信业务的机构必须获得尼日利亚中央银行的许可，其流程分为接受和评估申请、颁发原则批准以及颁发最终经营许可证三个阶段。

2. 市场准入条件的法律界定

在实行准则主义与核准主义立法原则的国家，个人征信机构的市场准入需要满足远比普通企业更加严格的条件。一是资本充足标准。个人征信机构的设立须满足最低的法定资本额，各国对此有不同规定。例如我国个人征信机构的注册资本不少于 5000 万元。[②] 在尼日利亚，设立个人征信机构的最低注册资本要求为 5 亿奈拉。二是合格的经营管理人员。个人征信机构的健康

---

① Title 10, Chapter 209-B: FAIR CREDIT REPORTING ACT, §1310-A. Administrative enforcement, https://legislature. maine. gov/legis/statutes/10/title10sec1310-A. html, 2025-2-9.

② 《征信业管理条例》第 6 条第（二）项。

稳健运行离不开一个组织健全、品性良好、能力过硬和经验丰富的经营管理层，因此，合格的经营管理人员也是设立个人征信机构的必要条件。例如我国个人征信机构的董事、监事和高级管理人员应当熟悉征信法律法规，具有相应的工作经验和管理能力，且近 3 年无重大违法违规记录，并取得征信监管部门核准的任职资格。[①] 在日本，若要成为《贷金业法》与《分期付款销售法》所指定的信用信息机关，其人员应当拥有以适当、可靠的方式开展信用信息提供及其他业务活动的知识和经验，并具备足够的社会信誉。三是其他条件。主要包括完善的内部管理制度、企业章程以及用以支撑个人征信业务正常开展的必要设备等。

第二节 个人征信业的主要运作模式

一、个人征信机构的运作方式

鉴于私营征信机构与公共征信机构在设立方式和法律性质上存在根本性区别，一国是否设立公共征信机构，是否对私营征信机构设定准入门槛，将直接影响本国不同性质的个人征信机构数量与力量配比，从而在宏观上形成不同的个人征信业运作模式。目前，世界上主要存在四种个人征信业运作模式，即以美国为代表的私营征信模式（又称为市场征信模式、民营征信模式）、以法国为代表的公共征信模式、以日本为代表的会员征信模式（又称为行业协会征信模式）和以德国为代表的混合征信模式。笔者现就主要的个人征信业运作模式进行考察。如表 3-1 所示。

（一）私营征信模式：以美国为代表

私营征信由市场力量所主导，故又称为市场征信，是广泛存在于资本主义世界中的一种征信模式。在私营征信市场中，由于不存在由政府或中央银行创建的公共征信机构（中央信贷信息登记系统），作为主角的各类私营征信机构位于征信市场舞台的中央。私营征信模式的产生可追溯至 19 世纪，更具体地说，现代私营征信机构的雏形首先诞生在英国。经济贸易活动的空前繁荣不断催生出对交易效率的更高要求，为减少不必要的损失，全面清晰地了解交易对手的履约能力和违约历史成为一条捷径。最早为人所知的信用信息交换，是在 1803 年由一群英国裁缝进行的，目的是相互保护而合作共担风

---

① 《征信业管理条例》第 8 条。

险，组织形式是所谓的伦敦互助交流协会（Mutual Communication Society of London）。①

从第一家私营征信机构诞生时起，它便处于不断自我完善的过程中。私营征信模式以美国为代表，英国、加拿大、北欧国家、澳大利亚、新西兰、克罗地亚以及我国香港地区也采用了这种征信模式。即使同为实行私营征信模式的国家和地区，私营征信机构的数据库对本国和本地区人口的覆盖率也不尽相同，如在美国、英国、加拿大、澳大利亚、新西兰、瑞典、挪威、芬兰以及中国香港地区，私营征信机构对本国（地区）人口的覆盖率高达100%，新加坡为 60.9%，而丹麦则仅为 7.4%。② 私营征信模式体现在征信机构从产生到消亡的生命全周期，其经营行为以市场为导向、以营利为目的。目前，美国拥有世界上数量最多的私营个人征信机构和最为发达的个人征信市场。

1. 美国的私营征信模式

（1）消费者征信局：美国个人征信机构的雏形

作为第二次工业革命的发源地之一，美国的社会经济面貌发生了极大的变化，成为世界领先的经济体之一。新式工业的快速发展、生产效率的逐步提高、产品种类的愈加丰富、城市人口的突飞猛进以及工作收入的不断增加，在带来消费观念与习惯转变的同时，人民生活水平也在稳步提升。19 世纪后期，美国开始出现征信局（Credit Bureaus）③，以更好地服务于商业贷款人就是否支持向当地企业或个人提供信贷作出决策。作为美国早期的个人信用机构，征信局掌握未能偿还债务人员的名单，但市场推广度不高，一些商人在放贷时仍主要依据对借款人个人品行的认知。这类信用机构多数是由当地商户设立的合作社或非营利组织，用于汇集客户的信用记录并协助信息收集活动。1906 年，一些征信局自发组织成立了联合征信局（Associated Credit Bureaus, Inc., ACB）④，实现了信用信息在不同城市和地域的传播共享。进入

---

① 〔德〕尼古拉·杰因茨：《金融隐私——征信制度的国际比较（第二版）》，万存知译，中国金融出版社 2009 年版，第 72 页。

② 数据来源于世界银行的官方统计，详见网址 https://www.doingbusiness.org/en/data/exploretopics/getting-credit，访问日期：2019 年 9 月 9 日。

③ 征信局是私营征信机构（Private Credit Bureaus）的另一种表述。

④ 联合征信局（Associated Credit Bureaus, Inc.）1906 年在纽约建立时的名称为全国零售信贷机构协会（National Association of Retail Credit Agencies），随着成员规模的不断扩大曾几次更名。1907 年更名为全国商业机构协会（National Association of Mercantile Agencies），第一次世界大战后更名为美国联合征信局（Associated Credit Bureaus of America），20 世纪 60 年代为了追求国际化发展更名为联合征信局（Associated Credit Bureaus），1991 年迁至华盛顿特区，2001 年更至现名，即消费者数据产业协会（Consumer Data Industry Association, CDIA）。如今 CDIA 是全美所有处理、分析、管理消费者信用数据公司的代表机构，从 20 世纪 90 年代开始，这一范围还扩大至背景审查和就业报告。

20世纪20年代，美国的城市人口首次超过一半，工业人口第一次超过农业人口，推动国内消费信贷市场的进一步活跃。尤其是以通用汽车为代表的企业，首次面向中产阶层推出零售分期付款，并随即迅速推广至家电和汽车领域。消费者使用信贷的强烈意愿同时也带动了个人征信业的发展，使之能够服务更多分散的客户。

（2）全国性个人征信机构的运作

以两次世界大战的结束为契机，伴随着国内与世界经济的复苏，美国的个人征信业迎来了快速发展的黄金时期。尤其进入20世纪50年代以来，信息技术革命、大型商业银行、信用联盟以及信用卡这一全新支付方式使美国个人消费信贷市场在逐渐升温后出现井喷式增长，个人征信服务成为刚性需求。在市场盈利导向且相关法律缺位的背景下，个人信用服务机构如雨后春笋般涌现。经过一百多年的发展，尤其是近几十年一系列资源重组与并购整合，美国的个人征信市场从竞争最为激烈的上千家演化为目前的寡头垄断结构。目前，艾克飞、益博睿以及环联成为美国最大的三家全国性个人征信公司（Nationwide Consumer Reporting Agencies，NCRAs）。

美国三大全国性个人征信机构均以营利性公司的身份独立运作，通过采集和存储债务人的信用信息，并生成信用报告出售给债权人和有权获得信用报告的其他人，如房东、保险公司和潜在的雇主，实现了信用信息采集、加工和披露的完整商业链条。或者说，个人征信机构从贷款方尽可能收集债务人信息，进行加工处理之后，再将能够评估债务人偿债能力的征信产品出售给需要的贷款人。三家全国性个人征信机构的大部分收入都是通过向银行或信用卡公司批量出售个人信用信息得来的，它们还将信用报告出售给潜在的雇主，方便其对求职者进行信用审查。此外，它们还会从州法院和地方法院提取债务人的税收留置权信息和破产信息等公共记录。美国在个人信用评分方面也走在世界前列，个人征信机构拥有的是数据，而由美国个人消费信用评估公司开发的FICO信用分通过成熟的分析技术挖掘隐含在数据深处的信息，最终得出个人潜在的违约概率，因此也会与三家全国性个人征信机构产生直接的竞争关系。虽然它们都采用FICO信用分，但为了与之抢占市场，最终还是由三家个人征信机构共同开发VantageScore，并成为FICO的直接竞争对手。

但是，三家全国性个人征信机构也有不同之处，首先表现在服务范围上，例如环联服务于美国中部，益博睿服务于美国西部，而艾克飞服务于美国东部和南部。① 更重要的是，它们的信息来源以及分析技术也各不相同，基于完

---

① TransUnion，"Why are there three credit reporting agencies?"，https：//www.transunion.com/credit-reporting-agencies，2019-05-14.

全平等的法律地位，并非所有贷方同时向三家个人征信机构提供信用信息，因此，有的债务信息只会选择性地出现在个别信用报告中，再加上各自的信息分析和加工技术不同，对不同类型信息的算法和权重也相应有所差别，这将产生与竞争对手略有不同的信用报告和评分，故三者天然存在竞争关系。例如，益博睿的信用报告包括个人基本信息、职业、账户信息（信用卡、贷款、抵押等）以及任何债权人的查询记录，它还提供每个账户的每月数据，包括最低应付款、付款金额和余额，因此，益博睿提供的信用报告具有更全面的内容以及更强的时效性。

（3）地方性和专业型的个人征信机构

目前，在美国还分布着数量众多的地方性和专业型的个人征信机构，其中大部分为益博睿、艾克飞或环联等全国性个人信用服务机构所控股或与之签订协议。根据消费者金融保护局发布的《消费者信用报告公司清单》，美国的专业型个人征信机构主要包括：就业筛选公司，主要向雇主提供信用记录、就业、薪水、教育、专业执照等验证信息以及其他非常规信息（刑事逮捕和定罪信息、来自州和联邦犯罪记录数据库的指纹信息等），如 Accurate Background、ADP Screening & Selection Services, Inc. 等；租户信用调查公司，主要向房东提供租户的信用报告以帮助其筛选对象，如 Contemporary Information Corp.（CIC）、Experian RentBureau 等；支票和银行账户筛查公司，即银行和信用合作社使用支票和银行筛选报告来决定是否提供支票账户还是兑现支票，如 Certegy Payment Solutions, LLC 等；个人财产保险信用调查公司，主要服务于保险公司，如 A-PLUS Property、Drivers History、Insurance Information Exchange（iiX）等；医疗信用调查公司，主要收集有关医疗消费历史的信用信息，如 MIB, Inc.、Milliman IntelliScript 等；服务于低收入群体的信用调查公司，如 Clarity Services、DataX, Ltd. 等。[1] 值得一提的是，美国还有跟踪公用事业付款信息的数据交换平台——全国消费者电信和公用事业交易所（NC-TUE），该平台为会员专属，汇集了数百万消费者的电信和公用事业付款数据，能够最大限度地消除"信用白户"，便于授信机构在消费者信用记录很少或没有信用记录时验证其信用情况。

2. 英国的私营征信模式

英国是欧洲最早出现征信萌芽的地区之一。不过英国现代意义上的征信机构形成于 20 世纪 70 年代末期，由大型邮购目录公司的内部数据共享系统发展而来。[2] 自 20 世纪 90 年代以来，英国征信业进入市场化角逐最为激烈的

---

① Consumer Financial Protection Bureau, List of Consumer Reporting Companies, 2024.

② Steven Finlay, *Consumer Credit Fundamentals*, London：Palgrave Macmillan，2009，p. 167.

时期，最终形成以阔尔信用（Callcredit）、艾克飞（Equifax）与益博睿（Experian）三家征信巨头为主导，其他私营征信机构并存的高度发达的个人征信市场。其中，阔尔信用作为源于英国本土的个人征信公司在国内有广泛的市场，并于 2018 年 6 月被世界个人征信业务巨头环联（TransUnion）所收购。

　　3. 北欧国家的私营征信模式

　　北欧是世界上社会信任度最高的地区，个人征信对北欧国家高社会信任度的维系作用不容忽视。丹麦、瑞典、挪威与芬兰等北欧国家在个人征信业发展模式上均实行私营征信模式，中央银行不设立金融信用信息数据库，个人征信市场仅存在私营征信机构。

　　丹麦的个人征信业经过一百多年的发展已经实现高度的专业化与市场化。目前，丹麦主要有两家从事个人征信业务的机构，分别为 RKI（Experian）和 Bisnode Denmark。RKI 成立于 1971 年，经过国内几十年的发展，其建立了数量庞大的债务人名单与付款信息数据库。1999 年，该公司被瑞典投资基金 EQT 接管，在合并丹麦最早的金融信用信息机构 KOB[①] 和挪威信用信息公司的基础上于次年成立了北欧信息集团（Nordic Info Group）。2003 年，益博睿收购北欧信息集团并在丹麦继续以 RKI 的名义从事个人征信业务。除 RKI（Experian）之外，另一家个人征信机构 Debitor Registret 成立于 2004 年，专注于为各类客户提供消费者金融信用信息，目前已被企业信用评级公司 Bisnode Denmark 收购，Bisnode Denmark 也由此成为北欧地区第一家为 B2B 和 B2C 提供全面信用信息服务的商业信息公司。这些私营征信机构从银行、保险公司、商业机构以及政府部门等领域收集消费者原始的信用信息，通过深层次的分析加工形成信用产品以满足市场需要。

　　UCAB[②] 与 Bisnode Sweden 是瑞典主要的综合性征信机构，兼营企业与个人征信业务，但在信用信息的广度和深度上，UCAB 更具优势，因此在瑞典社会具有更大的影响力。UCAB 成立于 1977 年，是瑞典最大的信用信息公司，2018 年被芬兰征信机构 Asiakastieto 收购。UCAB 的信用信息具有涉及面广、来源权威以及更新迅速等特点，从而保证个人信用报告内容的准确性和实效性。UCAB 也是瑞典唯一拥有信贷承诺登记、滥用银行账户、滥用信用卡以及信用贷款与抵押贷款管理不善信息的征信机构。根据内容的繁简，UCAB 提供三种不同类型的个人信用报告，其中内容最全面的信用报告包括个人信用状况的总结、最近的经济事件、信用风险概率、个人基本信息、收入信息、财产信息、信用承诺信息、被投诉信息以及最近在 UCAB 的查询信息共九个部

① 丹麦语：Købmandstandens Oplysnings Bureau，成立于 1870 年。

② 全称 UPPLYSNINGSCENTRALEN UC AB。

分。在瑞典，个人信用信息的范围非常广泛，瑞典人就好像居住在信息的"金鱼缸"中，政府掌握的个人信息（如纳税信息）也是面向社会公开的。①因此，瑞典对个人信用信息采取更加自由的态度。目前，UCAB 已经构建覆盖全国所有 16 周岁以上自然人的个人征信系统，同时采集负面信息与正面信息。②

在挪威，拥有不良信贷记录者将寸步难行，除很难再次获得新的贷款等授信外，各类订购活动也将受到限制。在挪威提供个人征信业务的公司主要包括益博睿（Experian Norge）、Bisnode Norway 以及 Lindorff Decision，前两者为国际性企业，后者为挪威本国企业。1898 年，Lindorff Decision 所属的 Lindorff 集团创立于奥斯陆，是欧洲领先的信用管理服务提供商。2011 年，Bisnode 收购了挪威的信用信息公司 Lindorff Decision，实现了运行和信用数据库的整合。因此，挪威的个人征信市场由国际大型征信机构所垄断，基本满足国内消费信贷市场的信息需求。此外，挪威有长达百年的纳税信息公开的历史，公民的纳税信息面向社会公开供公众查询，进而推断出纳税人的收入信息。

芬兰征信业最早可以追溯至 1905 年 12 月芬兰借贷协会的创立。目前，芬兰个人征信业务主要由 Asiakastieto 与 Bisnode Finland 两家私营机构运营。芬兰 Asiakastieto 公司创建于 1961 年，是本国领先的综合性信用信息服务公司，其前身是由信用信息协会、商业银行以及零售批发行业的运营商共同组建的 Luottokontrolli 公司，提供用于支持信贷或作出购买决定的信息，1988 年更改为现名。2018 年，Asiakastieto 收购瑞典信用信息公司 UCAB，成为北欧地区领先的数据服务和数据创新公司，在芬兰和瑞典具有更强大的市场地位。Asiakastieto 的产品和业务几乎涵盖了所有的数字化服务，在立足于广泛数据量的基础上开展更深入的分析挖掘活动。另一家征信机构 Bisnode Finland 的个人信用信息从 2013 年开始可以在芬兰网上服务公司（Suomen Online Palvelut Oy）的网址③通过输入被查询人的社会安全号码查询。

（二）公共征信模式：以法国为代表

公共征信模式是指在政府的主导下由中央银行创设公共征信机构以满足市场信用需求的征信业运作方式。在这种征信模式中，个人征信市场的主角

---

① Iain Ramsay，*Personal Insolvency in the 21st Century：A Comparative Analysis of the US and Europe*，Oxford：Hart Publishing，2017，p.136.

② Iain Ramsay，*Personal Insolvency in the 21st Century：A Comparative Analysis of the US and Europe*，Oxford：Hart Publishing，2017，p.136.

③ 查询网址为 https：//www. luottotietohaku. fi/? l = en。

不再是数量众多的私营征信机构，而是由中央银行负责日常运行、管理和维护的中央信贷登记系统，其实质是直接归属于中央银行的公共金融信用信息数据库。公共征信机构与私营征信机构的差异体现在诸多方面。在机构性质上，它是从属于中央银行的一个公共部门而非自负盈亏的独立市场主体；在成立目的上，它主要是满足银行业的监管需要并服务于政府部门的经济决策，具有非营利性；在运作方式上，它通过法律所赋予的强制力来采集、处理、存储以及披露信用信息。

值得强调的是，对公共征信模式的理解存在狭义与广义之分。狭义上的公共征信以法国和比利时为代表，指市场中仅存在公共征信机构并实现了对国内所有个人征信业务的独占，是完全意义上的公共征信模式。而广义上的公共征信则是以公共征信机构为主体兼有私营征信机构的运作方式，只是私营征信机构的力量较为弱小难以与公共征信机构竞争，绝大部分个人征信业务仍主要掌控在公共征信机构手中，如西班牙、葡萄牙。此外，中国台湾地区的个人征信业务由具有准公共性质的非营利性财团法人所垄断，形成了准公共的个人征信模式。

1. 法国的公共征信模式

从发展历史上看，公共征信系统的创建时间普遍晚于私营征信机构。"二战"结束后不久的1946年3月，法国即成立了中央信贷登记系统，这一阶段仍是以企业信用信息为主。中央信贷登记系统能够帮助授信机构在信贷业务中降低潜在风险，也为法国国家信贷委员会提供与信用相关的信息，服务于政府部门的决策制定。1989年，《防止以及解决个人贷款问题的法案》规定了一系列防止个人过度负债的程序。为了促进信用信息的传播，实现对授信机构与受信人双方利益的充分保护，在法兰西银行内部创建了个人信贷信息登记系统。法国的个人征信体系呈现出高度的政府主导特征，由隶属于法兰西银行的"全国家庭信贷偿付事故登记系统"（FICP）负责消费者信用信息的采集和存储。

考虑到欧洲其他的个人征信系统，法国有一个独特的信息共享机制，它具有集中的、非竞争性的、沿着严格的公共政策路线进行结构设计的特点，另外，它仅是一个只有负面信息的体制。[1] FICP采集的个人负面信用信息包括两种类型：一是个人未如期偿还贷款的信息，二是个人提交过度负债申请的信息。个人未如期偿还贷款的行为又可细分为四种情形：（1）按月支付的贷款，借款人已有两笔以上的未还款记录；（2）非按月支付的贷款，借款人超

---

① 〔德〕尼古拉·杰因茨：《金融隐私——征信制度的国际比较（第二版）》，万存知译，中国金融出版社2009年版，第94页。

过 60 天未予清偿；（3）分期付款中的借款人在收到催债通知 60 天后仍拖欠 500 欧元以上的贷款；（4）授信机构已经通过法律程序追债或直接要求借款人偿付所有贷款。当借款人满足以上任何一种情形时，贷款人必须向借款人发送通知，同时赋予借款人 30 天的偿债期限。

法国成立 FICP 的首要意图在于解决自然人的多重负债，是秉持公益而非出于营利。在信用信息的范围上，由于仅采集个人负面信用信息，堪称一个全国性的个人不良信用信息数据库，从而限制了信用信息的使用途径和效用。在个人征信业的运营模式选择上，源于欧洲隐私权严格保护的传统，法国对引入私营征信机构持谨慎态度，目前，全球个人征信巨头仍无法涉足法国市场。近年来，随着个人过度负债问题不断浮出水面，法国出现就是否应采集正面信用信息的争论。

2. 比利时的公共征信模式

比利时也是世界上少有的仅有公共征信系统的发达国家，国内所有的企业征信及个人征信业务均由隶属于比利时国家银行（National Bank of Belgium）的中央信贷登记系统（Central Credit Register）所独揽。比利时中央信贷登记系统成立于 1967 年，旗下分别有中央个人信贷登记系统（CICR）和中央企业信贷登记系统（CCCR），其中，CICR 承担采集和存储全国自然人信用信息的职责。作为遏制个人过度负债的工具，CICR 记录了自然人为私人目的签订的所有贷款的信息以及与这些贷款有关的任何逾期债务，贷款人在授予任何个人信用贷款之前必须提前咨询 CICR。

（三）会员征信模式：以日本为代表

日本是征信业最发达的亚洲国家，不论是肇始于明治时代的企业征信业，还是"二战"后才正式起步的个人征信业，均发展出一套既不同于英美私营征信也与法国公共征信相去甚远的区别于其他所有国家的会员征信模式，而这与行业协会在日本经济中所具有的较大影响力是密不可分的。会员征信模式，是指由行业协会建立企业或个人的信用信息共享平台以服务于协会会员的一种征信模式。建立信用信息共享机制，通过平台化和会员制管理征信是会员征信模式的主要特点。[①] 实行会员制征信与征信机构的所有权性质和运营方式没有必然联系，日本的三大个人征信机构中既有追求盈利最大化的股份公司，也有非盈利的只收取成本费用的封闭型社团法人。日本的个人征信机构有自己独特的运作模式，即由行业协会归集个人信用信息，建立信用信息

① 李怀玉：《对会员制征信的思考与建议》，《征信》2017 年第 7 期，第 41 页。

中心，通过这种方式达到信用信息使用和共享的目的。具体而言，在会员制模式下，会员企业有义务将自己所掌握的个人信用信息提供给所在的行业协会，协会同时也只限于向会员企业提供个人信用信息查询服务，会员既是个人信用信息的提供者，同时也是使用者。

1. 日本个人征信机构的产生

日本的征信业起步于 19 世纪末期，国内一般称之为"信用调查业"。自 1868 年明治维新以来，日本政府积极从西方资本主义国家引入先进的政治、经济、司法以及文化制度。在经济层面，按照西方的自由市场经济理论建构本国的资本主义市场经济体制。同明治时代出现的其他新兴产业类似，日本的征信业是在仿效英美等先驱者的基础上建立的。从 19 世纪 90 年代开始，企业征信机构开始出现，以 1892 年创办于大阪的"商业兴信所"和 1896 年创办于东京的"东京兴信所"为代表。[1] 相较于企业征信业，日本个人征信业的起步和发展要晚了将近半个世纪，直到"二战"结束后的 20 世纪 60 年代，伴随着日本经济的飞速发展以及分期付款方式的广泛应用[2]，个人消费借贷市场越发活跃。针对分期付款推广所带来的负债问题，通商产业省于 1962 年在审议会上提出有必要设立消费者的个人信用调查机构。直至 1965 年，代表日本信贷业的社团法人日本分期付款协会设立了个人信用信息交换所，作为日本个人征信机构的雏形。

2. 三家全国性个人征信机构鼎足而立

20 世纪 60 年代末，日本跃居资本主义世界第二经济强国。在通商产业省召开的几次关于分期付款金融及体制未来改革方向的审议会中，就个人征信机构的公益性、运营基本规律以及个人信用调查体制构建等基本焦点展开讨论。正是在这种背景下，日本信用信息中心股份公司于 1969 年成立，主要收集家电、乐器领域的消费者信贷信息。20 世纪 70 年代，设立个人征信机构的风潮从分期付款领域扩散至其他金融服务行业。在贷金业、银行业以及信贷业等提供个人贷款的金融服务业中，分别设立了全国信用信息中心联合会（1976）、东京银行协会个人信用信息中心（1973）[3] 和 CCB 股份公司

---

[1] 商业兴信所（日本語：商業興信所）与东京兴信所（日本語：東京興信所）是日本最初的企业信用调查机构，主要从事企业的信用状况调查以判定企业破产风险的大小。如今的日本社会仍然存在所谓的"兴信所"（日本語：興信所），但其完全不属于征信机构的范畴，主要接受第三人的委托对个人或法人的相关状况予以调查，调查项目非常广泛，类似于侦探社。

[2] 1961 年，日本颁布了《分期付款销售法》，为国内所有涉及信用卡交易的消费者提供保护。

[3] 1973 年，东京银行协会设立个人信用信息中心之后，国内其他银行协会相继仿效设立同样的个人信用信息中心。1988 年，全国银行协会个人信用信息中心实现了统一。

(1979)①。20 世纪 80 年代后，分属于不同行业协会的个人征信机构通过一系列整合，大致形成如今日本个人征信业的经营格局，出现了三家全国范围内的大型个人征信机构，分别是 CIC 股份有限公司（1984）、日本信用信息机构股份有限公司（1986）与全国银行信用信息中心（1988）②。20 世纪 80 年代末 90 年代初的泡沫经济时代，个人消费虽成为经济增长的重要动力，日本政府同时更加重视多重债务问题，而加强个人征信机构之间的信用信息交流是解决多重债务的有效途径。总之，日本的个人征信业在维护消费借贷市场秩序，促进国家经济稳定方面发挥了重要作用。

3. 内部信息共享机制的完善

行业协会对日本征信业的成型起着至关重要的作用，三家全国性个人征信机构均是不同行业协会就如何解决信贷交易信息不对称难题的有益尝试。由于具备不同的行业协会背景，三家个人征信机构所面向的会员群体不完全相同，因此提供的信息类型也各有差异。具体而言，日本信用信息机构股份公司（JICC）的会员主要是消费者金融公司与信贷公司，CIC 的会员主要是信用卡公司与消费者金融公司，而全国银行个人信用信息中心（KSC）的会员则以银行及银行系的信用卡公司为主。由此可见，三者分别归属于消费者金融体系、信用信贷体系以及银行体系，既相互竞争又充分互补，其中尤以 CIC 掌握的信用信息量最多。

1987 年 3 月，三家个人征信机构在日本大藏省（现为日本金融厅）以及通商产业省（现为经济产业省）的指导下，合作建立了三家个人征信机构信用信息内部交流的 Credit Information Network 制度（以下简称 CRIN）。这是一个主要基于三方自愿的信用信息共享系统，但并非对所有信息实现共享。其中欠债信息是主要的共享信息，通过相互间的信息交换实现防止个人多重债务以及超贷的共同目标。除 CRIN 之外，《贷金业法》指定的两家个人征信机构 JICC 与 CIC 根据该法的规定则必须进行信息交换，从而准确掌握消费者的借款余额。两者通过另外一个名为 Financial Information Network（以下简称 FINE）的系统交换并分享彼此所掌握的个人信用信息，以协助授信机构及时掌握顾客尚未偿还的余额。虽然 CRIN 与 FINE 极大方便了三家个人征信机构内部的信息交流，但是消费者却无法通过其中任何一家机构查询三家交换分享之共同信用信息。

---

① 日本語：株式会社シーシービー，译为全业种横断型信用情报机关，银行、消费者金融公司、信贩公司等均可加盟。

② 日本語：全国銀行個人信用情報センター，一般略称为 KSC。

（四）混合征信模式：以德国为代表

混合征信模式，是指征信市场中同时存在公共征信机构与私营征信机构，征信业务分别由两者共同经营的征信模式。在混合征信模式中，不可避免地存在公共征信与私营征信两股力量的角逐，同时私营征信机构间的市场竞争依旧不断持续。在征信实践中，公共征信与私营征信间的不同力量配比使混合征信模式呈现出三类不同的样态，而力量集中体现在对信用信息主体的覆盖率上。第一类是私营征信机构占据个人征信市场主导地位的混合征信格局，代表性国家有德国、奥地利以及意大利等。上述国家虽然拥有公共的中央信贷登记系统，但私营征信机构在个人征信业务中具有极高的市场占有率，其社会覆盖率也远高于公共征信机构。第二类是公共征信力量与私营征信力量势均力敌，两者在个人征信市场中的比重不相上下或相差不大的混合征信格局，代表性国家有爱尔兰和韩国。第三类是公共征信机构在个人征信市场中占据主导地位的混合征信格局，也是公共征信模式的特殊表现形式，代表性国家有西班牙和葡萄牙。在西、葡二国，公共征信系统拥有极高的社会人口覆盖率，几乎垄断了国内的个人征信业务，而私营征信业不发达，在个人征信市场处于次要的边缘位置。市场征信模式、公共征信模式以及混合征信模式在征信机构成分发生变动时能够相互转化。总之，混合征信模式作为后起之秀，能够最大限度地吸收单一征信模式的优点和弥补其缺陷。

1. 德国的混合征信模式

20 世纪 30 年代的"大萧条"席卷德国，大量企业倒闭，银行坏账增加。1934 年，德国建立了世界上最早的公共信贷信息登记系统（CCR），通过汇集和分析金融信贷数据直接服务于中央银行的金融监管与其他职能。CCR 由作为德国中央银行的德意志联邦银行负责日常运行和数据维护，作为一个大型信贷信息数据库，它为中央银行、金融监管机构以及商业银行提供来自其他信贷机构、企业公司、自然人以及公共部门的信贷信息。德国信用报告制度的法制基础为《银行法》，信用报告结构采取借款人个体的形式而非综合报告。在信用信息的采集条件上设有门槛，只有 100 万欧元以上的借款且 3 个月未还者将被载入中央信贷登记系统。中央信贷登记系统中的个人信用信息不对外公开，仅供金融机构内部共享使用，且仅用于调查借款人的偿债能力和服务于贷方的授信决策。

除由德国央行建立的公共信贷登记系统外，以舒发公司（Schufa）、科瑞福集团（CRIF）等为代表的私营征信机构在德国个人征信体系中发挥着非常重要的作用。自 1927 年成立以来，舒发公司一直是德国领先的综合性信用信息服务公司，同时经营企业资信调查、消费者资信调查以及信用评级评分业务，其占有德国个人征信市场最大的份额。根据公司 2018 年的数据，舒发公司拥有约 6770 万人的个人信用信息，在全国人口中的覆盖率超过 80%。[①] 公司在股东构成结构上，以合作银行（7.9%）、商业公司及其他（13.1%）、私营银行（17.9%）、特殊信用机构（34.7%）以及储蓄银行（26.4%）为主。

舒发公司建立了专属于自身的与中央信贷登记系统相区别的企业和个人信用信息数据库，其中自然人的基本识别信息来自政府部门和公共机构，信用信息则来自金融机构等私营部门。在德国境内的居民首次开设银行账户或注册手机合同时，将自动为其创建 Schufa 记录。舒发公司开具的个人信用报告的使用领域并不局限于贷款和信用消费，甚至在德国租房时房东也要求查看租客的信用报告。舒发公司也开发出与美国 FICO 相类似的个人信用评分体系，运用先进的数据分析技术更加直观地表示个人信用水平。在个人信用报告的类型上，主要分为基本版（Basic Schufa Bonitäts Auskunft）和完整版。根据法律规定，德国公民有权每年免费获得一次个人信用报告的完整版本，涵盖了个人正负面的所有信用信息，主要内容包括姓名、出生日期、出生地以及住址等个人基本信息；支票账户、分期贷款以及信用卡消费等关于合同缔结和执行的信息等。除此之外，在个人信用报告的获取上，舒发公司采取完全的商业化运作方式，公民只能通过付款的方式获得个人信用报告。初始的个人信用信息在其处理加工下已经成为各具特色的信息产品，客户只需在其官方网站上注册账户，并根据自身需要选择相应的产品类型并付费，一笔成功的订单即可在 24 小时内完成，方便高效。[②]

2. 韩国的混合征信模式

在亚洲，韩国实行与德国类似的混合征信模式。目前，韩国的个人征信业同时由公共系统与私营机构运营，形成公私并存的基本格局。在公共征信方面，韩国银行联合会（KFB）下属的公共征信系统构成本国公共征信体系的核心。在相关法律制度的安排下，KFB 实现了对韩国商业银行和所有其他金融机构的个人及企业信用信息的完全覆盖，并提供信用报告、信用风险评估等服务。此外，KFB 还收集能够反映个人公共信用状况的信息，如拖欠税收等。KFB 能够帮助授信机构对客户展开高效的信用评估，同时加强对借款

---

① Schufa, "SCHUFA facts & figures 2018", https://www. schufa. de/en/about-us/company/schufa-facts-figures/inhaltsseite_ 7. jsp, 访问日期：2019 年 7 月 2 日。

② 目前，Schufa 已经形成以 meineSCHUFA kompakt、meineSCHUFA plus、meineSCHUFA premium、SCHUFA-BonitätsAuskunft 以及 SCHUFA-UnternehmensAuskunft 等为主的成熟的个人征信产品体系，价格各不相同。

人的监控。在私营征信方面，韩国国家信息和信用评价公司（NICE）与韩国征信公司（KCB）是韩国最主要的两家从事个人征信业务的大型信息服务机构。NICE 成立于 1986 年，是韩国最大的信用信息服务公司，也是韩国唯一从事企业征信和个人征信的机构。KCB 创立于 2005 年 2 月，旨在消除亚洲金融风暴给韩国国内金融业带来的后遗症，银行、信用卡公司、保险公司以及消费者金融公司在内的韩国 18 家主要金融公司就相互分享信贷信息达成共识，以股东身份参与创建了 KCB。虽然在具体构成比重上略有不同，负债水准、拖欠信息、信用状态以及交易期间是韩国征信机构衡量个人信用状况的基本尺度。

表 3-1　世界主要国家或地区个人征信运行模式简表①

国家或地区	私营征信覆盖率	私营征信覆盖人口	公共征信覆盖率	公共征信覆盖人口	法律权利力度指数②	征信信息深度指数③
美国	100%	220000000.0	—	—	11	8
英国	100%	82886947.0	—	—	7	8
澳大利亚	100%	18600000.0	—	—	11	7
新西兰	100%	3319752.0	—	—	12	8
加拿大	100%	31346536.0	—	—	9	8
丹麦	7.4%	229327.0	—	—	8	6
瑞典	100%	7700000.0	—	—	6	5
挪威	100%	6560454.0	—	—	5	6
芬兰	21.4%	374100.0	—	—	7	6
冰岛	100%	266303.0	—	—	5	7
希腊	72.5%	4953251.0	—	—	3	7
新加坡	60.9%	2312763.0	—	—	8	7
中国香港特区	100%	5475764.0	—	—	8	7

① 此表根据世界银行的统计资料整理而成，所有资料均来源于 https：//www.doingbusiness.org/en/data/exploretopics/getting-credit，访问日期为 2019 年 9 月 10 日。该表旨在对世界主要国家的个人征信发展模式予以直观呈现，私营征信、公共征信、会员征信以及混合征信模式之间的差异可一目了然。
② 法律权利力度指数（Strength of legal rights index）衡量的是担保法和破产法通过保护借款人和贷款人权利而促进贷款活动的程度。指数范围为 0 至 12，数值越高，表明担保法和破产法越有利于获得信贷。
③ 征信信息深度指数（Depth of credit information）用于衡量可对从公共或私营征信机构获取征信信息的范围、可及性和质量产生影响的规则。该指数范围为 0 至 8，数值越大，表示从公共或私营征信机构获取有助于贷款决策的征信信息越多。

续表

国家或地区	私营征信覆盖率	私营征信覆盖人口	公共征信覆盖率	公共征信覆盖人口	法律权利力度指数	征信信息深度指数
日本	100%	88311750.0	—	—	5	6
法国	—	—	47.1%	10230179.0	4	6
比利时	—	—	95.7%	6619749.0	8	5
中国台湾地区	—	—	100%	16766000.0	2	8
德国	100%	67500000.0	2%	342022.0	6	8
奥地利	52.2%	3065702.0	2.2%	65705.0	4	7
爱尔兰	100%	5177347.0	90.3%	2800000.0	7	7
意大利	100%	45311450.0	30.5%	10081568.0	2	7
葡萄牙	7.9%	508736.0	100%	7404520.0	2	7
西班牙	15.7%	4502000.0	67.7%	19610000.0	5	7
韩国	100%	46176090.0	65.7%	18908000.0	5	8
中国	—	—	98.1%①	950000000.0	4	8

二、个人征信机构的监管方式

各国对个人征信业的发展并不是完全的放任自流，而是结合本国征信业发展实际，对征信业实施法定监管。

（一）美国：政府监管与行业自律并重

在联邦层面，美国联邦贸易委员会（FTC）与消费者金融保护局（CF-PB）是个人征信业最主要的政府监管机构。国家信用联盟管理办公室（NC-UA）、联邦储备委员会（FRB）、储蓄机构管理办公室（OTS）、货币监理署（OCC）与联邦储蓄保险公司（FDIC）等金融监管部门通过规范各类金融机构的授信行为，间接实现对被征信人权益的保护。② 尤其是，OCC 也是《公平信用报告法》的重要执法机构，有权就该法规定的审查程序发布新的补充规则。在行业自律方面，美国信用管理协会（NACM）、消费者数据产业协会

---

① 截至 2019 年 12 月，中国的个人征信业务由中国人民银行征信中心和百行征信两家机构运营，性质上分别属于公共征信机构、市场化个人征信机构。

② 2011 年，《多德－弗兰克华尔街改革和消费者保护法》将《金融服务现代化法》第五章"隐私"大部分内容的规则制定权从联邦储备系统理事会、国家信用合作社管理局、货币监理署、储蓄机构监管局、联邦存款保险公司和联邦贸易委员会（部分）移交给消费者金融保护局（参见 12 C.F.R. § 1016）。

（CDIA）与美国国际信用收账协会（ACA International）发挥着重要作用。

1. 美国消费者金融保护局

2010 年 7 月，美国国会通过《多德 - 弗兰克华尔街改革和消费者保护法》（以下简称《多德 - 弗兰克法案》），被学界认为是继 20 世纪 30 年代"大萧条"以来美国改革力度最大、改革内容最全面的金融监管改革法案，以加强系统性金融风险防范为主线，重建金融监管框架。根据《多德 - 弗兰克法案》创设的消费者金融保护局（CFPB）重新整合了分散于多个联邦机构中涉及金融消费者保护的职能，采取集中的一元化管理，并为其提供多种监管新工具和专有资源。从 2012 年 9 月 30 日开始，CFPB 成为美国最主要的个人征信业监管机构，与 FTC 共同分享《公平信用报告法》的执行权，从联邦层面实现对主要大型个人征信机构的监管。此外，随着个人征信机构在金融服务市场和消费者金融生活中发挥越来越关键的作用，CFPB 的监管范围开始逐渐覆盖中小型个人征信机构。在监管方式与手段上，CFPB 主要采取诸如审查征信公司的合规系统及流程、开展现场检查、与工作人员交谈等常规手段，以及指定调查人员就公司遵守法律的程度进行深入检查。

2. 美国联邦贸易委员会

在 CFPB 成立之前的几十年里，联邦贸易委员会（FTC）在美国个人征信监管中扮演着重要角色，保护消费者利益和促进市场竞争是其双重使命。FTC 通过打击信贷市场中的不公平行为实现维护消费者权益的目标，同时接受来自消费者的投诉并予以解决。此外，FTC 还负责《公平信用报告法》的执行与解释，推动个人征信领域的行政立法工作。《多德 - 弗兰克法案》在 FTC 与 CFPB 之间建立了良性的执法互动关系，除由联邦银行监管机构所专属管辖的银行和信用合作社外，FTC 几乎对该国所有企业都拥有消费者保护的管辖权。在金融消费者权益保护方面，FTC 虽不再对由 CFPB 和联邦银行监管机构直接管辖的各类金融机构行使执法权，但在其涉及不公平或欺骗性的行为和做法时，FTC 仍保留相应的管辖权。根据《公平信用报告法》，FTC 与 CFPB 同时拥有对该法的管辖权并被指示协调其并行管辖权。对于任何一家已经被 FTC 或 CFPB 起诉的公司，另一家机构则不再具有诉权，虽然其被允许正式干预诉讼。为了强化协调分工、避免执法和监管重复带来的低效率，FTC 与 CFPB 通过签订协议和备忘录的形式就规则制定、执法活动以及消费者投诉信息等主要争点达成共识。

3. 个人征信业的自律监管

美国是典型的市场征信国家，有强劲的行业自律传统，是对立法规范和行政监管的有益补充。美国信用管理协会（NACM）是一个拥有百年历史的老牌信用协会，除协助消费者信用法律法规的良好实施外，通过制定行业统一标准使借贷方能够以一种固定且可持续的方式实现对消费者信用历史的评估，同时改善信用信息的交换与传播。消费者数据产业协会（CDIA）代表并维护全国性个人征信机构、区域性或专业性个人征信机构与背景调查公司的利益，是消费者信用报告行业的代言人。CDIA 致力于消费者个人信用信息的合理准确使用，帮助其实现自身财务目标。最后，在债务催收领域，美国国际信用收账协会（ACA International）通过制定行业道德准则、加强业务培训等规范债务催收人员的行为，促进债务催收业在良性的轨道上运行。

作为能够对其他金融业产生直接影响的行业，征信业的他律应首先建立在自律的基础上。在美国，政府和行业协会在各自的边界确定、权限划分以及顺位排序上实现了和谐的统一，行政监管的刚性约束与行业协会的柔性引导也搭配得恰如其分，两者的密切合作可以达到事半功倍的监管效果。此外，行业协会作为全体征信机构的利益代表者，能够代表整个行业向政府表达利益诉求和参与平等谈判，据理力争地维护征信业的正当利益，是支撑行业不断向前发展的得力助手。

（二）西欧：政府的行政监管为主

1. 数据保护部门是主要的监管机构

在西欧，无论是实行公共征信模式的法国、比利时，还是实行私营征信模式的英国、北欧国家，数据保护部门专司个人信息保护事宜，其管辖范围包括所有行业的信息处理者和控制者，是个人征信业最主要的监管机构。

法国国家信息技术和自由委员会（CNIL）为专司个人信息保护的国家独立机构，根据 1978 年《信息技术、数据文件和公民自由法》而设立。CNIL负责个人信息保护法律执行情况的监督和检查，并有权对违反法律义务、侵犯个人信息权益的组织及个人实施处罚。2004 年，根据法国国民议会通过的法律，CNIL 的权力进一步扩大，能够对违规机构施加巨额经济处罚。此外，CNIL 还发布关于个人信息保护的执行细则，规范个人信息处理者的行为，确保处理程序在已有的规制框架内运行。

比利时于 2017 年 12 月成立的比利时数据保护局（Belgian Data Protection Authority）则构成了对中央个人信贷登记系统的外部监管，为负责个人信息保护的独立行政机构，旨在执行个人数据保护的基本原则，对数据控制者和处理者的业务行为展开监督。为了进一步强化对个人隐私权的保护，比利时在2018 年 9 月另行成立了信息安全委员会（Belgian Privacy Commission）。

英国信息专员办公室（ICO）是负责维护社会公众合法信息权益的独立政

府机构，旨在促成公共机构开放与个人数据隐私保护间的动态平衡。ICO 通过严格执行数据保护法律法规，从而确保公民的信息都能够得到合法且适当的使用。

在德国，新《联邦数据保护法》设置了联邦数据保护与信息自由委员会作为国家中央层面的信息保护机构，委员会有权监督公共机构，前提是后者作为受公法管辖的企业参加竞争时。该法第 13 条至第 16 条就委员会和联邦数据保护专员的权利义务、任务职责、活动报告以及行政权力予以详细规定。所有涉及个人信息保护的公私机构必须设置数据保护官员，德国金融服务监管局（BaFin）通过设置内部的数据保护官员使之成为德国最重要的保护个人金融隐私权的公共行政部门，可对征信机构违法的个人信息采集、处理和披露行为施加处罚。除 BaFin 设置的数据保护官员外，以舒发为代表的私营征信公司也依法设置了数据保护官员，从内部实现对个人信息处理行为的规范，维护信息主体的合法权益。

北欧国家均未设置专事征业业监管的机构，而普遍设立了本国的数据保护局，作为贯彻 GDPR 数据保护精神、实施国内信息保护法的专职部门，依法对包括个人征信机构的所有个人信息控制者和处理者的信息使用行为展开监管。丹麦数据保护局（DDPA）、瑞典数据保护局（SDPA）与挪威数据保护局（NDPA）均是独立且中立的公共机构，也是信用信息行业的监管机构，负责监督对个人信息保护规则的遵守情况。芬兰数据保护监察专员（FDPO）与芬兰数据保护委员会（FDPB）是处理消费者信息保护事务的两大专门机构。FDPB 是一个与芬兰司法部存在关联的独立机构，主要处理对适用 1999 年《个人数据法》具有重大意义的相关原则性问题。但随着新《个人数据法》的颁布，FDPB 的法律基础不复存在，基于新法的个人信息保护职责集中于FDPO。

2. 中央银行对公共征信机构的内部管理

在法国、德国等设置公共征信机构的国家，除由数据保护部门负责对所有征信机构进行外部监管外，公共征信机构还要接受来自中央银行的内部监督。

法国"全国家庭信贷偿付事故登记系统"（FICP）由法兰西银行负责日常运行及维护，其在个人征信监管中扮演主要角色。法兰西银行通过与审慎监管机构之间的合作，负责对全国金融机构运作状况实行监督，确保支付系统的顺利运作和市场基础设施的高效运转，并定期对金融体系的风险和弱点进行评估，从国家的宏观层面监测和分析消费者信贷水平，从而确保消费者的储蓄安全。个人负面信用信息在 FICP 上的存储、更正、删除以及披露均需向法兰西银行提出申请，由其根据借款人的负债情况作出决定。

德意志联邦银行是除德国金融服务监管局之外的主要金融监管机构，监管措施表现为定期对商业银行等信用机构开展检查，对来自信用机构的信贷资料行使统计的权力，就其上报的年表与其他报告展开深度分析。同法国类似，德国中央信贷登记系统由德意志联邦银行负责运行和维护，全部个人信用信息来自其所管辖商业银行报送的经营数据。在个人信用信息的采集上，德国中央信贷登记系统与各商业银行之间并非自愿关系，而是源于《银行法》的强制关系，将信用信息作为分析金融运行态势、预防金融风险的第一手客观资料。就信息主体而言，其对于中央信贷登记系统所登载的个人信用信息行使访问权、更正权、删除权以及其他信息权利的相对方是德意志联邦银行。总之，德意志联邦银行对中央信贷登记系统的管理属于内部的自查自纠方式。

3. 对信贷业的监管是重要补充

欧陆国家建立公共征信系统的一个重要目的就是防止个人多重负债和过度负债，通过加强对信贷业的监管能够巩固个人征信体系的运行效果，而这是金融监管部门的职责。

在法国，审慎监管与处置局（ACPR）是最主要的金融监管机构之一，其监管对象是银行业与保险业，在监管手段上侧重于微观个体。信贷业是商业银行的传统业务，ACPR 享有相应的行政许可权、控制权、行政执行权以及处罚权，以确保实体遵守业务程序与规则。另外，ACPR 处于法兰西银行的领导之下，与法兰西银行保持高度信息互通和紧密联系。[①] 此外，法国经济和财政部享有对规范信贷机构与客户关系的一般条件的专属管辖权，有权发布新的法规，享有对信贷业的规则制定权、解释权、修改权以及废除权。

在比利时，金融服务和市场监管局（FSMA）依法对国内的个人信用交易活动予以监管，稳定个人消费信贷市场。

在德国，根据《银行法》的规定，德国金融服务监管局（BaFin）是负责金融业监管的第一责任主体，是面向银行业、证券业以及保险业的综合性金融监管机构，因此，监管消费者信贷行为是其重要职责。

在英国，所有为消费者提供信贷服务的机构都须满足金融行为监管局（FCA）的最低标准以取得授权，FCA 对风险的容忍程度更低，其更倾向于采取前瞻性的分析判断对金融市场加以规制，从而监管所有金融服务公司的行为，从源头上将高风险的信贷行为提前扼杀。

在北欧国家，丹麦金融监管局（DFSA）、瑞典金融监管局（SFSA）、挪

---

① 柴瑞娟：《法国金融法律监管机构的重整与强化》，《武汉大学学报（哲学社会科学版）》2013 年第 5 期，第 112 页。

威金融监管局（NFSA）以及芬兰金融监管局（FFSA）以促进本国金融体系的稳定和效率为基本目标，同时致力于金融消费者的信用权益保护。北欧各国对消费者信贷业的监管能够将不合资质的贷款机构及时驱逐出信贷市场，约束授信机构的信贷行为。就借款人而言，可以降低过度负债、多重负债的发生概率，减轻负债所带来的潜在压力和损害。就个人征信机构而言，对消费信贷业的监管有利于减轻其业务压力，切实有效地服务于信贷业又好又快发展的价值目标。

（三）日本：行业协会自律监管为主

1. 个人征信业以自律监管为主

行业协会在日本经济发展中发挥重要的推动作用，其既是各行各业的利益代言人和维护者，同时也扮演自律管理者的角色。日本三大全国性个人征信机构 JICC、CIC 以及 KSC 分别对应于日本贷金业协会（JFSA）、日本消费者信用协会（JCCA）以及全国银行协会（JBA）。首先，行业协会制定的自律规则对征信机构具有约束力。以贷金业协会为例，它并非一个完全意义上的自愿结社型组织，根据《贷金业法》的规定，凡是取得牌照的合法贷款公司必须加入贷金业协会。因此，日本的行业协会虽作为民间团体却深受政府重视。个人征信机构必须遵守所在行业协会制定的自律规则，并以此为基础制定本机构内部遵守的规章制度。例如，JICC 分别于 2009 年 4 月 1 日、2016 年 5 月 26 日制定了《个人信息保护方针》与《特定个人信息保护方针》，为个人信用信息提供更加切实可靠的保护。其次，行业协会制定的自律规则对会员也具有约束力。由于实行严格的会员制准入和管理，银行、贷款公司、信用卡公司以及百货公司既是个人征信机构的会员，同时也是行业协会会员；既是个人信用信息的提供者，也是个人信用信息的查询者与使用者。对于违反协会自律规则的会员，行业协会有权对其加以处罚，如将其从会员名簿中除名并公示，不再享有会员的特权。

2. 政府监管的重点是信贷业

日本征信业以市场为导向实现资源的优化配置，随着相关法律制度的不断完善以及行业协会的有效自律管理，行政机关更倾向于采用温和的行政指导而非强制手段。例如，在确保个人信用信息的安全性方面，日本行政部门对个人、信用信息机构有定期的行政检查制度。[①] 个人征信服务本身不是目的，通过信用信息的扩散降低市场交易的信息不对称性，使信用交易能够以

---

① 池建新：《日本个人信用信息保护方针对我国的启示》，《电子政务》2007 年第 3 期，第 75 页。

更加高效的方式完成是征信业的重要使命。相较之下，日本的监管重心在于信用贷款本身，现金贷款与消费贷款由金融厅、经济产业省分别监管，两者也是《贷金业法》与《分期付款销售法》的实施机关，基本实现对国内所有信用贷款活动的无缝监管。通过直接规制信贷交易活动，直接影响未来个人信用信息的采集、处理以及披露等各环节，亦即从源头上尽量减少不良个人信用信息的产生。此外，在打击高利贷等非法"暗金融"及暴力债务催收方面，金融厅与经济产业省也发挥核心作用。

三、对不同类型个人征信机构的评价

正如德国哲学家莱布尼茨所言，世界上没有两片完全相同的树叶。不同国家的不同类型的个人征信机构，其法律地位并不完全相同。个人征信业经过百余年的发展，受到各国政治制度、经济发展、立法模式、文化传统乃至国民性格等多重因素的影响，形成了不同的发展路径和各具特色的运营模式，但它们之间并不存在孰优孰劣的问题，在防范金融风险和促进经济方面均做出了各自的贡献。

（一）对私营征信机构的评价

私营征信机构的主要优势集中在信用信息的采集来源和范围上。因为私营征信机构以赚取利润为直接目的，彼此之间存在较为激烈的竞争关系，因此信息覆盖人群的广泛程度、信用信息类型的丰富程度以及内容的精深程度成为决定私营征信机构核心竞争力的重要指标。大多数私营征信机构不仅采集负面信用信息，还采集正面信用信息和其他相关的公共记录，因此可以全面反映被征信人的信用能力。例如，美国私营征信机构采集负面信用信息并不另行设置过高的门槛，所以可以将被征信人较为零散的负面信用信息进行有效整合。此外，美国私营征信机构非常重视信息分析和信用评分技术的研发和创新。以益博睿、艾克飞和环联为代表的私营个人征信机构能够在激烈的市场竞争中胜出，在很大程度上正是依靠其对征信核心技术不断研发和创新的能力。相同的原始数据经过不同征信机构的处理会得到内容各异的个人征信报告，从而更好地满足市场多样化的征信需求。

（二）对公共征信机构的评价

公共征信机构的"公共性"体现在诸多方面。从产生上看，欧洲国家的中央信贷登记系统多由本国中央银行所创建，这就决定了其宗旨是服务于公共目标。所以，它并不采集所有的个人信用信息，而只采集负面信用信息，

而且还设置了较高的采集门槛，难以全面反映被征信人的信用能力。在机构运作上，中央信贷登记系统同时作为中央银行的部门而存在，采用行政化的管理模式而非市场化运作，其从商业银行采集信贷信息的行为属于法律明确授权的强制行为，所以更具权威性和公信力。在设立目标上，中央信贷登记系统不以营利为目的，维持其运作的资金来源于国家财政拨款，体现出彻底的非营利性，所以并不重视对征信技术进行深层次研发，导致信息的精深度不够。总而言之，公共征信机构是政府以公权力介入信贷信息市场的产物，遵从行政指令和服务政府决策是其开展工作的出发点，表现为在微观上帮助商业银行防范信用风险、稳定信贷市场，在宏观上协助中央银行优化金融监管、执行货币政策，这便是其功能的社会性。

（三）对日本征信机构的评价

行业协会主导下的日本个人征信机构呈现出明显的"内部性"特征并使其与欧陆国家的中央信贷登记系统相区别，后者对信用信息的采集是基于法律的强制性规定，商业银行没有任何讨价还价的余地，而日本个人征信机构对信息的采集是基于行业协会与协会会员之间的协议，企业在成为行业协会会员的同时自动成为个人征信机构的信息提供者和使用者，非行业协会会员无法享有此项服务，因此不具备公共性。但是，日本的个人征信机构却不可避免存在第三方独立性不足的问题。JICC 和 CIC 作为现代化的股份有限公司，虽然具备包括股东大会、董事会以及监事会的"新三会"治理框架，但在会员征信模式下却难以掩盖公司治理结构在独立性上的局限性。两家个人征信机构均不同程度存在行业协会会员作为公司股东的情形，加盟会员与股东身份的混同势必导致征信机构无法确保公司治理结构上的独立性。总之，征信机构的股东与加盟会员间的重合数量越多、混同程度越深以及所占股权越大，征信机构的独立性也就越差。

第三节　我国个人征信业的发展历程与模式选择

一、我国的全国性个人征信机构

我国是亚洲最早产生现代征信业的国家之一。民国时期，以全国经济最发达的上海为大本营，银行调查部、中国征信所和联合征信所积极开展征信业务，在战火纷飞的年代为维护国家金融稳定与安全做出了突出贡献，在近代金融史上留下了浓墨重彩的一笔。中华人民共和国成立之后，我国实行高度集中的计划经济体制，银行信用全面取代商业信用，征信业在我国逐渐消失。1999 年，上海资信公司的成立，标志着我国个人征信业开启发展的新征程。此后，经过 20 余年的快速发展，具有中国特色的个人征信体系框架逐步搭建起来。随着以中国人民银行征信中心为代表的公共征信系统和以百行征信、朴道征信为代表的市场化征信机构相继成立，我国个人征信业的运作模式也越发明朗。按照党中央、国务院关于征信体系建设的重大决策部署，我国征信业将坚持"政府 + 市场"的双轮驱动发展模式，最终形成中国人民银行征信中心运行的金融信用信息基础数据库与以百行征信、朴道征信为代表的市场化征信机构协同发展、互相补充的发展格局。

（一）公共征信系统：中国人民银行征信中心

以 2002 年全国金融工作会议的召开为契机[1]，中国人民银行牵头成立了"建立全国企业和个人征信体系"专题工作小组，自 2004 年起着手筹建全国集中统一的企业和个人征信系统。2006 年 3 月，经中央编办批准，中国人民银行征信中心在上海成立，旨在加强对征信系统的建设、运行和管理，同时正式宣告公共征信机构在我国的诞生。

从机构性质来看，中国人民银行征信中心（以下简称征信中心）是中国人民银行直属事业单位，并已在全国 31 个省（自治区、直辖市）和 5 个计划单列市设有征信分中心。征信中心的主要职责是依据《征信业管理条例》《征信业务管理办法》等法律法规和人民银行规章对金融信用信息基础数据库（征信系统）进行建设、运行和管理。金融信用信息基础数据库属于由政府部门设立的公共征信系统，同时经营个人征信业务和企业征信业务。基于我国庞大的人口基数，该征信系统已经成为世界规模最大、收录人数最多、收集信息全面、覆盖和使用范围广泛的金融信用信息数据库。征信中心设置个人金融信用信息基础数据库，负责个人信用信息的采集、处理、存储、披露和使用事宜。从业务类型来看，征信中心属于传统型而非专业型征信机构，其信用信息提供者主要是参与信息共享的商业银行等传统金融机构以及非银行类金融机构，[2] 它们向系统报送的数据包括个人借款人的基本信息和金融借贷

---

[1] 2002 年 2 月 5 日至 7 日，中共中央和国务院在北京召开第二次全国金融工作会议，会议提出，"要建立全国企业和个人征信体系，使具有良好信誉的企业和个人充分享有守信的益处和便利，使有不良记录的企业和个人声誉扫地、付出代价"。

[2] 包括但不限于全国性商业银行、城市商业银行、农村信用社、农村商业银行、住房储蓄银行、汽车金融公司、财务公司、外资银行、信托公司、小额贷款公司、担保公司、村镇银行、贷款公司、消费金融公司、金融租赁公司、融资租赁公司、资产管理公司、保险公司、证券公司、住房公积金管理中心等机构。

信息。除此之外，个人金融信用信息基础数据库也会采集涉及个人偿债能力和偿债意愿评估的公共信用信息。

征信中心提供的个人征信报告包括个人基本信息、信贷记录、公共记录、查询记录以及说明五部分，主体为信贷记录和公共记录。信贷记录包括信息概要、资产处置信息、保证人代偿信息、信用卡消费还款信息、住房贷款、其他贷款以及为他人担保信息等，公共记录包括信息主体 5 年以内的欠税记录、民事判决记录、强制执行记录、行政处罚记录以及电信欠费记录等。① 征信报告对上述信息的处理主要采取按照时间顺序简单罗列的方法，仍然局限于对自然人失信事实行为的一般呈现，纯文字性的对历史记录的描述也使报告界面不够简洁和直观。因此，个人征信产品类型较为单一，内容缺乏精深度。

（二）市场化个人征信机构：以百行征信为代表

党的十八大以来，我国个人征信业市场化进程加速。事实上，政府对发展民营个人征信机构也曾进行过积极探索。2015 年 1 月，中国人民银行下发《关于做好个人征信业务准备工作的通知》，要求芝麻信用、腾讯征信、前海征信等 8 家社会机构做好开展个人征信业务的准备工作。由于彼时个人信息保护等法律法规尚不健全，加之在机构独立性、信息完整性以及业务规范性等方面存在短时间内难以克服的缺陷，8 家机构最终均未能获得个人征信牌照，取而代之的是市场化个人征信机构的及时补位。截至 2024 年 12 月，我国已有 3 家持牌市场化个人征信机构，分别是百行征信有限公司、朴道征信有限公司以及钱塘征信有限公司（以下分别简称百行征信、朴道征信、钱塘征信）。下面笔者从组织形式、地域分布、业务类型以及产品服务等方面对市场化个人征信机构予以解读。

1. 市场化个人征信机构是实行公司制的营利性企业法人

我国的市场化个人征信机构均实行公司制，不能采用除公司制以外的其他企业组织形式。在注册资本方面，《中华人民共和国公司法》（以下简称《公司法》）已经取消有限责任公司最低注册资本 3 万元、股份有限公司最低注册资本 500 万元的限制。鉴于个人征信行业属于行政法规对注册资本最低限额另有规定的特定行业，实际上，个人征信机构的设立条件比普通企业更加严格，其注册资本不低于 5000 万元人民币。② 从实践操作来看，百行征信、朴道征信、钱塘征信均选择了有限责任公司的组织形式，注册资本金均为 10

① 《个人信用报告（个人版）样本》，中国人民银行征信中心网站，http://www.pbccrc.org.cn/zxzx/grzx/201401/2141558a28cd4f8dae8e2a6e70728210.shtml，访问日期：2019 年 11 月 18 日。
② 《征信业管理条例》第 6 条第（二）项。

亿元人民币。

2. 市场化个人征信机构实行混合所有制

百行征信、朴道征信与钱塘征信均以有限责任公司作为自身的组织形式，在运作方式上与美国的艾克飞和环联无异，均实行市场化的运作。但与完全由民间资本出资建立的私营征信机构不同，市场化个人征信机构在本质上是由国有资本与民营资本共同参与的混合所有制持牌个人征信机构。

百行征信是我国第一家经行政许可持牌的市场化个人征信机构，是在芝麻信用、腾讯征信、前海征信等8家社会机构未能取得个人征信业务牌照之后，由中国互联网金融协会与之按照共商、共建、共享、共赢原则共同发起组建，于2018年3月在深圳成立。百行征信的股权结构显示，最大的股东是中国互联网金融协会（持股36%），余下64%的股份分别被芝麻信用、腾讯征信、前海征信、鹏元征信、中诚信征信、考拉征信、中智诚征信以及北京华道征信8家民营企业均分（每家持股8%）。作为最大股东的中国互联网金融协会，是中国人民银行会同银监会、证监会、保监会①等国家金融监管部门组织建立的国家级互联网金融行业自律组织，因此，百行征信具有浓厚的官方背景和来自央行的业务支撑。

2020年12月25日，中国人民银行批准朴道征信个人征信业务许可，我国第二家持有个人征信业务牌照的个人征信机构诞生。②朴道征信位于北京，结束了我国北方地区没有一家市场化个人征信机构的历史，同时能够立足首都资源优势发挥对国内个人征信行业的辐射带动作用。从股东出资情况来看，朴道征信的股东由1家国有企业和4家民营企业所构成，其中大股东北京金融控股集团有限公司持股35%，京东数字科技控股股份有限公司持股25%，北京小米电子软件技术有限公司与北京旷视科技有限公司分别持股17.5%，北京聚信优享企业管理中心（有限合伙）持股5%。

2024年11月11日，中国人民银行正式授予钱塘征信有限公司个人征信业务许可，成为继百行征信和朴道征信后，我国第三家同时也是华东地区第一家市场化个人征信机构。③钱塘征信的股东类型更为多样，不仅有浙江省属

---

① 在2018年3月的机构改革中，以银监会、保监会为基础，设置中国银行保险监督管理委员会，简称银保监会。2023年3月，中共中央、国务院印发《党和国家机构改革方案》，在中国银行保险监督管理委员会基础上组建国家金融监督管理总局，不再保留中国银行保险监督管理委员会。

② 2021年12月2日，中国人民银行营业管理部完成对朴道征信有限公司的企业征信业务经营备案，成为全国第二家同时持有个人征信业务牌照和完成企业征信业务经营备案的市场化征信机构。

③ 中国人民银行2024年11月11日公布《设立经营个人征信业务的机构许可信息公示表》，中国人民银行官网，http://www.pbc.gov.cn/zhengwugongkai/4081330/4081344/4081407/4081702/4081770/4081803/5502945/index.html，访问日期：2024年12月14日。

国企、杭州市属国企与民营公司，还有合伙企业，具体股权比例依次为浙江省旅游投资集团有限公司持股 35%，蚂蚁科技集团股份有限公司持股 35%，传化集团有限公司持股 7%，杭州市金融投资集团有限公司持股 6.5%，浙江电子口岸有限公司持股 6.5%，杭州溪树企业管理合伙企业（有限合伙）持股 10%。

同作为市场化征信机构，百行征信、朴道征信以及钱塘征信在组织形式、数据来源、征信产品和服务类型等方面均具有高度相似性。但通过观察不难发现，三者的股权结构仍有细微差别。百行征信的第一大股东为行业协会而非国企或国有控股企业，且在持股比例上与其余 8 家社会征信机构相差悬殊，对百行征信的经营方针、发展路线具有绝对的话语权。相较之下，朴道征信第一大与第二大股东之间的差距明显缩小，而钱塘征信的第一大股东由浙江省旅游投资集团有限公司和蚂蚁科技集团股份有限公司并列。从整体的国有和民营持股分配比例来看，百行征信、朴道征信与钱塘征信分别为 36∶64、35∶65、48∶52，钱塘征信的国有资本与民营资本的控股比例更加均衡，在有利于加快个人征信市场化进程的同时，确保个人征信产品和服务的公共属性。

3. 市场化个人征信机构是专业型个人征信机构

百行征信等市场化个人征信机构的主要业务包括征信、信用评估、信用评级以及数据库管理等，在中国人民银行征信管理局的监管和指引下，依法合规地从事个人征信、企业征信以及相关产业链开发的信用信息产品研发和服务供应活动。我国的市场化个人征信机构不同于益博睿、艾克飞与环联等提供基础通用型征信服务的全面型征信机构，有学者将其定位为主要服务于互联网网贷场景的专业型征信机构，从而与服务于传统信贷机构的央行公共征信系统形成市场互补。[①] 百行征信、朴道征信的信用信息提供者不再是提供传统个人贷款的商业银行，而是各种非银行金融机构。据相关机构统计，截至 2019 年 8 月，有 100 家金融机构接入百行征信个人信用信息数据库，其中以 P2P 机构为主，此外还包含民营商业银行、金融科技公司、持牌消费金融公司、汽车金融等。百行征信还与 976 家机构签订了业务合作和信息共享协议，合作机构涵盖互联网金融、消费金融、中小金融和新金融 4 大类 18 小类金融机构，与 105 家机构实现信息共享。[②] 截至 2022 年 6 月末，朴道征信签约金融机构 200 余家，与 400 多家金融机构建立业务联系，与十余家数字普

① 刘新海：《专业征信机构：未来中国征信业的方向》，《征信》2019 年第 7 期，第 18 页。
② 《100 家！百行征信接入机构最新名单曝光》，搜狐网，http://www.sohu.com/a/335318884_777813，访问日期：2020 年 2 月 15 日。

惠金融平台机构达成合作意向。① 需要强调的是，市场化个人征信机构的法律地位与其他信用信息提供者是完全平等的，因此，信用信息的采集是基于双方自愿的，不具有强制性。曾有外媒报道，阿里和腾讯就拒绝向百行征信提供贷款数据，8 家股东中仅有 3 家同意将数据接入百行征信系统。②

4. 市场化个人征信机构是大数据征信的代表

征信业是以信用数据为核心资产的金融服务子行业。近年来，大数据、云计算、区块链等技术的兴起，深刻地影响了传统征信业的运行模式。所谓"大数据"，是指"体量特别巨大、处理速度特别快、数据种类特别繁多、价值密度特别低而导致的基于传统统计学和计量经济学理论的传统数据处理工具无法及时分析与处理的数据流集合"③。传统征信业在面对互联网金融这一新型金融业态时，其局限性日益暴露。首先，受征信机构自身数量及其运作特点的影响，其并不能覆盖全国所有的信用信息，致使信用信息的覆盖面有限；其次，随着互联网技术在金融领域的纵深发展，大量与征信相关的信息在互联网上不断产生、堆积直至废弃，不容忽视的是其中存在数量庞大的虚假信息、重复信息乃至相互冲突和割裂的信用信息，传统征信机构难以对其有效整合与利用，最终推高了信用产品的生产成本。大数据技术具有极强的渗透性，基本可以应用于征信业务的所有环节，还能开拓应用空间，服务更多客户，实现普惠金融。

互联网个人征信与传统个人征信在覆盖群体、征信主体、信息采集来源、数据结构、应用方式和应用场景上都存在明显区别。具体而言，互联网征信的覆盖群体主要是在互联网上留下特定信息，而非与传统金融机构进行交易留下信用记录的个人。互联网个人征信的主体除民营征信机构外，还包括电商公司、互联网公司。互联网征信的信息来源以线上信用信息为主，而非线下的借贷和履约信用信息。互联网征信的信用信息是非结构化数据，应用方式和场景更为多样化。可以说，"大数据"以其独树一帜的"全体数据""混杂性""关联关系追溯"的研究范式，逐步运用数据挖掘算法、语义引擎模块、数据质量和管理、数据预测性分析能力、"大数据"可视化分析等分布式

① 《朴道征信已累计上线征信产品412款、调用19亿次》，工人日报（百度百家号），https：//baijia-hao. baidu. com/s？id=1739855685493888239&wfr=spider&for=pc，访问日期：2024年3月16日。

② 《阿里和腾讯拒绝向百行征信提供贷款数据》，新浪财经，https：//cj. sina. com. cn/articles/view/5365680250/13fd1c87a01900klxh，访问日期：2020年3月14日。

③ 〔英〕维克托·迈尔-舍恩伯格、肯尼思·库克耶：《大数据时代——生活、工作与思维的大变革》，盛杨燕、周涛译，浙江人民出版社2013年版，第21页。

海量数据处理技术，成为不断激发社会经济新业态的灵感源泉。① 但是，科技发展在为互联网征信行业带来发展机遇的同时，也带来了一些亟待解决的问题。互联网金融所固有的流动性与脆弱性使其防范能力较弱，针对互联网金融监管的有关法律法规、制度规章仍不完善，成为互联网金融征信体系中的不稳定因素。

二、我国个人征信业现有运作模式述评

当前，一个覆盖世界人口最多、公共征信与市场征信错位发展的征信体系在我国基本确立。由于我国市场主体的信用信息被分别掌握在中国人民银行征信中心、市场化个人征信机构甚至某些政府职能部门手中，我国的征信业运营模式不同于美国的市场征信、法国的公共征信以及日本的会员征信之任何一类，而与德国的混合征信类似。总的来看，我国个人征信业在发展过程中主要存在市场化程度较低、市场需求和供给失衡等问题，在一定程度上反映出我国个人征信业的现有运作模式并未使个人征信机构的市场潜力得到完全迸发，同时个人信用信息的价值未能被充分发掘。

（一）个人征信机构的市场潜力被抑制

我国不存在完全意义上的私营个人征信机构，现有的个人征信法律制度在某种程度上抑制了私营个人征信机构的发展。由于缺乏更具活力的私营个人征信机构，我国个人征信业的市场化程度较低，主要表现在两个方面：第一，公共征信机构在个人征信市场份额中占有更高的比重。我国公共征信系统的起步时间虽然晚于私营征信机构，但目前其规模和覆盖面远甚于后者。② 第二，公共征信机构在空间分布和地理布局上更具优势，主要体现在其广泛性和均衡性上。除位于上海的征信中心总部外，中国人民银行还在全国各省、自治区以及直辖市（港、澳、台除外）设立了征信分中心，公民可在全国任何一家中国人民银行分行查询个人信用信息，获取个人征信报告。由于我国目前仅有百行征信、朴道征信和钱塘征信3家市场化个人征信机构，且分别位于深圳、北京、杭州等一线城市，国内布局尚未实现广泛性和均衡性，现

① 蔡旭：《以社会信用数据为核心的新型市场监管机制研究》，《厦门特区党校学报》2017年第2期，第30页。
② 据统计，征信中心旗下的个人金融信用信息基础数据库在2016年6月底时的覆盖人群为8.8亿，2017年11月底时为9.5亿，到2019年6月底时覆盖人群猛增至9.9亿，截至2023年9月末，金融信用信息基础数据库收录11.64亿自然人信息。而来自中国互联网金融协会信用信息共享平台的数据显示，截至2018年3月正式接入蚂蚁金服、京东金融等100余家从业机构，收录自然人借款客户4000多万个，借款账户累计9000多万个，入库记录3.6亿多条。

场查询多有不便。

（二）个人信用信息的价值未被充分发掘

从事传统征信业务的私营征信机构是深入挖掘个人信用信息价值的重要力量，但是我国暂未产生此类机构。百行征信等市场化个人征信机构虽然具备深入研发征信技术的动力和实力，但无法涉足传统个人金融信贷信息。个人信用信息价值未被充分发掘是导致个人征信市场供需失衡的重要原因，主要表现在两个方面：第一，公共征信机构掌握的个人信用信息虽然覆盖面极广，但有效性明显不足。我国仍存在数量巨大的"信用白户"，征信中心仅有其个人基本信息而没有信贷交易信息，导致其游离于个人征信体系之外。① 第二，相较于美国等发达国家，我国的个人征信产品和服务种类相对偏少，与市场上日益多元化的个人征信需求不相协调。囿于相关数据分析技术尤其是个人评分制度的滞后，报告未能对个人已有的信用数据作进一步挖掘和分析，缺乏精深度。个人征信中的供需失衡将限制个人信用活动的开展，阻碍市场经济的健康发展。在我国个人征信业的发展过程中，无论是供过于求还是供小于求，均不是供求关系的理想状态。

三、我国个人征信业的发展模式选择

（一）个人征信业发展模式选择应立足本国国情

英国、美国等国信奉自由市场经济理论，主要采取私营征信模式。实行指导性计划模式或社会市场经济模式的国家更倾向于建立公共征信系统。法国市场经济最主要的特点是，市场在资源配置中发挥基础性作用，国家以计划的形式加强干预，且这种计划是无所不包的计划。② 德国的社会市场经济体制是经济体制和社会体制的集合，其并不过分强调市场在资源配置中的决定性作用，而是一种强调"平衡"的、将市场经济与政府干预结合起来的经济体制。③ 公共征信系统正是政府介入信用信息服务的重要手段，只是法国和德国在公共征信系统能够介入市场的程度以及是否允许私营征信机构进入本国征信市场的具体实践不同。日本没有建立类似欧陆国家的公共征信系统，这

---

① 截至 2016 年 6 月底，央行征信中心覆盖人群为 8.8 亿人，但其中的信贷记录人群仅为 3.8 亿人。截至 2019 年 6 月底，央行征信中心覆盖人群为 9.9 亿人，但有信贷记录的人数仅有 5.3 亿人，我国公共征信系统的实际有效覆盖率仅为 38%（有信贷记录的人数与全国总人口之比）。
② 孔丹霞：《法国国家主导型市场经济体制探析》，《世界经济》1999 年第 3 期，第 33—34 页。
③ 沈栋：《德国社会市场经济特征及其在当代的表现》，《经济导刊》2019 年第 8 期，第 78 页。

个任务被交由三家相关的行业协会完成。同德国类似，日本的经济发展具有明显的合作主义特征，公民团体被纳入国家的体制里，它们通过合法的、非竞争的、垄断的渠道和国家保持联系，它们的代表性地位和联系渠道受到国家的承认和保护，同时在制定有关的政策时有义务向国家提供意见。① 日本的行业协会兼具英美型行业协会和欧陆型行业协会的特征，入会自由、组织严密且与政府联系紧密，在补充市场经济制度的不足和缺陷以及对行业中的中小企业进行管理和提供服务发挥关键作用。② 可见，即使在同样实行资本主义市场经济的国家，个人征信模式的选择也并不相同。

党的十九大报告指出，中国特色社会主义进入新时代，我国社会主要矛盾已经转化为人民日益增长的美好生活需要和不平衡不充分的发展之间的矛盾，同时强调"我国仍处于并将长期处于社会主义初级阶段的基本国情没有变"，我国个人征信业发展模式的选择必须立足这个最大的国情，即解决好人民日益增长的多元化个人征信需求与个人征信发展不平衡不充分之间的矛盾。现实是，我国个人征信体系仍需完善，才能与高水平社会主义市场经济体制相匹配。

（二）厘清政府与市场在个人征信领域的边界

党的十八大以来，党中央持续深化对经济工作的规律性认识，推动"有效市场"与"有为政府"更好结合。2013 年 11 月，党的十八届三中全会通过的《中共中央关于全面深化改革若干重大问题的决定》指出，"经济体制改革……核心问题是处理好政府和市场的关系，使市场在资源配置中起决定性作用和更好发挥政府作用"③。党的十九大报告维持了相同的表述④。党的二十大报告更进一步强调市场作用，指出要"充分发挥市场在资源配置中的决定性作用，更好发挥政府作用"⑤。2024 年 7 月，党的二十届三中全会通过的《中共中央关于进一步全面深化改革、推进中国式现代化的决定》维持了相同的表述，要求"完善市场准入制度，优化新业态新领域市场准入环境"以及

---

① 张静：《法团主义》，中国社会科学出版社 2005 年版，第 16—17 页。转引自唐朗诗、李学楠：《行业协会与经济政策：基于日本的政治经济经验》，《湖北社会科学》2015 年第 6 期，第 45 页。

② 雷鸣：《商会和行业协会在日本经济高速增长过程中的作用》，《现代日本经济》2006 年第 4 期，第 7—8 页。

③ 《中共中央关于全面深化改革若干重大问题的决定》，中华人民共和国中央人民政府官网，https://www.gov.cn/zhengce/202203/content_3635143.htm，访问日期：2024 年 12 月 22 日。

④ 习近平：《决胜全面建成小康社会 夺取新时代中国特色社会主义伟大胜利——在中国共产党第十九次全国代表大会上的报告》，2017 年 10 月 18 日。

⑤ 习近平：《高举中国特色社会主义伟大旗帜 为全面建设社会主义现代化国家而团结奋斗——在中国共产党第二十次全国代表大会上的报告》，2022 年 10 月 16 日。

"深入破除市场准入壁垒"①。可见，从发挥市场在资源配置中的基础性作用到发挥决定性作用，市场的重要作用得到充分认识并不断强化。同时，有效市场需以精准界定政府职能为前提，持续推动"全能政府"向"有为政府""法治政府"转变，有利于廓清政府干预范围，减少其对微观经济事务的过度干预，将有限的精力投入到促进充分公平竞争、增强公共服务保障和维护社会公平正义上，切实做到有所为、有所不为、善于作为。

处理好政府与市场间的关系是个人征信业走好市场化、法治化道路的首要前提，是贯穿个人征信业高质量发展的主线。根据中国人民银行的构想，我国的征信属于"政府＋市场"双轮驱动的发展模式，但不难发现，"政府＋市场"双轮驱动的表述也普遍存在于其他社会和经济建设领域，其并非严谨的专业术语。"政府＋市场"双轮驱动虽强调了政府与市场的作用，但从中无法获知政府与市场的具体地位以及各自发挥作用的边界和大小。为加快建设覆盖全社会的个人征信体系，必须重视市场在信息资源配置中的重要作用，将包括民营资本的社会资本引入个人征信市场是大势所趋。个人征信的"政府＋市场"双轮驱动，不应是政府主导和市场调节的"双轮驱动"，而是"有为政府＋有效市场"双轮驱动。

（三）公私并重：我国个人征信业的发展方向

"公私并重"是我国个人征信业可行的发展模式之一。与"公私并存"仅强调同时发挥公共征信系统与市场化个人征信机构的作用不同，"公私并重"意味着应继续加大对发展私营个人征信机构的投入，强调通过信用信息共享，实现公共征信系统与私营个人征信机构、市场化个人征信机构的优势互补，不仅有利于两者的和谐共存，同时是深入挖掘信用信息价值的理想方式。

1. 探索推动民营个人征信机构发展

在民营企业征信机构已经"遍地开花"的形势下，百行征信等市场化个人征信机构的补位无疑为沉寂的个人征信市场及时注入新鲜血液，对我国征信业的经营格局产生了深远影响。百行征信虽有其他市场化个人征信机构所不具备的央行背景和较高的社会公信力，但在个人征信市场缺乏充分竞争的情况下，百行征信离最理想的市场化状态仍有漫长的道路要走。市场化要求其能够形成和适应长效的商业机制，不再完全利用央行的行政权力来搜集数

---

① 《中共中央关于进一步全面深化改革、推进中国式现代化的决定》，中华人民共和国中央人民政府官网，https://www.gov.cn/zhengce/202407/content_ 6963770.htm，访问日期：2024 年 12 月 22 日。

据，同时充分利用市场化的激励机制，使征信系统更具效率。① 当务之急，需要继续发展能够独立运作的市场化个人征信机构，尤其是专注于传统金融借贷信用信息的民营征信机构。就市场主体而言，无论是中央信贷登记系统还是民营征信机构，其出具的个人征信报告并非完美无缺。中央信贷登记系统提供的个人征信报告虽内容权威、可信度强，但信息覆盖面不全面、精深度不高，使其市场运用价值大打折扣。在公私兼有的征信大格局中，出于提高交易效率的考量，除非法律明确规定信用交易时须使用中央信贷登记系统的强制性义务，大多数市场主体仍倾向于花费额外成本主动使用民营征信机构提供的征信产品和服务。总而言之，暂不论市场主体的具体需求和使用意愿，公共征信系统与私营征信机构共存于市场具有很强的互补性，并非此消彼长的绝对竞争关系。通过鼓励私营个人征信机构的发展，以补充央行征信中心提供的个人信用信息精深度之不足，形成协调发展的征信业格局。我国的个人征信法律制度应对此及时作出回应，为推动私营个人征信机构发展和提高个人征信业市场化水平提供法治保障。通过明晰公共征信系统与私营征信机构之间的关系，对两者在个人征信市场中的地位施加合理影响。

2. 公共征信机构服务于个人征信市场化进程

公共征信机构强大的信息采集能力正是私营征信机构所无法拥有的。目前，我国的个人征信市场仍不成熟，个人信用信息主要被掌握在政府部门、国有商业银行和公用事业单位，缺乏公权力的支持和推动，任何一家民营个人征信机构都难以建成覆盖全面的个人信用信息数据库。此外，我国的征信立法还处于完善阶段，完全实行征信的市场化极有可能导致民营个人征信机构间的无序竞争。个人信用信息基础数据库是一种具有较强自然垄断性的准公共物品，本身具有很强的正外部性，由政府启动征信市场具有理论上的合理性。② 央行征信中心定位于国家设立的公共金融信用信息数据库和唯一专注于传统金融的征信机构，其必然将长期存在和发展。

但是，信息作为一种能够创造价值的社会公共资源，政府不应直接垄断将其束之高阁。私营个人征信机构在信息获取方面存在较多限制，难以全面采集开展业务所需要的个人信用信息。目前，我国已经颁布一系列关于信息公开的法律法规，为了支持私营个人征信机构的发展，在不侵犯个人隐私的前提下，实行信用信息的内部交流和提供制度，促进个人信用信息资源的有效配置和社会共享，实现社会利益最大化。虽然私营个人征信机构信息收集能力不强的短板可通过个人征信产品的不断研发和信息分析技术的持续升级

① 刘新海：《百行征信与中国征信的未来》，《清华金融评论》2018 年第 11 期，第 102 页。
② 李俊丽：《中国个人征信体系的构建与应用研究》，中国社会科学出版社 2010 年版，第 102—103 页。

加以弥补，但应允许私营个人征信机构从央行征信中心获得个人征信数据，依托数据分析技术对原始的个人征信数据进行深加工，依法合规地开发各具特色的个人征信增值产品和服务，从而在个人征信数据的加工开发层面基本实现市场化运作。

四、政府在我国个人征信业发展中的法律角色

经济体制改革不断深化的特殊环境以及个人征信业仍处于初级阶段的客观现实，决定了政府在个人征信业的发展中发挥非常重要的作用。讨论我国个人征信业的模式选择，政府是不能忽视的重要力量。政府作用的充分发挥既不意味着其干预经济的范围越广越好、力度越强越好、手段越多越好，也不意味着政府可以无所作为，而是在充分尊重市场供求规律和价值规律的前提下，坚守政府职能的理性边界，从而寻求更好的作为，并通过个人征信法律制度加以固定。"市场在资源配置中起决定性作用"意味着政府不再是凌驾于市场的主导力量，不得随意干预民营征信机构的合法自主经营行为，而是与市场明确分工和相互配合。政府作为经济社会发展中的最大变量，既可能是促进征信业发展的强大动力，也可能是阻碍征信业发展的重大因素。[1] 在瞬息万变的个人征信市场中，政府须具备敏锐的察觉力、快速的反应力和精准的分析力，及时对角色定位和相应职责作出调整。政府不同的角色扮演对于个人信用信息的采集、加工、存储、披露方式乃至整个征信业的市场结构、发展方向、法律制度以及监管模式都会产生深远影响。

（一）政府是个人征信业的积极推动者

我国个人征信业起步晚、底子薄，重复市场征信国家自发形成和演化的老路无法在短期内搭建完整的行业体系。从上海的个人征信试点到个人金融信用信息数据库的组建，再到百行征信的成立，我国个人征信业能够在短短二十年间取得如此巨大的成就，与政府的高度重视和积极推动密不可分。首先，政府通过制定各项有利于个人征信业发展的政策以优化其生存环境。作为个人征信业的细胞，私营个人征信机构是以个人信用信息为原料为社会提供个人征信产品和服务的营利性法人，同样存在市场准入、竞争和退出。个人征信产品也是商品，只有在最充分的市场竞争环境中才能精益求精，同时形成合理的市场价格。目前，政府已经颁布一系列优化市场营商环境、规范市场竞争秩序的政策文件，为个人征信业提供最优的营商环境，保证未来个

---

① 张忠军：《征信法律制度中的政府角色》，《法学》2005 年第 9 期，第 92 页。

人征信机构间的竞争能在有序、规范和高效的前提下进行。此外，政府创建和不断完善个人征信业的基础设施，这是微观层面的表现。个人金融信用信息数据库是最具代表性的基础设施，除此之外，一些地方政府也积极建设覆盖本区域的个人金融信用信息数据库。

（二）政府是个人信用信息的保管者和提供者

个人信用信息的采集是处理加工、存储、披露和使用等余后所有环节的基础，其采集范围和效率直接关乎个人征信活动能否正常开展，以及包括信息主体的各相关主体的权益能否充分实现。与一般的企业相比，政府与生俱来的强大的信息收集能力使其能够以较小的成本广泛地将分散在社会各领域、各层次和各角落的与个人信用相关的信息收入囊中。除商业银行外，个人信息还较多地分布在公安、工商、税务、劳动等行政机关，此外，法院在审理民间借贷等债权债务纠纷案件的过程中也掌握了大量的个人信用信息。个人信息的日常管理对技术和财务均有较高要求，不管信息是依托传统的纸质载体还是更加先进的电子媒介，唯政府有能力承担起如此庞大的信息管理任务。在某种意义上，政府不遗余力地推进个人金融信用信息数据库建设，也是为了服务于海量信息的保管和维护工作。

（三）政府是个人征信业的主要监管者

个人征信机构侵犯被征信人隐私的潜在性风险要求必须对其展开有效的监管，但不同国家在具体如何监管个人征信业上有不同的实践。谁能够成为个人征信业的监管者、监管权的边界该如何界定、存在多个监管主体时如何有效分配监管权以及以何种方式行使监管权，明确回答上述疑问是对个人征信业开展有效监管的前提。结合征信国家的监管实践，对个人征信机构的监管工作是由政府及其组成部门来完成的，我国也不例外。根据《征信业管理条例》，我国实行单线多层次的征信业监管，中国人民银行及其派出机构是征信业的法定监管机关，通过规范个人征信机构业务行为、整顿个人征信市场秩序以维护信用交易各方的合法权益。作为国务院的组成部门，将征信业监管权赋予中国人民银行也是最密切联系原则、"三定方案"主导原则、机构精简原则、权责一致和强化责任原则以及统一监管原则的体现。[①] 易言之，由一个部门独立和统一行使对征信业的监管权更加契合我国实际。但是，政府对征信业的监管并非毫无边界和随心所欲，而应做到有章可循和依法监管。同

---

① 张忠军：《征信法律制度中的政府角色》，《法学》2005 年第 9 期，第 94 页。

时，政府的征信监管权也应自觉接受来自外部力量的监督，包括权力机关的监督、行政机关的内部监督和专门监督、司法机关的监督以及社会舆论的监督，保障其独立、客观、公正。

（四）政府是个人征信制度规则的制定者

由于个人征信业同时涉及诸多领域的法律规则，仅有《征信业管理条例》也难以实现对其全面有效的规制。对于个人征信业发展过程中形成和不断扩大且难以通过市场力量弥补的规则盲区，政府应主动及时地制定征信制度规则，为个人征信业的发展创造更加公平的市场环境和条件，从而更好地满足不同征信主体的行为预期。政府在制定个人征信制度规则的过程中应保证两个"和谐"，即多元主体的利益和谐与规则体系的和谐。多元主体的利益和谐是政府制定征信制度规则的出发点，也是衡量征信制度规则有效性的落脚点，其核心是规范各个征信主体的权利义务关系，而这离不开对其利益诉求和权利关注点的准确把握。规则体系的和谐体现在内容、程序和立法技术三个方面。在内容上，要明确合理界定各主体的权利义务以及行使权利、履行义务的基本程序，从而实现对多元主体利益关系的有效平衡。在程序上，要做到行政立法的科学化、民主化，提升各征信活动主体对征信制度规则的信任感，使其实施有更为广泛和强大的社会基础。在立法技术上，应保证制度规则在用语、结构、效力等方面良好，具有普遍性、明确性、统一性、稳定性、可行性、公开性等特点。[①]

[①] 张忠军：《征信法律制度中的政府角色》，《法学》2005 年第 9 期，第 92 页。

第四章　个人征信中的权利冲突与平衡

　　个人征信机构的所有业务均与个人信用信息保护息息相关，但搭载两者的天平并非时刻处于平衡状态，征信权与被征信人权利的冲突不可避免。随着人们信息保护和权利维护意识的不断提高，个人征信机构与被征信人之间的权利矛盾与利益冲突将会进一步放大和加剧。被征信人权利依附于个人信用信息，但个人信用信息处于不断流动的动态过程中，传统的民事权利保护范式聚焦于不同行为的特定结果，难以在真正意义上实现对被征信人权利的有效保护。不同国家和地区在平衡商业化应用所需的个人信息自由流动与被征信人权益保护之间的关系存在不同做法，但无一不强调应保护个人信用信息，只是在程度上各有所侧重。因此，基于个人征信活动的特殊性，需探索实现冲突权利动态平衡的路径，将法的价值分配作为重点，同时坚持利益均衡、突出社会本位，使个人征信机构的发展建立在个人信用信息的弹性保护上。

第一节　个人征信中存在的主要权利冲突

一、债权人知情权与个人征信机构的征信权

　　债权人知情权被广泛应用于企业与公共投资者之间的债权债务关系中，债权人对作为债务人的企业所享有的知情权持续存在于企业生命周期的全过程。[①] 学理上，公司债权人知情权是指公司债权人享有的对关系其自身重大利益之事项而要求作为债务人的公司通知和公开的权利。[②] 企业一对多式的债权债务关系涉及利益方众多，呈现出比个人债权债务关系更为明显的公共性，因此，主要运用经济法和企业公司法中的强制性规则将企业的信息披露义务

[①] 关于企业治理中债权人知情权的论述，可参见徐胜强：《论股份有限公司债权人知情权》，《法学》2002 年第 9 期，第 67—70 页；张凌云：《有限公司债权人知情权的法定化》，《河北法学》2015 年第 1 期，第 166—173 页。关于企业破产重整程序中的债权人知情权理论，可参见纪红勇：《浅谈破产重整程序中债权人的知情权》，《法律适用》2012 年第 11 期，第 36—39 页。

[②] 徐胜强：《论股份有限公司债权人知情权》，《法学》2002 年第 9 期，第 68 页。

化。相反，一对一式的个人债权债务关系的私密性远甚于公共性，强调交易双方市场地位平等，原则上以民法的意思自治原则规范债权人和债务人间的法律关系，如约定违约责任，或者在既无法律规定又无双方约定的情况下遵循诚实信用的民法基本原则，借款人没有自我披露个人信用信息的义务，贷款人也无强制其披露个人信用信息的权利。

毋庸置疑，在个人债权债务关系中，仍有必要保护债权人的知情权。囿于"意思自治"的基本原则，民法无法就贷款人与借款人之间的信用信息分享机制作出有效设计。授信人在作出是否与借款人进行信用交易的决定时，所掌握的信用信息越充分，则决定的精确性越高，即便对于已经进行多次信用交易的老客户也要时刻关注其信用贷款的使用情况和资金流向。个人征信机构的产生无疑使贷款人能够更加全面地掌握借款人的历史信用交易记录，使债权人知情权的实现有所保障。当然，对于绝大部分守信履约的借款人来说，他们通常更愿意征信机构采集其良好的个人信用信息，贷款人知情权保障得越充分，其竞争力就越明显，以保障自身在信贷市场获取优质信贷资源的有利地位。

依法设立的个人征信机构享有征信权，即依照法律法规规定或合同约定所享有的对他人信用信息进行调查、采集、整理、评价、发布或使用的权利[1]，其可以看作是由债权人知情权所衍生出来的新型权利。囿于保护个人信用信息的需要，学界对征信权的关注度远不及被征信人的隐私权以及个人信息权。从促进个人征信机构业务开展的角度，承认其享有征信权是极为必要的。征信权的归属主体只能是征信机构，虽然征信权的行使有利于债权人知情权的保护，但是征信机构是以自身的名义行使征信权，因此征信权属于排他性权利。征信权的行使有明确的法律基础，公共征信机构的征信权基于法律的明确规定，各商业银行须承担主动向公共征信机构按时提供信用信息的法定义务；私营和市场化征信机构对征信权的行使主要基于平等民事主体之间的合同约定，建立在与商业银行等信用信息提供者双方完全自愿的基础上。

二、征信权：个人征信机构的基本权利

作为个人征信机构所享有的基本权利，征信权的主要内容包括信用信息采集权、信用信息加工权、信用信息评价权、信用信息存储权、信用信息披露权或信用信息使用权等。

---

[1]　卢克贞：《征信立法：信用权的保护与征信权的规范》，《武汉金融》2007 年第 4 期，第 44 页。

（一）信用信息采集权

信用信息采集权是征信权的原点，信息只有首先被采集才有继续被加工和披露的可能性。公共征信机构作为国家设立的金融信用信息基础数据库，在功能上未局限于保护债权人知情权，还要服务于中央银行基本职能的发挥，因此，其信用信息采集权具备一定的行政权能，信息采集行为无须与商业银行等信用信息提供者的意愿达成一致，具有单方性、强制性。相较之下，私营征信机构并无此项优势，商业银行是否愿意与私营征信机构合作，是影响其信用信息采集权行使效果的重要因素，因此，具有双方性、自愿性，其信息采集行为也将受到更多限制。

（二）信用信息加工权

信用信息加工权，是指征信机构依靠专业的设备和模型，对采集的初始信息进行分析、处理和加工，建立专门的数据库形成个人征信产品的权利。对个人信用信息进行必要加工，是个人征信机构进一步行使信用信息评价权的前提。征信是高度专业化的信息活动，征信机构面对的分散且毫无逻辑的信息，在经过一系列"去粗取精、去伪存真"等加工处理环节之后，才能成为征信产品与服务的原料。私营及市场化征信机构出于增加营业收入、提高竞争实力的需要，在加工权的行使强度上远甚于公共征信机构，通过运用征信技术深入挖掘隐含在原始信用信息中的深层次信息。公共征信机构也会对初始的个人信用信息进行加工，但无论是程度上还是深度上都较为浅显，基本反映信息原貌。

（三）信用信息评价权

对个人信用信息进行评价，是使征信产品与服务具备有用性的不可或缺的环节。加工处理完毕的信用信息已经初步具备能够评价被征信人偿债能力和偿债意愿的功能。因此，信用信息评价权，是指个人征信机构运用自身技术，对信用信息进行深度分析并形成一定的结论，从而对被征信人予以信用评价的权利。就那些主要致力于研发高端个人征信产品（如个人信用评级和信用评分）的征信机构而言，以个人信用评分为代表的个人征信产品不再是个人信用信息的简单罗列，其分析技术比一般征信机构更具有精深度，信用评价的意味也更为浓厚，信用信息评价权的运用属性也更加明显。

（四）信用信息存储权

信用信息存储权，是指个人征信机构将加工完毕的信用信息，依法存储在自身个人信用信息数据库的权利。有学者在论及征信权时，往往遗漏了个人征信机构的信用信息存储权，如，"征信权包括信用信息采集权、信用信息加工权及信用信息使用权三个权能"①。在征信实务中，个人信用信息的存储是非常重要而又容易被忽视的环节，如果处理不当，往往会造成信息内容的失真甚至信息管理的无序，影响征信权能的正常发挥。实际上，信用信息存储权虽然不能表明个人征信机构对信用信息享有完全的所有权，但反映出信用信息被个人征信机构支配的事实。经过处理加工的信用信息作为凝聚具体劳动的信息财产，个人征信机构通过建设和维护自身的信用信息数据库实现对海量信息的保存和维护，并对作为公司资产一部分的数据库依法享有所有权。

（五）信用信息披露权

信用信息披露权或信用信息使用权，是指征信机构依法可以使用个人信用信息数据库、提供信用信息产品、提供信用信息咨询和查询的权利。② 公共征信机构行使信用信息披露权，主要是为了满足信用信息使用者的基本需要，而私营与市场化征信机构还需将赚取利润作为主要目标。正是信用信息披露权，将个人征信机构与我国的个人公共信用信息平台区分开来，这表明其属于自主经营、自负盈亏的市场主体。个人征信报告及其衍生服务凝聚了征信机构的具体劳动，是实现商品化了的信息产品。因此，个人征信机构有权根据市场规律合理确定征信产品的价格，信用信息使用者应支付相应对价，但在被征信主体查询自身信用信息，以及行政机关与司法机关因行使职权的需要而开展调查的特定场合，个人征信机构不得收取任何费用。

三、个人征信权利冲突的集中表现

广义上的权利（力）冲突，包括公权力之间的冲突、私权利之间的冲突，以及公权力与私权利之间的冲突。在个人征信法律关系中，被征信人与个人征信机构以及以商业银行为主的信用信息提供者、信用信息使用者至少在形式上享有完全平等的法律地位，其围绕信用信息的获取和利用展开了一系列博弈，共同指向信用信息的不同权利不可避免地发生摩擦和冲突，因此在性质上属于私权利之间的冲突。但是，"个人信息侵害行为事前不易防范、事中无法制止、事后难以查找，信息主体与技术、商业主体以及公权力之间的力

---

① 翟相娟：《个人征信法律关系研究》，上海三联书店 2018 年版，第 64 页。
② 白云：《个人信用信息法律保护研究》，法律出版社 2013 年版，第 109 页。

量严重失衡，没有天然地对抗后者的手段"①。加之，个人信用信息的识别重心是被征信人，其内容直接针对其信用水平，因此，信用信息被侵害时最大的损失者是被征信人。可见，被征信人与个人征信机构等主体之地位平等局限于形式上的平等，而非实质意义上的平等。

个人征信活动的权利冲突表现多种多样，这些权利冲突存在于个人征信活动的所有环节中，并非须以侵权的显性形式表现出来，也并不必然导致法律责任的产生。易言之，围绕信用信息的权利冲突主要是以隐性的方式存在于个人征信制度中，其并不需以侵权行为或结果的发生等外在表现作为证明冲突存在的根据。因此，权利的不断冲突已经成为个人征信体系运行中不可忽视的基本特征，成为个人征信业发展过程中必然存在的"瓶颈"。在个人征信机构的实际运作中，主要存在五对权利冲突：（1）信用信息采集权与信息隐私权、个人信息权之间的冲突；（2）信用信息加工权与信息支配权之间的冲突；（3）信用信息评价权与信用权之间的冲突；（4）信用信息存储权与信息安全权之间的冲突；（5）信用信息披露权与信息隐私权、信息财产权之间的冲突。当然，以上只是较为粗略地说明几乎征信权的每一项子权利都会与被征信人的权利之间发生直接冲突。此外，信用信息提供者与使用者的知情权与被征信人的信息隐私权之间也存在冲突。

个人征信机构与被征信人之间的权利冲突处于最主要地位，两者的对立性更加明显，致使个人征信机构与被征信人的法律关系在个人征信法律关系中具有基础性地位，两者的权利与义务也成为个人征信法律关系内容的核心。需要强调的是，个人征信活动中的权利冲突有主次之分，以个人征信机构的征信权与被征信人的隐私权之间的冲突为主线。对于信用权，个人征信机构需保证信用信息内容的公平、完整和准确，使被征信人获得无误的评价即可，对个人信用信息的保护在很大程度上仍然是服务于对隐私权尤其是信息隐私权的保护。从隐私权与个人信息权两者涵摄的信息范围看，隐私信息一定属于个人信息，而且还是个人不愿意公开、披露且与社会公共利益无关的信息。个人信息却并不一定属于隐私信息，"个人信息重在识别，而个人隐私重在隐匿"②。有学者也指出，"个人数据与个人隐私的最大区别在于，隐私应该在性质上属于私人的，属于未向社会公众公开的范畴。而个人数据则可能已经公开，或本来就属于公共事务的范畴"③。

征信权与隐私权内在地存在对抗性，其中尤以信用信息采集权和披露权

---

① 王成：《个人信息民法保护的模式选择》，《中国社会科学》2019 年第 6 期，第 125—126 页。
② 韩旭至：《个人信息的法律界定及类型化研究》，法律出版社 2018 年版，第 104 页。
③ 郭瑜：《个人数据保护法研究》，北京大学出版社 2012 年版，第 30 页。

最为明显。首先，征信权的积极性直接对抗隐私权的消极性。征信权属于完全意义上的积极性权利，个人征信机构欲开展业务活动，必须主动行使征信权。传统隐私权主要作为一种消极性、防御性权利，信息隐私权则将体现隐私的私密生活空间蜕变为信息，且不再完全处于被动防御的状态，而是增添了更多积极互动的意味，未来两者的冲突仍有不断加剧的趋势。其次，征信权的涉他性直接对抗隐私权的排他性。隐私权属于典型的排他性权利，其义务主体涵盖了除权利人之外的所有人，个人征信机构的征信权也不例外。征信权不仅是涉他性权利，其比授信人知情权更具扩张性，其对象是众多被征信人的信用信息，而授信人一般只对与自身发生交易的对象的信用信息更感兴趣。

第二节 比较法视野下的个人征信权利平衡

一、美国的平衡保护立法

美国的消费者信用法律制度，实现了对被征信人多重身份的一体保护。《公平信用报告法》是美国规制个人征信业的主要法律，通过明确个人征信机构的义务实现对被征信人权利的保护。此外，其他消费者信贷法律制度尤其是《平等信用机会法》主要基于信用消费者的角度保护被征信人。

（一）美国的消费者信用法律制度

美国的消费者信贷业异常活跃，并催生出高度发达的个人征信业。"美国90%以上的市场交易都是信用交易，在其占 GDP 80%以上的消费经济中，三分之二以上是通过信用消费实现的。"[1] 与此相应，美国拥有世界上最为庞大和完善的消费者信用法律制度，对被征信人的权利保护贯穿于征信业治理的各个环节。20 世纪六七十年代是美国消费者信用立法的高峰期，一大批针对信贷业、征信业的消费者信用管理法规相继出台。

美国对信用信息提供者与使用者的法律规制，主要是通过数量众多的信贷法来完成的。美国的消费者信用立法肇始于 1960 年《消费者信贷标签法案》，该法案要求对信贷成本予以固定百分比的披露，但具体数值并未确定。[2] 1968 年美国制定《消费者信用保护法》，作为保护和规范信用消费者与贷款

① 韩家平：《美国信用信息服务业的发展及其借鉴意义》，《国际经济合作》2012 年第 7 期，第 68 页。

② Thomas A，*Durkin and Gregory Elliehausen*，*Truth in Lending：Theory，History，and a Way Forward*，New York：Oxford University Press，2011，p. 6.

方双方交易关系的基本法规，该法将保护信用报告中的个人信息以及明确信用信息采集标准作为重点关注领域，明确了商业银行、信用卡公司以及汽车租赁公司等贷款方在信用交易行为中必须遵守的信息披露要求，同时确保贷款条款对即使不精通金融知识的借款人也更加透明。除此之外，《诚实借贷法》（含修正案）、1969 年《信用控制法》①、1970 年《信用卡发行法》②、1975 年《房屋抵押贷款披露法》③、1977 年《社区再投资法》④、1977 年《公平债务催收作业法》⑤、1978 年《电子资金转账法》⑥、1980 年《储蓄机构放松管制和货币控制法》⑦、1982 年《甘恩－圣哲曼储蓄机构法》⑧、1987 年《银行平等竞争法》⑨、1988 年《房屋贷款人保护法》⑩、1989 年《金融机构改革、恢复和执行法》⑪ 以及 1996 年《信用修复机构法》⑫ 等法律法规各自从不同角度实现对信用消费者权利的保护，对提升信贷市场中的个人征信需求发挥重要作用。

（二）对信用信息提供者与使用者的规制

在个人征信框架下，对信用信息提供者与使用者的行为规制主要由《消费者信用保护法》《平等信用机会法》等法律予以规范。

1969 年，美国国会颁布《消费者信用保护法》，由《诚实借贷法》、敲诈性信贷交易、债务人薪资扣押之限制与全国消费者金融委员会四部分构成。

---

① 1969 年《信用控制法》规定了贷款方在从事信贷业务时必须遵守的信息披露要求，该法现已失效。

② 1970 年《信用卡发行法》禁止发卡行向未提出申请的客户发送激活的信用卡。

③ 1975 年《房屋抵押贷款披露法》规定了金融机构在维护、报告以及公开披露有关抵押贷款的级别信息中的相关义务。

④ 1977 年《社区再投资法》要求美联储和其他联邦银行监管机构鼓励金融机构满足低收入和中等收入社区的信贷需求。

⑤ 1977 年《公平债务催收作业法》规范了债权人的追债程序和手段，禁止权利滥用和各种威胁手段，保护债务人免受不公平债务追收行为的侵害。

⑥ 1978 年《电子资金转账法》明确了电子资金转移过程中消费者的权利义务以及其他所有参与者的责任。

⑦ 1980 年《储蓄机构放松管制和货币控制法》加强了美联储对非成员银行机构的控制。

⑧ 1982 年《甘恩－圣哲曼储蓄机构法》解除了对储蓄和贷款协会的管制，允许银行提供可调利率的抵押贷款。

⑨ 1987 年《银行平等竞争法》主要对银行从事非银行业务加以限制，规定银行暂停某些证券和保险业务。

⑩ 1988 年《房屋贷款人保护法》对贷款方提供的针对消费者住房的开放式信贷计划施加实质性限制，同时要求贷款方履行信息披露义务。

⑪ 1989 年《金融机构改革、恢复和执行法》对原有储蓄和贷款行业发展路径和联邦监管体制做出重大调整，对贷款业务的态度也更加宽松。

⑫ 1996 年《信用修复机构法》详细规定了信用修复机构在界定业务范围、细化工作流程、明确责任义务等方面的内容。

《诚实借贷法》作为法案的第一部分，规定一切涉及信用交易的条款必须面向消费者公开，法律对授信机构向消费者披露信息的范围、表述方式、内容以及表格等都作出具体规定，消费者得以根据实际情况，在比较后选择最适合自身的信贷产品和服务。《诚实借贷法》通过严格禁止以牺牲消费者利益为代价的信贷行为，保护消费者免遭欺骗性广告和不公平借贷行为的侵害。自颁布以来，《消费者信用保护法》在实践中已得到多次修正，增加了有关债务催收、消费者信用报告、信用账单、消费者租赁和电子资金转账等条款。其中，作为《诚实借贷法》的修订结果，1975 年，《公平信用结账法》通过赋予消费者对账单错误的异议权使其免受不公平或不准确的账单操作对自身合法权益的侵害。1988 年，《公平信用和贷记卡披露法》要求披露信用卡、记账卡账户申请和开设的相关信息。

《平等信用机会法》是美国规范个人信贷业的基础性法规，与征信业关系最为密切，主要规定授信前必须使用信用报告的义务、平等授信的义务、在法定的范围内和以法定的方式使用信用报告的义务等，旨在为所有市场经济主体提供向金融机构等在内的授信机构获取信贷的平等机会。该法禁止贷款方因信贷申请人的种族、肤色、宗教、国籍、性别、婚姻状况以及年龄等与个人信誉无直接关系的因素而拒绝向其发放贷款，应基于客观事实并在充分的调查与分析之后作出合理的授信。如果授信机构存在歧视行为，司法部可以根据《平等信用机会法》提起诉讼。此外，美国联邦储备系统（The Federal Reserve System）制定了《平等信用机会法（规则 B）》，实现对禁止情形设定的精细化和可操作性的提升。

进入 21 世纪以后，美国的消费者信用法律制度仍不断自我完善与更新，2009 年，《信用卡问责、责任和信息披露法》通过强化对成本和罚款信息的披露，保护消费者免受发卡机构滥用借贷行为的侵害。

（三）对个人征信机构的规制

鉴于个人信贷业务的特殊性与个人信用信息保护的必要性，同时规范个人征信机构在个人信用信息加工处理和披露环节的合规性，美国出台了《公平信用报告法》（FCRA）及其一系列修正案。《公平信用报告法》于 1971 年施行，作为《消费者信用保护法》的第六章，该法是规范消费者信用报告行业的基本法规。

FCRA 的主旨在于要求个人征信机构以公平、及时与准确的方式收集和分享个人信用信息，确保个人信用报告内容的准确性、公平性和隐私性，从而以公平公正的方式满足各类授信机构以及其他有关政府部门的需求，同时严格限定其利用信用报告的目的和获取途径。FCRA 为消费者以及身份遭盗窃的受害者提供一系列基本权利，如有权查看自己的信用报告、限制不正当目的者访问个人信用报告、更改或删除不完整或不准确的信息，以及披露个人信用评分等。相应地，FCRA 明确了个人征信机构必须遵守的合规性要求，包括制定契合 FCRA 的内部政策和流程、审查 FCRA 条款的适用性、建立顺畅的消费者同意获取流程、确保报告仅用于允许的目的、提供不利行动通知、实施身份盗窃预防计划、安全冻结信用报告、保护敏感数据以及转售信用报告的额外义务等。除此之外，FCRA 还明确了信用信息提供者负有调查争议信息的特定义务。

遵循增加个人征信机构、信用信息提供者与使用者的义务，同时赋予被征信人更多权利的修法理路，FCRA 在实践中被予以多次修正。1996 年的《消费者信用报告改革法》几乎对《公平信用报告法》的每一部分进行了修正，着重解决信用报告不具备准确性这一顽症。1998 年的《消费者报告就业澄清法》要求雇主在获取求职者的信用报告之前必须获得求职者的书面同意，并且如果根据此类报告采取了不利行动应通知求职者，从而为使用消费者信用报告进行招聘决策的雇主提供更明确的指导方针。1999 年的《金融服务现代化法》（又称为《格雷姆－里奇－比利雷法》）强化了金融机构对消费者非公开个人信息的保护，明确金融机构有尊重其客户隐私并确保其非公开个人信息安全性和保密性的义务。① 2003 年 11 月 22 日，美国国会通过《公平和准确信用交易法》（FACTA）作为 FCRA 的修正案，其在进一步强化消费者权利的同时也显示出新的改革亮点。FACTA 允许消费者每年免费向美国三家主要的个人征信机构索取个人信用报告，从而确保个人银行账户或信用卡未被欺诈性使用。在原有基础上，创建一个覆盖全美范围的身份盗窃警报系统，要求贷方和信贷机构在受害者甚至不知道犯罪发生之前采取行动，个人征信机构在确定消费者身份被盗用之后应立即停止报告其个人不良信用信息。因此，该法律旨在进一步提高信用信息的质量并保护消费者免受身份盗用行为的侵害。

2016 年，《消费者信用报告综合改革法》进一步改革了美国的个人征信业实践，规定由授信机构承担证明信用信息准确性和完整性的责任、缩短不良信用信息的留存时限、扩大消费者对免费信用报告和信用评分的访问权限等。

---

① 1999 年，《金融服务现代化法》规定了金融机构处理个人私密信息的方式，主要由三部分构成：一是金融隐私规则（the Financial Privacy Rule），针对消费者个人信息的收集和披露；二是保障规则（the Safeguards Rule），要求金融机构制订书面信息安全计划保护客户数据；三是借口条款（the Pretexting Provisions），针对未经授权访问客户敏感信息的企图，禁止使用借口的行为来访问私密信息。

二、欧盟国家的严格保护立法

与美国不同，欧盟《通用数据保护条例》（GDPR）对个人信息更加倾向于严格保护。此外，欧盟国家还分别制定了本国的《个人信息保护法》以实现对《通用数据保护条例》的国内转化。

（一）欧盟的个人信息保护立法

欧盟认为，"数据保护"和"隐私权"既相互关联又相互区别，隐私权是个人私生活不受政府干预的权利，"数据保护"仅指信息自主权，即当事人过问处理其个人数据的权利。两者的意思虽然不完全相同，但经常混合使用。[①] 欧盟于 2018 年 5 月出台《通用数据保护条例》，在内容上对欧盟 1995 年《数据保护指令》予以重大修改。作为世界上最严格的个人信息保护法，GDPR 旨在限制数据处理者对个人信息和敏感数据的处理行为，从而保护数据主体权利。该条例对欧盟成员国具有直接约束力，在开展国内个人信息保护工作的过程中必须遵守。即使是未加入欧盟的欧洲国家，GDPR 仍可对其国内的个人信息保护工作施以间接影响。GDPR 对个人信息的严格保护体现在如下四个方面：

第一，适用范围大幅扩展。对于设立于欧盟之外的控制者或处理者，如其处理活动涉及向欧盟数据主体提供商品或服务，或对欧盟数据主体在欧盟发生的行为进行监控的，也受到 GDPR 制约，该适用范围可以扩大到符合上述情况的全球任何企业特别是美国与中国的互联网巨头。

第二，严格的个人数据控制和处理原则。GDPR 进一步明确了合法公平透明原则、目的限制原则、数据最小必要原则、准确性原则、存储限制原则、完整性和保密性原则、特殊数据处理原则等。其中，数据最小必要原则要求个人数据处理应充分考虑处理目的与处理活动之间的相关性，因此，实质上缩小了个人征信机构的数据采集范围。

第三，完善的数据主体权利体系。GDPR 保留、细化并扩展了欧盟 1995 年《数据保护指令》的查阅权、更正与删除权、反对权以及免受完全自动化决定权等权利的内容，增设了限制处理权、可携带权以及被遗忘权。作为 GDPR 的一大亮点，被遗忘权不等同于数据主体要求数据处理者永久删除数据的删除权，还包括相关信息不再为公众所知晓，如不被列入搜索结果，从而达到被遗忘的效果。

[①] 周汉华：《个人信息保护前沿问题研究》，法律出版社 2006 年版，第 28 页。

第四，加重数据控制者的责任与义务，同时对数据处理者的责任与义务作出特别规定。欧盟 1995 年《数据保护指令》主要规定了数据控制者的通知义务、安全保密义务、确保数据质量义务、合法处理义务以及报告义务等，GDPR 新增了数据控制者的数据处理活动记录义务、数据保护影响评估义务、事先协商义务以及数据泄露的报告和通知义务等。对于数据处理者，GDPR 规定在大多数情况下承担与数据控制者相同的责任和义务。此外，GDPR 还设置了巨额行政罚款。

（二）个人信息保护的国内立法

1. 法国的个人信息保护国内立法

法国个人信息保护立法最早可追溯至 1978 年《信息技术、数据文件和公民自由法》，该法规定信息处理者必须基于特定、合法和明确的目的，以公平、合法的方式采集和处理信息，适用于所有由自然人或法人实体开展的个人信息处理活动，包括来自公共部门与私人部门的信息。在信息主体享有的权利上，除同意权外，其还被赋予告知权、异议权、获取权、更正权、删除权以及被遗忘权，违反本法的行为将视情节严重程度承担民事、行政甚至刑事责任。伴随着互联网信息技术的飞速发展，该法被多次修正以适应信息时代的客观需要，并于 2018 年实现与欧盟 GDPR 内容的衔接。

2. 德国的个人信息保护国内立法

德国于 1977 年颁布《联邦数据保护法》，采用了对公私机构统一规制的立法模式，实现对个人信息保护工作的完全覆盖。欧盟 GDPR 对德国的个人信息保护法律体系产生重大影响，《联邦数据保护法》与地方各州的数据保护法均应受欧盟 GDPR 的约束。德国的《联邦数据保护法》经过多次修订，根据 2017 年新《联邦数据保护法》规定，除发生法律所规定的例外情形外，对个人数据的收集、处理和使用必须在数据主体同意的情况下依法依规进行。数据主体的访问权、更正权、删除权以及锁定权不得被法律协议所排除或限制。同时，该法维持数据保护官员制度，即所有自动处理个人数据的公私机构应以书面形式任命数据保护官员，履行实施《联邦数据保护法》的职责。

3. 英国的个人信息保护国内立法

英国《数据保护法案》旨在为存储在计算机或有组织的纸质档案系统中的个人数据提供保护。2018 年 5 月，为实现与欧盟 GDPR 所设定的个人信息保护一般标准接轨，英国议会通过了新的《数据保护法案》，该法案由 7 个主要部分构成，征信机构涉及个人信息处理的所有环节均有章可循，为英国的数据保护提供全面而现代的框架，对侵犯信息主体权益的违法行为予以更严厉的制裁。

4. 北欧国家的个人信息保护国内立法

丹麦在 1978 年制定了《公共机构登记法》《私人登记法》两部涉及个人信息保护的法律，分别对存在于公私两域的信息提供保护。2000 年，这两部法律一同被《个人数据处理法》取代，从而实现了对个人信息的统一保护。瑞典早在 1973 年就制定了著名的《数据法》，其不仅对个人数据的定义予以明确界定，还要求所有处理个人信息的机构必须获得瑞典数据保护局的事前许可。为加大对信息主体的隐私保护力度，瑞典于 1973 年、1981 年分别制定了《信用信息法》与《信用信息条例》，其适用于国内所有信用评级和信用信息活动。随着 1998 年《个人数据法》的出台，施行 25 年的《数据法》退出历史舞台。芬兰于 1987 年颁布《个人数据档案法》，并于 1994 年对其予以修订，该法于 1999 年被新出台的《个人数据法》所取代。挪威于 1970 年颁布了《信息自由法》，旨在促进个人信息的有效流动。为加强个人信息保护，挪威于 1978 年通过的《个人数据注册法》，2000 年被《个人数据法》及《个人数据条例》所取代。

2018 年以来，为了实现与欧盟 GDPR 的衔接，北欧国家陆续修订本国的个人信息保护法，使个人信息保护的国内立法契合 GDPR 的精神，对个人征信业的未来发展产生深远影响。2018 年 5 月，丹麦新《数据保护法》、瑞典新《数据保护法》与《数据保护条例》颁布施行。2018 年 11 月，芬兰议会通过新《数据保护法》并于 2019 年 1 月正式生效。由于挪威不是欧盟成员国，因此不会受到 GDPR 的直接约束。但作为欧洲经济区的成员之一，GDPR 仍会对挪威国内的个人信息保护产生影响，如挪威的司法和公共安全部提议通过参考条款将 GDPR 纳入挪威国内法律体系。2018 年 7 月，挪威新《个人数据法》正式生效。上述新颁布的个人信息保护法均是 GDPR 在北欧国家适用的产物，基本涵盖了征信机构处理信用信息的一般义务、信息主体的基本权利与行使，以及监管机构对个人征信业的行政监管等主要方面。

需要强调的是，由于北欧国家的个人征信业均由私营征信机构运营，如全面执行 GDPR 易导致对隐私权的过度保护，进而压缩私营个人征信机构的发展空间，不利于个人征信业的市场化完善。但是北欧各国内部对隐私权的认知并非完全一致，反映到个人征信领域则表现为个人信用信息的采集范围与方式、信息加工处理方式、信息存储期限以及信息披露范围的不同，为此有必要结合本国政治法律制度、历史文化传统以及个人征信业发展实际选择性适用 GDPR 的规定。

（三）对个人信贷行为的法律规制

为了加强对被征信人信用权的保护，西欧国家出台了一系列规范个人信贷行为的法律，主要涉及三个方面：一是规范贷款人与借款人之间的信贷法律关系，防止多重负债；二是规定商业银行向公共征信系统主动报送个人信用信息的基本义务；三是关于公共信贷系统运作的原则性规定。

1. 法国的消费者信贷法律制度

1978 年，法国制定《关于某些信贷交易领域消费者信息和保护法》作为规范个人信贷交易和保护借款人权益的基本法规。1989 年，《预防和解决个人及家庭过度负债困难的法案》（又称《雷尔茨法》）旨在加强对个人过度负债行为的监管以及规定个人破产与民事司法重建的基本程序。1993 年，《关于消费者权益保护法典》实现了对法国各领域消费者权益保护的法典化，基本涵盖了经济生活中所有消费领域，从而将个人信用消费尤其是过度借贷行为纳入统一规制的范围。2010 年 7 月，《消费信贷改革法案》正式施行，对个人借贷法律关系的调整更加精细和严格，对个人消费信贷的定义和范围、借贷广告和信息、借贷合同订立的条件、信贷协议的内容和执行以及制裁程序均作出明确规定。

2. 德国的消费者信贷法律制度

德国是世界上典型的实行全能银行制度的国家，长期以来奉行金融混业经营的基本原则，商业银行是公民获得信用贷款的最主要渠道。德国《银行法》第二部分第二章（第 13 条至第 22 条）通过专章规定商业银行的贷款业务实现对消费者信贷活动的有效控制。德意志联邦银行享有对商业银行业务经营活动的统计权，商业银行需按照规定将营业数据报送德意志联邦银行，成为中央信贷登记系统的主要数据来源。

3. 英国的消费者信贷法律制度

英国早在 1974 年就制定了《消费信贷法案》，作为规制消费者信贷及租赁协议关系的专门法律，对适用范围、消费信贷的职能划分、牌照制度、冷却期以及广告和信贷营销等方面作出详细规定。[①] 在信用监管层面，英国制定了《消费者信用监管规定》，这是对《消费信贷法案》的进一步细化。

4. 北欧国家的消费者信贷法律制度

北欧国家在金融基本法之外还颁布了针对信贷业的单行法，旨在实现信用契约交易的类型化、法定化。例如丹麦分别于 1990 年、2015 年制定了《信贷合同法》与《信贷合同条例》。瑞典在吸收 2008 年欧共体《消费信贷指令》的基础上制定了《消费者信用法》，其第 48 条至第 50 条规定了信用中介组织的义务。挪威在 1965 年制定《信贷法》作为规范国内消费信贷市场的法

---

① 周显志、夏少敏：《英美消费信贷法律制度的历史考察》，《消费经济》2000 年第 2 期，第 42—43 页。

律基础。为规制国内的消费者信贷活动，芬兰于 1978 年制定《消费者保护法》。20 世纪 80 年代以来，随着金融科技创新与金融自由化浪潮席卷北欧，丹麦等国纷纷放松对金融业的管控，个人信贷市场日趋活跃。除传统的商业银行与金融企业提供消费贷款外，一些新式消费贷款提供商层出不穷，在缺乏相应法律监管的情形下加剧了信贷市场的不稳定。

为修复金融危机带来的创伤，预防金融风险，稳定金融市场，填补信贷法律制度漏洞，北欧国家逐渐强化对个人信贷业的监管，在客观上提升了信贷业对个人信用信息的需求。丹麦对个人消费信贷市场的态度转变得更为严格，丹麦金融监管局于 2019 年 2 月发布《消费信贷公司法（草案）》，除商业银行和抵押贷款机构外，丹麦境内所有从事消费者贷款业务的组织必须取得丹麦金融监管局的行政授权，尤其对未获得相应许可的消费信贷公司加强监管。在取得行政授权的条件上，消费信贷公司除需满足《金融业法》关于金融公司的条件外，还要具备足够的专业知识，从而在确保安全的基础上提供个人消费信贷服务。此外，将遵守可信赖的商业管理习惯、对消费者开展信誉评估以及对目标群体加以识别作为消费信贷公司的强制性义务，并建立相应的执行程序。2014 年，瑞典颁布《关于特定消费信贷活动的法律》，强化对部分特殊消费信贷业务的监管，对贷款机构获得行政许可的条件更加严格。芬兰于 2016 年颁布《特定贷款提供者和信贷经纪人注册法》，该法适用于《消费者保护法》某些从事消费者信贷的商人，需依照本法向主管机构注册登记，并规定了具体条件。挪威政府于 2017 年颁布《债务信息法》《新消费信贷市场条例》《信用卡债务发票条例》等信贷法规。授信方在与消费者签订贷款合同时，不应强调可在短时间内获得贷款、申请过程的简易性以及提供相对较高的信贷额度。此外，商业银行必须对贷款申请人的债务背景进行调查，未来消费者所收取的银行账单将显示其所负债务总额。

三、日本的个人征信权利平衡

日本对个人征信业务的法律规制逻辑与欧美明显不同，其将信贷活动划分为两大类别：现金借贷与消费借贷。个人信用信息根据所来源的贷款类型由不同的个人征信机构采集、加工和存储，《贷金业法》和《分期付款买卖法》分别创设了各自的指定信用信息机关制度，成为规制个人征信业务的主要依据。此外，日本的《个人信息保护法》在保护被征信人的信息权益方面也发挥了重要作用。

（一）《贷金业法》及其指定信用信息机关制度

理论上，商业银行是借款人获得个人贷款的主要渠道。日本的金融系统由商业银行主导，银行更偏向于为有抵押和担保的大型企业提供贷款，而不愿为个人及中小企业放贷，从而为私营贷款公司的大量出现留下空间，并构成贷金业发展的基础。日本的贷金业（Money Lending Business）即通常而言的现金借贷，是一种仅办理放贷业务而不从事吸收公众存款的金融业务，在性质上属于资金借贷的中介行业。① 由于通常不需要借款人提供抵押或担保，其在日本的个人贷款市场中逐渐占据主导地位。20 世纪 80 年代之前，贷金业的无序发展催生出所谓的"消金三恶"问题（高利率、多重负债以及暴力催收），冲击了金融市场乃至整个市场经济的正常秩序。② 1983 年，日本出台《贷金业规制法》③，日本国会在 2007—2010 年间对其进行多次修正，是现行《贷金业法》的前身。《贷金业规制法》以贷金业的规范化、过度贷款的抑制化、利率制度的正常化以及高利贷处罚的严厉化为基本改革目标，其适用对象主要是信用卡公司、消费金融公司等提供信用卡贷款服务的借贷企业。

　　《贷金业法》规定了"利息控制"与"总量控制"两项基本原则，对贷款人的利率水平和借款人的借入总额作出规定，解决一直困扰日本贷金业的多重债务问题。④《贷金业法》第三章第二部分创设了"指定信用信息机关"制度，第二节对指定信用信息机关的业务加以详细规定。指定信用信息机构，是指依法提供个人信用信息的法人，在满足法律规定的条件时由内阁总理大臣指定的信用信息机构。根据第 41 条之 24 项，指定信用信息机关在接到加入另外一家指定信用信息机关的贷金业从业者关于获取特定个人信用信息的请求时，除非有正当理由，否则必须提供个人信用信息。第四节则对加入信用信息机关的贷金业从业者的权利义务加以规定，凡是向个人提供贷款服务的公司必须加入本法所指定的信用信息机构，同时将贷款公司使用指定信用信息机构所持有的个人信用信息予以义务化，即在面向消费者发放贷款时，必须使用指定征信机构的信用信息确定借款人的尚未偿还贷款总额，并进行还款能力调查，防止过度借贷。此外，当与贷款公司缔结合同的借款人信用信息发生变更的场合，贷款公司必须毫不迟延地向指定信用信息机构反馈。该法第 41 条之 38 项严格限制了个人信用信息的使用目的，即仅限于对个人偿债能力进行调查，不能用于其他非法商业。此外，《贷金业法施行规则》第10 条之 16 项规定了指定信用信息机关对保有的信用信息使用义务的例外情

① 朱军：《日本贷金业法制度的变迁与效果分析——兼论其对中国民间借贷发展的借鉴意义》，《现代日本经济》2014 年第 1 期，第 36 页。
② 孙章伟、王聪：《日本"消金三恶"与治理研究》，《现代日本经济》2011 年第 1 期，第 40 页。
③ 「贷金业の规制等に关する法律」（1983 年 5 月 13 日 法律第 32 号）。
④ "利率控制"是指为贷款设定利率上限，该上限应符合《利息限制法》和《投资法》的有关规定；"总量控制"是指贷款总额不得超过年收入的三分之一，但是向银行贷款不受此限制。

形。目前，日本信用信息机构（JICC）与日本信用信息中心（CIC）是《贷金业法》指定的两家个人征信机构。

（二）《分期付款销售法》及其指定信用信息机关制度

消费信用以获得商品或服务为信用目标，如信用卡消费、分期付款等，相应法律行为由《分期付款销售法》调整。日本建立了完整的消费贷与现金贷并存的法律规制体系。源于旺盛的信用卡消费需求，《分期付款销售法》的制定时间早于《贷金业法》约20年，成为20世纪60年代至80年代日本规范消费信贷法律关系的基本法规。本法由五章及附则组成，分别为总则、分期付款、信用消费、杂则与罚则。根据总则，《分期付款销售法》旨在确保分期付款等信用交易活动的公平性，使消费者免于遭受潜在的损害。通过采取信用卡号码管理等措施，保证分期付款交易活动的顺利进行，同时维护消费者的合法权益。

《分期付款销售法》第三章第三节创建了本法的指定信用信息机关制度，负责采集、整理以及披露消费信贷领域的个人信用信息。其中，第一款规定了成为指定信用信息机构需满足的基本条件、不得指定的情形以及申请程序。第二款规定了指定信用信息机关的业务，其应在遵守本法的前提下开展提供特定个人信用信息的业务并不得兼营其他任何业务。指定信用信息机关应制定登载业务内容的规则并报经济产业大臣批准，主要内容应涵盖特定信用信息提供合同、信用信息的收集与提供、信用信息的安全管理、信用信息准确性之确保、收费事项以及与其他指定信用信息机关的合作事项等。在信用信息的提供义务上，若无正当理由，指定信用信息机关不得拒绝合理的信用信息请求，也不得从事不公平的歧视待遇。在个人信用信息的使用上，消费信用公司只能用于对消费者偿债能力与支付能力的调查。日本信用信息中心（CIC）是根据《分期付款销售法》唯一得到经济产业大臣授权的指定信用信息机关。

（三）关于个人信息的保护

《个人信息保护法》是日本个人信息保护领域的基本法律，主要以民间领域的个人信息处理活动为适用对象。该法由七章及附则组成，分别为总则、国家及地方公共团体的义务、个人信息保护措施、个人信息处理事业者的义务、个人信息保护委员会、杂则以及罚则。第1条开宗明义地指出本法的制定目的和理念，旨在通过本法的制定保护个人的信息权益，同时尽可能实现信息的价值性。第2条对个人信息作出定义，即与生存的个人相关的信息，包括但不限于姓名、出生日期等能够识别特定个人的信息，且在信息的表现形式上具有多样性。另外，本法所指的"个人信息处理事业者"仅指出于商业目的运营个人信息数据库并对外提供信息服务的个人或组织，不包括国家机关、地方公共团体、独立行政法人以及地方独立行政法人四类。在个人信息的使用上，第四章第一节详细规定了个人信息处理者的强制性义务，包括信息使用目的特定并受其限制、信息取得手段必须正当、取得个人信息时将使用目的告知信息主体、确保个人信息的准确性、对个人信息的安全管理以及向第三方提供信息的限制等，而信息主体享有信息披露权、更正权、删除权以及使用停止权等权利。

四、平衡保护与严格保护之思

（一）美国：发挥信息流动的最大价值

美国对个人信息的保护主要是在隐私权的框架下完成的，具有明显的平衡保护特征。可以说，美国的信息法治正是在信息公开与隐私保护的不断平衡中前进的。以起步最早的政府信息公开为例，作为"隐私权"的发源地，美国于1967年通过了《信息自由法案》，主要涉及完全或部分披露美国政府所控制的先前未发布的信息和文件。为了加大政府信息公开中个人隐私的保护力度，美国又于1974年出台了《隐私权法案》，它建立了"公平信息实践准则"，规范了由联邦机构对个人信息的收集、维护、使用和传播行为，切实防止政府未经授权发布公民个人信息。[①] 从中可以看出，信息自由作为一项主流价值已经完全融入美国的信息法治中。针对信息自由流动中可能出现侵害个人隐私的情形，事后再有针对性地完善相关信息保护立法。美国对个人信息的法律保护是以隐私权为原点向不同行业扩散的。在普通的金融服务领域，美国还制定了《金融隐私权法案》和《金融服务现代化法案》等保护一般金融消费者隐私权的法律，规范金融机构披露信息与公共机构获取信息的行为。

个人征信业的健康发展同样离不开坚实的法律保障，美国早已形成一套完整严密的个人征信法律制度。同样，美国的《公平信用报告法》呈现出明显的平衡保护特征，即在保护个人信用信息和数据开放之间达成某种平衡状态，因此，美国并未制定统一的个人信息保护法，而是由多部应用于不同领域的隐私权保护法案所替代。美国宪法从未明确规定公民隐私权，最高法院

---

① 《隐私权法案》《信息自由法案》仅适用于联邦行政部门"机构"，包括行政部门机构、其组成部分和政府控制的实体，因此不适用于私营个人征信机构。

认为如此规定有违宪法修正案所确立的"信息自由流动"和"新闻自由"的基本原则。① 因此，征信机构能够较少受到个人信息严格保护责任的约束，法律为其预留的发展空间也就更广大，有利于个人征信业发展潜力的进一步迸发，以确保信息的社会供给。至于平衡保护的界限和最佳临界点，法律并未直接给出明确答案，而是伴随着国内政治经济形势的变化而不断推移。风险可控作为发展金融业的一项基本原则，政府正是通过完备且不断更新的法律网络将征信机构的业务行为引入有法可依的良性发展轨道，使其依法合规经营。但是，平衡保护模式并未将个人信息保护和安全的价值位阶凌驾于信息自由之上，虽然美国有全球最为发达的个人征信市场，但个人征信机构的数量越多，就意味着信息越分散，个人信息泄露的潜在可能性也就越大。总之，在个人信息保护问题上，美国人更信赖法院的中立性以及普通法在事后进行利益平衡的灵活性。②

（二）欧盟：信息隐私价值的绝对优先

如果说美国是崇尚行为自由的国家，那么以德国为代表的欧盟国家则更强调人格尊严的至高无上。③ 欧盟国家未制定专门规范个人征信业的法律，其对个人征信行为的法律规制主要是由欧盟的《通用数据保护条例》和各国国内的个人信息保护法来完成的。欧盟国家规制的重点是征信机构的业务行为，而且标准比美国更为严格，聚焦于事前预防。

欧盟国家虽然并未出台以"隐私权"为主题的法律，但是《通用数据保护条例》通过严格的个人信息规制实现对个人隐私权尤其是信息隐私权的保护，故其又被称为史上最严格的隐私保护条例，是制定各项隐私政策的基础。在欧盟国家中，法国对个人隐私权持有严格的保护态度，理由在于个人征信业的发展与效用的最大发挥不能以牺牲个人隐私权为代价。法国个人信息保护立法的核心理念在于，信息技术是满足公民信息权利的手段而非目的，其应服务于每个公民而不能侵犯其隐私权、自由权等基本人权。征信业的发展、数据的自由流通和供给应该让位于个人隐私权，两者并未处在同一个优先序列中。所有个人信息控制者、处理者及其行为均应纳入个人隐私权优先保护的法律框架，承担个人信息保护的严格法律责任。

---

① 党玺：《欧美金融隐私保护法律制度比较研究》，《国际经贸探索》2008 年第 9 期，第 45 页。
② 宋亚辉：《个人信息的私法保护模式研究——〈民法总则〉第 111 条的解释论》，《比较法研究》2019 年第 2 期，第 90 页。
③ James Q. Whitman, *The Two Western Cultures of Privacy: Dignity Versus Liberty*, 113 Yale L. J., 2004, pp. 1180-1189.

《通用数据保护条例》对个人信息保护的严苛程度，加之政府对私营征信业的严格管控，个人征信机构几乎无法进入法国、比利时等国家，导致中央信贷登记系统实现了对国内信用信息的专属管理。中央信贷登记系统能够及时从商业银行获取第一手的信用信息，采集效率很高，且在自身公共背景的加持下可以保证信用信息的真实性和权威性，拥有很强的公信力。但公共征信系统的运作仍然受到《通用数据保护条例》的严格限制，例如中央信贷登记系统仅采集个人负面信用信息，同时设置了较高的信息采集门槛，缺乏深度挖掘数据潜在价值的经济动力，对信用信息的处理也是浅尝辄止，仅停留在满足授信人知情权的层面上，不利于信息价值的深度开发。

五、我国个人征信权利平衡的制度供给

我国个人征信业的健康发展需要依法推进。目前，我国已经初步构建多层次的个人征信法律制度体系，主要由平衡信息自由与信息安全的个人征信法律制度、维护个人信息权益的个人信息保护法律制度两大部分构成。

（一）平衡信息自由与信息安全的制度供给：征信法律制度

1. 法律

目前，全国人大及其常委会暂未制定征信业的专门法律，[①] 但在我国的宪法以及民商法、经济法、刑法等基本法律中，均蕴含着褒扬守信、惩戒失信原则，要求一切民商事活动都应遵循诚实信用原则。诚信入法，既是对其作为中华民族传统美德的一种确认，同时也是将社会主义核心价值观融入立法的要求和体现，这些涉及信用的法律规范构成个人征信法律制度的重要渊源。例如《中华人民共和国宪法》（以下简称《宪法》）第53条规定，遵守社会公德是我国公民的一项基本义务。[②] 诚信原则还是民法的基本原则之一，《民法典》总则编第7条规定，民事主体从事民事活动应当遵循诚信原则。[③]《民法典》合同编第509条规定，当事人在合同的履行中应当遵循诚信原则。[④] 在竞争法律制度中，诚信既是经营者应当遵守的基本原则，也是商业道德的重

[①]　正在制定中的《中华人民共和国社会信用体系建设法》设专章对征信业的发展和监管作出规定。

[②]　《中华人民共和国宪法》第53条："中华人民共和国公民必须遵守宪法和法律，保守国家秘密，爱护公共财产，遵守劳动纪律，遵守公共秩序，尊重社会公德。"

[③]　《中华人民共和国民法典》总则编第7条："民事主体从事民事活动，应当遵循诚信原则，秉持诚实，恪守承诺。"

[④]　《中华人民共和国民法典》合同编第509条第2款："当事人应当遵循诚信原则，根据合同的性质、目的和交易习惯履行通知、协助、保密等义务。"

要表现。① 对于严重背离诚实信用原则，损害国家、集体和他人合法财产权益的破坏社会主义市场经济类犯罪，《刑法》则规定有相应的刑罚。

2. 行政法规

《征信业管理条例》将公共征信与市场征信、企业征信与个人征信纳入一体，采取集中立法模式，能够最大限度地节约立法资源。在结构体例上，该条例共计 8 章 47 条，分别为总则、征信机构、征信业务规则、异议和投诉、金融信用信息基础数据库、监督管理、法律责任以及附则。该条例的适用范围涵盖了所有在我国境内从事的企业和个人征信业务及相关活动，除对征信机构的业务活动和监督管理予以规范外，该条例还适度规范信息提供者和信息使用者的行为，切实保障被征信人的合法权益。

3. 部门规章

作为征信业的法定监管部门，中国人民银行于 2005 年 8 月发布《个人信用信息基础数据库管理暂行办法》，这是我国涉及个人征信业管理的首部规章。《征信业管理条例》颁布施行后，为配合做好该条例实施工作，中国人民银行还制定发布了《征信机构管理办法》《征信业务管理办法》《征信机构监管指引》等管理规定，分别从不同角度对该条例的规定予以细化。

4. 地方立法

一些征信业起步较早的地方也出台了个人征信管理规定。这些地方政府规章在内容上主要分为三类：（1）涉及征信业的整体管理，以《长沙市信用征信管理办法》为代表；（2）仅涉及企业征信业的管理，以《上海市企业信用征信管理试行办法》《江苏省企业信用征信管理暂行办法》《南通市企业信用征信管理办法》等为代表；（3）仅涉及个人征信业的管理，以《上海市个人信用征信管理试行办法》《江苏省个人信用征信管理暂行办法》《深圳市个人信用征信及信用评级管理办法》等为代表。

（二）个人信息权益保护的制度供给：个人信息保护法律制度

随着《个人信息保护法》的正式施行，我国个人信息保护法律体系框架基本搭建成型。目前，我国个人信息权益保护的制度供给由三部分构成，一是针对个人信息的公法保护，主要涉及《宪法》《刑法》；二是针对个人信息的私法保护，主要指民事法律制度中涉及隐私和个人信息保护的有关规定；三是保护个人信息的专门性法律，即 2021 年 11 月 1 日起施行的《个人信息保护法》。

---

① 《中华人民共和国反不正当竞争法》第 2 条第 1 款："经营者在生产经营活动中，应当遵循自愿、平等、公平、诚信的原则，遵守法律和商业道德。"

1. 个人信息的公法保护

个人信息与包括个人隐私、个人尊严、个人自由以及个人安全等的人格权益紧密相连，其首先是一项受到《宪法》保护的权利。针对个人信息保护的研究不仅是民法的课题，其同样是公法学的课题，强调从《宪法》层面保护个人信息是保障公民自由的必然要求。《宪法》为个人信息的法律保护提供了坚实的公法基础，其第 33 条规定的"国家尊重和保障人权"以及第 38 条规定的"公民的人格尊严不受侵犯"等宪法文本是我国保护个人信息的根本依据。

在互联网技术日新月异的今天，个人信息保护不仅与人格尊严密切相关，还关乎网络空间主权和国家安全、社会公共利益，严重的个人信息泄露事件会直接危害一国的政治安全、经济安全和社会安全。为有力保障网络空间安全、维护公民个人信息权益，我国的网络安全法律制度同样体现了个人信息保护的基本要求，如《中华人民共和国网络安全法》（以下简称《网络安全法》）对网络经营者应当履行的个人信息保护义务予以专章规定，明确收集、使用、处理个人信息应该遵从合法、正当、必要原则，并保障信息主体的知情权、同意权、更正权和删除权等基本权利。[1]《中华人民共和国数据安全法》（以下简称《数据安全法》）是维护网络空间安全的另一部重要法律，虽然在具体的个人信息保护措施上着墨较少，但通过明确相关国家机关的数据安全监管职责为个人信息保护提供有力支持，从而与《个人信息保护法》《网络安全法》等相关法律法规共同构建完善的个人信息保护体系。根据该法第 6 条之规定，各级政府和部门有责任确保其收集和处理的个人数据的安全性，工业、电信等行业主管部门须对本行业领域内个人数据的收集、处理和使用予以监管，从而确保数据安全，公安和国家安全部门依法履行打击侵犯个人信息犯罪的职责以确保数据安全。[2] 此外，在切实维护和保障个人信息权益的基础上，《数据安全法》鼓励和支持对个人数据的依法合理有效利用，为数据依法有序自由流动和数字经济持续健康发展提供坚实的法治保障。[3]

为进一步规范网络数据处理活动，促进网络数据依法合理有效利用，国

---

[1] 参见《中华人民共和国网络安全法》第 4 章。

[2]《中华人民共和国数据安全法》第 6 条："各地区、各部门对本地区、本部门工作中收集和产生的数据及数据安全负责。工业、电信、交通、金融、自然资源、卫生健康、教育、科技等主管部门承担本行业、本领域数据安全监管职责。公安机关、国家安全机关等依照本法和有关法律、行政法规的规定，在各自职责范围内承担数据安全监管职责。国家网信部门依照本法和有关法律、行政法规的规定，负责统筹协调网络数据安全和相关监管工作。"

[3]《中华人民共和国数据安全法》第 7 条："国家保护个人、组织与数据有关的权益，鼓励数据依法合理有效利用，保障数据依法有序自由流动，促进以数据为关键要素的数字经济发展。"

务院于 2024 年 9 月 30 日公布了《网络数据安全管理条例》，并于 2025 年 1 月
1 日起施行。该条例立足当前数字经济发展的需求，在《个人信息保护法》
《数据安全法》等上位法确立的基本原则和规则基础上，加强数据处理活动风
险管控，以此强化对个人信息和重要数据的保护。在个人信息权益保障方面，
该条例根据不同场景对个人信息保护的制度规则和具体要求予以进一步细化。
一是针对网络环境下个人信息处理的"告知—同意"规则作出特殊安排。针
对实践中滥用"个人同意"的问题，明确规定网络数据处理者基于个人同意
处理个人信息应当遵守的具体要求，如收集个人信息为提供产品或者服务所
必需，不得超范围收集个人信息，不得通过误导、欺诈、胁迫等方式取得个
人同意，等等。① 二是对个人在信息处理活动中的权利作出更加细致的规定，
主要是对个人信息主体行使转移权进行了细化。该条例针对个人行使信息转
移权的实践难点问题，从权利的行使主体、合法性前提、现实可行性、限度
等方面对个人信息转移权的行使条件进行了丰富和细化，并且要求网络数据
处理者应当为个人信息转移权的实现提供具体途径，更具可操作性。

　　最后，对于一些严重侵犯公民个人信息权益的犯罪行为还需要接受《刑
法》的规制，承担相应的刑事责任。相较于其他保护方式，个人信息的刑法
保护是最具强制力和威慑力的方式，我国《刑法修正案（七）》规定了"出
售、非法提供公民个人信息罪"和"非法获取公民个人信息罪"，并在《刑
法修正案（九）》中被最终整合为"侵犯公民个人信息罪"。为更好地服务于
司法审判实践，最高人民法院、最高人民检察院联合发布《关于办理侵犯公
民个人信息刑事案件适用法律若干问题的解释》，对侵犯公民个人信息罪的法
律适用问题和具体定罪量刑标准予以明确。

　　2. 个人信息的私法保护

　　对个人信息的私法保护集中于民法。随着个人信息不断成为社会关注的
焦点以及立法者对个人信息权益认识的不断深化，我国《民法典》也对个人
信息保护予以积极的阶段性回应。《民法典》在原《民法总则》保护个人信
息有关规定的基础上进一步加强了个人信息保护，分别在总则编和人格权编
共两次规定"自然人的个人信息受法律保护"②。《民法典》人格权编以专章
的形式对个人信息与隐私权一并予以保护，其不仅对个人信息的概念和范围

---

① 《网络数据安全管理条例》第 22 条。
② 《中华人民共和国民法典》总则编第 111 条："自然人的个人信息受法律保护。任何组织或者个人
　需要获取他人个人信息的，应当依法取得并确保信息安全，不得非法收集、使用、加工、传输他
　人个人信息，不得非法买卖、提供或者公开他人个人信息。"第 1034 条第 1 款："自然人的个人信
　息受法律保护。"

进行了界定，① 还初步规定了个人信息的处理、更改与删除等环节，其中个人信息的处理环节为规制重点，应当遵循合法、正当、必要原则，从而限制过度收集和处理个人信息，以及禁止非法使用个人信息。② 此外，《民法典》还单独就个人征信领域的法律适用问题作出规定，即被征信人与个人征信机构之间的关系适用人格权编有关个人信息保护的规定和其他相关法律法规的有关规定。③

　　如何处理好个人信息保护与隐私权保护的关系是《民法典》需解决的重点课题。从立法体例来看，《民法典》乃至当前的民事法律制度尚未正式确认个人信息权，而是将个人信息作为人格权项下的一种新型人格利益予以保护。与隐私权不同，个人信息的范围相当宽泛，个人信息权益并非自然人所享有的具体人格权之一，也难以概括认定为一项独立的人格利益。④ 对于个人信息保护与隐私权保护之间构成何种关系，理论界尚存争议。事实上，个人信息与隐私存在极为密切的关系，两者难以完全区分，尤其是个人信息中的私密信息在规则适用上不可避免会出现隐私权规则与个人信息保护规则的叠加状态。关于个人隐私与信息保护的关系，虽然两者具有重合的部分，但也不能一概而论。⑤ "侵害个人信息的行为常常会导致与侵害个人隐私的法律相竞合，但不能因此而将二者相混淆。"⑥ 根本原因在于《民法典》和《个人信息保护法》对个人信息保护的适用逻辑上存在根本区别。对此，《民法典》第1034条第3款和《个人信息保护法》第72条第1款分别明确了不同个人信息保护场景下的适用分野。⑦《民法典》调整的是平等的民事主体之间的人身关系和财产关系，因此，《民法典》第1034条第3款只能适用于平等民事主体之间的个人信息保护，即涉及平等民事主体之间私密信息保护的适用《民法典》关于隐私权的规定，如《民法典》无相应规定，则适用个人信息保护的其他规定。需要强调的是，《民法典》第1034条第3款"适用有关个人信息保护

① 《中华人民共和国民法典》第1034条第2款："个人信息是以电子或者其他方式记录的能够单独或者与其他信息结合识别特定自然人的各种信息，包括自然人的姓名、出生日期、身份证件号码、生物识别信息、住址、电话号码、电子邮箱、健康信息、行踪信息等。"
② 《中华人民共和国民法典》第1035条。
③ 《中华人民共和国民法典》第1030条："民事主体与征信机构等信用信息处理者之间的关系，适用本编有关个人信息保护的规定和其他法律、行政法规的有关规定。"
④ 《中华人民共和国民法典》第110条第1款、第990条第1款，在列举自然人所享有的具体人格权时，都只包括了隐私权而没有个人信息权益。
⑤ 从《民法典》将隐私与个人信息保护并列来看，隐私权与个人信息保护仍属于不同的概念范畴。
⑥ 洪海林：《个人信息的民法保护研究》，法律出版社2010年版，第34页。
⑦ 《中华人民共和国民法典》第1034条第3款："个人信息中的私密信息，适用有关隐私权的规定；没有规定的，适用有关个人信息保护的规定。"同时，《中华人民共和国个人信息保护法》第72条第1款："自然人因个人或者家庭事务处理个人信息的，不适用本法。"

的规定"是否应当包括《个人信息保护法》？从《民法典》与《个人信息保护法》的关系来看，答案是否定的。根据《个人信息保护法》第 1 条"根据宪法，制定本法"，可见，该法的制定依据仅为《宪法》且不包含民法，其不是《民法典》的特别法，两者实为并列关系。同时，《个人信息保护法》第 72 条第 1 款彻底排除了平等民事主体之间个人信息保护的适用场景，私密信息自不例外。易言之，作为民事主体的自然人的私密信息应首先适用《民法典》关于隐私权的保护规则，其次优先适用《民法典》关于个人信息保护的其他规则。在不平等主体之间，如行政机关因履行法定职责处理个人信息，无论是否属于私密信息均应适用《个人信息保护法》中的个人信息保护规则以及《政府信息公开条例》等行政管理性法律法规的相关规定。

3. 《个人信息保护法》对个人信息权益的保护

在《个人信息保护法》出台之前，我国的个人信息保护法律制度已经有所发展，一些重点行业的个人信息保护工作也有明确指引。例如全国人大常委会在 2012 年 12 月就通过了《关于加强网络信息保护的决定》，对互联网时代的个人信息保护予以规范，但该决定不可避免存在立法级别较低、效力层级偏低、内容不够完善以及配套制度不够健全等局限。此外，我国还存在一批针对个人信息保护某一特定方面的部门规章，如《电信和互联网用户个人信息保护规定》[①]《儿童个人信息网络保护规定》[②] 等。2021 年 4 月，工业和信息化部信息通信管理局发布《移动互联网应用程序个人信息保护管理暂行规定（征求意见稿）》，该规定旨在通过规范移动互联网应用程序的个人信息处理活动实现对网络个人信息的保护。总之，本时期缺乏能够统领各行业的个人信息保护统一的立法和规定，相关行业主管部门对这些行业如何收集和使用个人信息均有各自的规范和要求。

《个人信息保护法》的出台结束了我国个人信息保护法律规定分散化、碎片化的历史。该法共 8 章 74 条，其在有关法律的基础上，明确了处理个人信息应当遵循的基本原则，进一步细化和完善个人信息处理规则，明晰个人信息处理活动中的权利义务边界以及主管部门的职权范围，健全个人信息保护工作体制机制，为个人信息权益保护提供了全面和体系化的法律依据，构成

---

① 2013 年 6 月 28 日，《电信和互联网用户个人信息保护规定》经中华人民共和国工业和信息化部第 2 次部务会议审议通过，2013 年 7 月 16 日中华人民共和国工业和信息化部令第 24 号公布，自 2013 年 9 月 1 日起施行。

② 2019 年 8 月 22 日，《儿童个人信息网络保护规定》已经国家互联网信息办公室室务会议审议通过，自 2019 年 10 月 1 日起施行。

我国个人信息保护法律制度体系的核心。① 《个人信息保护法》在重申《民法典》"自然人的个人信息受法律保护"规定的基础上，首次以法律的形式明确"任何组织、个人不得侵害自然人的个人信息权益"，使个人信息权益得到了前所未有的重视和保障，从立法理念上实现对以人民为中心的根本理念的彻底贯彻。《个人信息保护法》的出台实施对规范包括个人征信机构等的个人信息处理者的业务活动以及维护信息主体的合法权益都具有里程碑式的意义，同时使普通消费者能够系统了解个人信息保护法律规定和自身所享有的权益，降低维权难度和维权成本。

第一，该法确立了个人信息保护的基本原则。首先，个人信息处理活动应当遵循合法、正当、必要和诚信原则。② 合法，即所有个人信息处理活动均应符合现行法律法规的规定，尤其是《民法典》《网络安全法》《数据安全法》中关于个人信息保护的相关规定；正当，即个人信息处理应具有正当目的并以正当程序进行，符合社会政策和行为规范的要求，兼具合法性和合理性；必要，即个人信息处理活动在基于一定正当目的的前提下，应以最小限度合理确定个人信息的采集范围、处理深度和使用范围；诚信，即个人信息处理活动所要追求的利益应在不损害他人和社会公共利益的前提下实现。由此，将以误导、欺诈、胁迫等方式处理个人信息的行为排除在外。需要强调的是，该法第6条通过明确"目的限制"与"最小必要"，将正当原则和必要原则予以进一步延伸，即对个人信息的处理应限制在为实现特定目的所必不可少的范围之内。易言之，离开了对某项个人信息的处理，便无法合理地通过其他手段实现该目的，旨在最大化实现对个人信息权益的保护。③ 其次，个人信息处理活动应当遵循公开、透明原则。④ 该项原则是对个人信息处理者在程序上的要求，通过公开个人信息处理规则，明示个人信息处理的目的、方式和范围，旨在充分保障信息主体的知情权，强化社会各界对个人信息处理

---

① 《中华人民共和国个人信息保护法》经十三届全国人大常委会第三十次会议表决通过，已于2021年11月1日起施行。

② 《中华人民共和国个人信息保护法》第5条："处理个人信息应当遵循合法、正当、必要和诚信原则，不得通过误导、欺诈、胁迫等方式处理个人信息。"

③ 《中华人民共和国个人信息保护法》第6条："处理个人信息应当具有明确、合理的目的，并应当与处理目的直接相关，采取对个人权益影响最小的方式。收集个人信息，应当限于实现处理目的的最小范围，不得过度收集个人信息。"

④ 《中华人民共和国个人信息保护法》第7条："处理个人信息应当遵循公开、透明原则，公开个人信息处理规则，明示处理的目的、方式和范围。"

活动的监督。最后，个人信息处理者应当保证个人信息质量并对其活动负责。[①] 个人信息质量关系到信息主体各项权益能否得到充分实现，信息处理者有义务保证个人信息的全面准确、真实可靠，并对因个人信息处理活动造成信息主体的损害承担责任。以上是个人信息处理活动开展的基本遵循，是构建个人信息保护具体规则的制度基础，贯穿于个人信息处理的全过程、各环节。

第二，该法确立"告知—同意"的个人信息处理活动基本规则。《个人信息保护法》紧紧围绕规范个人信息处理活动、保障个人信息权益，构建了以"告知—同意"为核心的个人信息处理规则，作为保障个人对其个人信息处理知情权和决定权的重要手段。作为个人信息处理的基本规则，告知同意规则要求个人信息处理者在开展活动之前应告知信息主体相关事项，只有在取得其同意时方可进入后续环节。根据第13条第1款第（一）项之规定，取得个人同意是个人信息处理者处理个人信息的前提之一。[②] 根据第14条第2款之规定，个人信息处理活动应当与个人同意所指向的内容保持一致，个人信息处理活动的主要内容发生变更的应当重新取得个人同意。[③] 在告知和同意的方式上，个人信息处理者须以显著方式、清晰易懂的语言真实、准确、完整地向个人告知法律规定的事项，个人须在充分知情的前提下自愿、明确作出同意表示，同时基于个人同意处理个人信息的，个人有权撤回其同意。[④] 当然，考虑到经济社会生活的复杂性，个人信息处理的场景日益多样，个人信息保护法从维护公共利益和保障社会正常生产生活的角度，还对取得个人同意以外可以合法处理个人信息的特定情形作了规定。[⑤]

第三，该法明确界定并严格保护敏感个人信息。《个人信息保护法》首次从法律层面将个人信息区分为敏感信息和非敏感信息，以概括加列举的定义

[①] 《中华人民共和国个人信息保护法》第8条："处理个人信息应当保证个人信息的质量，避免因个人信息不准确、不完整对个人权益造成不利影响。"第9条："个人信息处理者应当对其个人信息处理活动负责，并采取必要措施保障所处理的个人信息的安全。"

[②] 《中华人民共和国个人信息保护法》第13条第1款第（一）项："符合下列情形之一的，个人信息处理者方可处理个人信息：（一）取得个人的同意；"

[③] 《中华人民共和国个人信息保护法》第14条第2款："个人信息的处理目的、处理方式和处理的个人信息种类发生变更的，应当重新取得个人同意。"

[④] 《中华人民共和国个人信息保护法》第14条、第15条、第17条。

[⑤] 《中华人民共和国个人信息保护法》第13条第1款第（二）项至第（七）项，即为订立、履行个人作为一方当事人的合同所必需，或者按照依法制定的劳动规章制度和依法签订的集体合同实施人力资源管理所必需；为履行法定职责或者法定义务所必需；为应对突发公共卫生事件，或者紧急情况下为保护自然人的生命健康和财产安全所必需；为公共利益实施新闻报道、舆论监督等行为，在合理的范围内处理个人信息；依照本法规定在合理的范围内处理个人自行公开或者其他已经合法公开的个人信息；法律、行政法规规定的其他情形。

方式将敏感个人信息界定为"一旦泄露或者非法使用，容易导致自然人的人格尊严受到侵害或者人身、财产安全受到危害的个人信息，包括生物识别、宗教信仰、特定身份、医疗健康、金融账户、行踪轨迹等信息，以及不满十四周岁未成年人的个人信息"①。鉴于敏感个人信息处理活动能够对个人信息权益产生更加直接和重大的影响，《个人信息保护法》针对敏感个人信息制定了更加严格的处理规则，主要表现在有针对性地提高处理者在处理敏感个人信息时的法定义务。一方面，对敏感个人信息处理活动设置了更为严格的限制性条件，只有在具有特定的目的和充分的必要性，并采取严格保护措施的情形下，方可处理敏感个人信息。② 除此之外，该法对敏感个人信息处理者施以更高的告知义务，即应向个人告知处理的必要性以及对个人权益的影响，并在事前进行影响评估。③ 另一方面，严格"告知—同意"规则的使用，即要求处理敏感个人信息应当取得个人的单独同意，按照有关规定如须取得书面同意的从其规定。④ 这意味着不得以概括同意或推定同意的授权模式处理敏感个人信息。为回应现实中儿童个人信息遭到泄露或非法处理等问题，切实强化对未成年人个人信息权益的保护，《个人信息保护法》还将不满十四周岁未成年人的个人信息作为敏感个人信息，对未成年人的个人信息处理活动予以更加严格的规范。在"告知—同意"规则的适用上，鉴于未满十四周岁未成年人属无民事行为能力人或限制民事行为能力人，该法明确了取得未成年人的父母或者其他监护人的同意是处理不满十四周岁未成年人个人信息的前提条件，同时应当制定专门的个人信息处理规则。⑤

第四，该法创设了个人信息跨境提供的规则。个人信息跨境，又称为"个人数据出境"，是指个人信息处理者向中华人民共和国境外（含港、澳、台地区）提供个人信息的行为。⑥ 信息处理者进行个人信息跨境提供活动应具备以下有关条件之一，主要包括应当通过安全评估、进行第三方认证、订立

---

① 《中华人民共和国个人信息保护法》第 28 条第 1 款。
② 《中华人民共和国个人信息保护法》第 28 条第 2 款，只有在具有特定的目的和充分的必要性，并采取严格保护措施的情形下，个人信息处理者方可处理敏感个人信息。
③ 《中华人民共和国个人信息保护法》第 30 条、第 55 条第 1 款第（一）项。
④ 《中华人民共和国个人信息保护法》第 29 条。
⑤ 《中华人民共和国个人信息保护法》第 31 条。
⑥ 《个人信息保护法》未明确限定信息处理者向境外提供个人信息的形式。在 2017 年 8 月 25 日发布的中华人民共和国国家标准《信息安全技术 数据出境安全评估指南（征求意见稿）》中，"数据出境"指的是网络运营者通过网络等方式，将其在中华人民共和国境内运营中收集和产生的个人信息和重要数据，通过直接提供或开展业务、提供服务、产品等方式提供给境外的机构、组织或个人的一次性活动或连续性活动。

标准合同，或者满足其他法定条件的要求。① 个人信息跨境提供仍需遵循"告知—同意"规则，信息处理者应当向个人告知境外接收方的名称或者姓名、联系方式、处理目的、处理方式、个人信息的种类以及个人向境外接收方行使本法规定权利的方式和程序等事项，同时个人同意方式仅限于单独同意。② 此外，对于向外国司法或者执法机构提供存储于中华人民共和国境内的个人信息等特殊情况，原则上按照我国缔结或者参加的国际条约、协定，或者按照平等互惠原则处理。③ 以上规定对于促进和规范个人信息跨境合理流动均具有重要意义。

第五，该法赋予多项个人信息权利，强化信息处理者的义务和责任。赋予个人在个人信息处理活动中相应的权利是保护自身信息权益以及推动形成个人信息保护多元共治新格局的重要手段。《个人信息保护法》在《民法典》《网络安全法》等有关法律规定的基础上，立足我国个人信息保护的本土实践，借鉴吸收以欧盟 GDPR 为代表的国外个人信息保护立法的优秀成果，对个人在个人信息处理活动中所享有的权利作出全面系统的规定，主要包括知情权、决定权、查阅权、复制权、转移权、更正权、补充权、删除权和解释说明权等。④ 为维护死者近亲属的合法、正当利益，该法还就近亲属行使相关权利作出原则性规定。⑤

与此相对应，信息处理者作为个人信息保护的第一责任人，该法对个人信息处理者的义务予以集中详细规定，构建较为完整的义务体系。⑥ 对于信息处理者违法处理个人信息或者未能履行法律规定的个人信息保护义务的行为，该法根据行为性质及其严重程度规定了相应的行政处罚。处罚涵盖了除人身罚之外的其他类型，第一类是申诫罚，如警告；第二类是财产罚，如罚款、没收违法所得；第三类是资格罚，如禁止直接负责的主管人员和其他直接责任人员在一定期限内担任相关企业的董事、监事、高级管理人员和个人信息保护负责人；第四类是行为罚，如责令违法处理个人信息的应用程序暂停或者终止提供服务、责令暂停相关业务或者停业整顿、吊销相关业务许可或者

① 《中华人民共和国个人信息保护法》第 38 条。
② 《中华人民共和国个人信息保护法》第 39 条。
③ 《中华人民共和国个人信息保护法》第 41 条。
④ 《中华人民共和国个人信息保护法》第 44 条至第 48 条。
⑤ 《中华人民共和国个人信息保护法》第 49 条。
⑥ 个人信息处理者的义务包括：采取措施确保个人信息处理活动合法并保护个人信息安全的义务；按照规定指定个人信息保护负责人的义务；定期进行合规审计的义务；特殊情况下进行个人信息保护影响评估并对处理情况进行记录的义务；发生或者可能发生个人信息泄露、篡改、丢失时立即采取补救措施并通知监管机构和个人的义务；提供重要互联网平台服务、用户数量巨大、业务类型复杂时应承担的相应义务；接受委托处理个人信息的受托人应承担的相应义务；等等。

吊销营业执照等。① 同时，将信息处理者的违法及处罚情况作为公共信用信息，依照有关法律法规的规定记入信用档案。② 需要强调的是，针对处理个人信息而侵害个人信息权益造成损害时的责任承担问题，该法确立了过错推定原则，即个人信息处理者不能证明自己没有过错的，应当承担损害赔偿等侵权责任。③

第三节　个人征信中的权利平衡路径

一、个人征信权利平衡需要制度保障

法律制度作为人类文明发展的产物，尽管不可能完美无缺，但是在界定权利和定分止争等方面发挥不可或缺的作用。个人征信存在的权利冲突，需要法律制度予以平衡协调。

首先，个人征信机构是独立的市场主体，虽然其存在和发展的主要目的是满足债务人的知情权，但它在不代表任何债权人的前提下促进个人信用信息的流动和共享，从而扩大了个人信用信息的传播范围；其次，个人征信机构使个人信用信息从采集到披露的流程中，还需经过专业的处理、评价及存储环节，在一定程度上已经溢出满足债权人知情权的必要范围；最后，市场化个人征信机构可以通过来源于被征信人的信用信息获得经营性收入和赚取利润，但债权人知情权的满足并非与社会公共利益等同。从合同相对性的角度来看，以上均是个人征信机构与信用信息提供者、使用者之间通过一定的民事合同达成的，个人征信机构与被征信人并未构成合同的相对方。由此，个人征信机构出现后，与被征信人隐私权发生冲突的除债权人的知情权外，还新增了征信权这一新型权利。

个人征信机构的出现，便利了信用信息的采集和披露，提高了信贷效率、降低了交易成本，总体上对社会经济的发展是有利的。与此同时，新型权利的不断产生、权利之间的相互冲突会阻碍个人征信机构的正常运作、限制债权人知情权的充分满足、加重社会经济领域的失信现象。被征信人与个人征信机构之间不是简单的"零和博弈"，而应将其关系定位于互利共赢，而权利的平衡必须具备来自制度层面的保障。"人的经济价值的提高产生了对制度的新的需求，一些政治和法律制度就是用来满足这些需求的，它们是为适应新

① 《中华人民共和国个人信息保护法》第 66 条。
② 《中华人民共和国个人信息保护法》第 67 条。
③ 《中华人民共和国个人信息保护法》第 69 条。

的需求所进行的滞后调整。"① 而在各项制度安排中，法律制度通过明确的规范得以划分不同主体的利益范围并对人们的行为加以约束。"法律应该以社会为基础。法律应该是社会共同的、由一定物质生产方式所产生的利益和需要的表现。"② 在个人征信体系中，针对新型权利不断产生、权利冲突日益加剧且无法完全通过市场机制自我约束的特殊性，需要法律制度的嵌入。其中，个人征信法律制度是规范个人征信机构业务行为、保护个人信用信息、维护社会信用秩序的重要法律制度。

二、个人征信权利平衡要求利益均衡

不同主体间的权利冲突是客观存在的。例如，儿童与父母因亲子关系而形成的权利冲突、商标权与在先权利的冲突、消费者知情权与经营者商业秘密之间的权利冲突、官员隐私权与公众知情权之间的权利冲突、夫妻生育权的权利冲突以及高校宿舍管理权与学生个人权利的冲突等。权利冲突有复杂的根源，主要原因包括经济发展因素、法治发展因素以及权利意识因素三个方面的内容。③

在个人征信框架下，授信人的知情权、个人征信机构的征信权围绕个人信用信息的流通和使用与被征信人的隐私权产生了明显的冲突。从法律制度的层面分析，权利冲突的产生需具备四个基本前提：第一，两个及以上数量的权利分别归属于不同的主体，如知情权属于债权人、征信权属于个人征信机构，而隐私权属于被征信人。第二，不同权利指向了同一个对象，如债权人知情权、征信权和隐私权共同指向了信用信息。第三，不同权利均具有法律上的正当性，属于法定权利的冲突。公民的隐私权由民法予以保护，对债权人知情权的保护体现在公司法、破产法等商事法律中，征信权也有来自征信法律制度的保障。第四，不同主体在行使权利时，由于对方权利的存在，致使自身权利不能完全实现。例如，被征信人隐私权的绝对实现必然要求完全排除债权人的知情权和个人征信机构的征信权；同样，债权人知情权、征信权的行使将导致被征信人的隐私权无法达到圆满状态。"就权利冲突而言，凡是法律以权利方式所确认和保护的利益，均是全体社会成员所必需的利益，因此不可能完全否定一方利益以保护他方利益。"④ 所以，个人征信体系从诞

---

① 〔美〕R. 科斯、A. 阿尔钦、D. 诺思：《财产权利与制度变迁——产权学派与新制度学派译文集》，上海三联书店、上海人民出版社 1994 年版，第 251 页。

② 《马克思恩格斯全集》（第 6 卷），人民出版社 1961 年版，第 292 页。

③ 刘作翔：《权利冲突的几个理论问题》，《中国法学》2002 年第 2 期，第 61 页。

④ 李友根：《权利冲突的解决模式初论》，载浙江大学公法与比较法研究所：《公法研究》（第二辑），商务印书馆 2004 年版，第 289 页。

生之初便是冲突权利的集合体，法律制度固有的局限性意味着不能从根本上使权利冲突完全消失。

权利的边界是使不同权利相互区别，从而在思维中得以存在的基本条件，因此权利冲突的实质是权利行使的越界。有论者认为，"权利冲突实际上包括了三种情况：一是由法律权利的边界模糊导致的权利冲突；二是边界清晰的法律权利形成的权利冲突；三是推定权利引发的权利冲突"①。虽然债权人知情权、征信权以及隐私权是由正式法律制度所确认的正当性权利，既非应然性权利，也非习惯性权利，但不论是法律逻辑上还是法治实践中，权利与权利的边界并不明晰，呈现出模糊化特征，而权利边界的模糊性是形成个人征信权利冲突的重要根源，这又是立法技术上的限制，尤其是法律语言模糊性的必然结果。卢梭曾言，"有许许多多的法律概念是无法翻译成人民的语言的，太笼统的观念和太遥远的目标，是超出人民的理解力的"②。人类的权利是法律的产物，属于观念层面的拟制物，所以权利的边界不似空间中的边界明确，此外，它还受到诸如政治、经济、法律等一系列外在因素以及权利主体对权利的认识等内在因素的影响，处于不断的变动中。在个人征信中，随着信用信息所体现的个人隐私利益、信息人格利益以及财产利益越发明显，出于实现人自身价值的需要，权利间的边界不断推移。"无论是在法律文本中还是在法律实践中，都不存在一个其内部所有权利都完全和谐共处的完美的权利体系。"③

学界对权利的性质众说纷纭，但不否认权利是对利益的某种反映，是已经实现法律化的利益，所以权利是一种合法的利益。个人征信中的权利冲突首先是一种利益冲突。马克思指出："人们奋斗所争取的一切，都与他们的利益有关。"④人类进入信息化时代以来，个人信用信息在经济发展中的重要性快速凸显，成为一种最重要的资源，谁在经济活动中掌握的信息越多，谁就能获得最大的利益。信用信息属于稀缺性资源，不能像阳光、空气一样满足所有人的需求。对利益的无序追逐和争夺将冲击正常的社会经济秩序，马克思对此有过精辟的论述，"利益就其本性来说是盲目的、无止境的、片面的，一句话，它具有不法的本能"⑤。征信权满足的是个人征信机构的需求，只有尽可能多地采集信用信息并对其进行深度分析和挖掘，才能生产出最具市场

---

① 张民全：《论权利的不确定性及其多元应对》，《河南财经政法大学学报》2019 年第 1 期，第 16 页。
② 〔法〕卢梭：《社会契约论》，李平沤译，商务印书馆 2011 年版，第 47 页。
③ 张民全：《论权利的不确定性及其多元应对》，《河南财经政法大学学报》2019 年第 1 期，第 16 页。
④ 《马克思恩格斯全集》（第 1 卷），人民出版社 1972 年版，第 82 页。
⑤ 《马克思恩格斯全集》（第 1 卷），人民出版社 1972 年版，第 179 页。

竞争力的个人征信产品，从而实现自我利益最大化。知情权满足的是债权人需要了解交易方信用状况的基本需求，只有在充分了解交易方信用状况的条件下，债权人才能作出正确的信贷或交易决策，从而将损失风险降到最低限度。债权人的这种趋利避害，仍然是服务于自身利益。现代文明社会均不同程度强调个人的主体地位和价值，隐私权正是在这种背景下诞生的，强调的是个人作为独立主体应该享有的不受他人和外界干扰的私生活安宁，以及隐私信息不被外人知悉的一种人格利益。综上所述，平衡权利冲突需兼顾个人征信机构、债权人和被征信人彼此的利益诉求，协调好相互之间的利益关系，从而兼顾多方利益实现，防止利益失衡。但是，利益均衡不是利益均等甚至利益平均，实际上，每一个主体的利益需求都是各不相同的，不能简单采用"一刀切"的方式来分配各自的利益。利益均衡并非无章可循，有学者曾就国家宏观层面的利益均衡展开讨论，认为利益均衡就是要促进利益分配时的统筹兼顾，保证各利益群体的相互协调和持续发展。①

三、个人征信权利平衡需回归社会本位

促成个人征信机构、债权人与被征信人之间的利益均衡，并不是平衡权利冲突的唯一内容。征信产品虽然不同于铁路、邮政、电信以及自来水等完全由公共部门所垄断的公共物品，其既可以由公共部门提供，亦可以由私营部门提供，但从权利的行使方式来看，征信权并非完全意义上的私权利。不论个人征信机构的性质如何不同，征信权的功能仍在于满足社会中来自绝大部分市场主体日益扩张的信用信息需求，具体表现为在横向上期望征信产品能够包含更多的信用信息种类，在纵向上期望征信产品具有更高的精深度，同时希望能够以更低的成本获得更优质的征信产品和服务。个人征信机构将信用信息加工为可供信贷市场使用的公共产品，对其享有财产权，但其还是具有社会属性的公共产品，是服务于市场经济和社会发展的共同财富。从某种程度来说，征信权代表的是社会公共利益，因此，平衡个人征信中的权利冲突还不可避免地涉及个人利益与社会公共利益的关系处理问题，需在个人本位与社会本位之间做出取舍。采取何种"本位"将直接决定个人征信法律制度的利益倾向，因此"本位"不再是均衡，而是一种优先。

个人本位意味着个人利益高于社会公共利益，而社会本位则代表社会公共利益具有优先于个人利益或私人利益的终极价值。作为社会主义国家，国家利益与集体利益高于个人利益，个人利益服从国家利益与集体利益在我国

---

① 《推进分配公平的有益探索》，上海图书馆网站，http：//www. library. sh. cn/dzyd/spxc/list. asp? spid = 6017，访问日期：2020 年 3 月 14 日。

有坚固的现实基础和浓厚的文化土壤。不论是个人利益、集体利益还是国家利益，其终究是对某一特殊群体利益的集中反映。"社会利益是与个人利益、集体利益或者国家利益完全不同性质的范畴，它不是利益主体归属的种类，而是一种利益归属的价值判断。"① 个人征信同样存在社会利益，"它独立于个人利益、国家利益、集团利益、阶层利益的独特之处，就在于其利益内容的普遍性、共享性"②。个人征信体系中的社会本位，就是坚持社会公共利益优先于个体的私人利益，即个人对信用信息的保有应适当让位于信用信息的合理流动和开发利用，而满足后者则有利于社会公共利益尤其是经济利益的整体提升。换句话说，当被征信人保有信用信息的个人利益与提升经济交易效率、推动经济社会发展的社会公共利益发生冲突时，前者应适当让位于后者。

但是，社会本位并不是对个人利益的粗暴否定。"社会利益超越于任何具体形式的主体利益，而它又始终关注每一个主体利益。"③ 在社会主义国家，社会公共利益的主导建立在保护个人利益的基础上，强调社会公共利益并不意味着必然侵害个人利益。首先，社会公共利益与个人利益具有根本上的一致性。在相关法律制度更加健全的情况下，征信活动并非与个人利益天生相克，此外，不能忽视个人征信在保护被征信人其他利益时发挥的作用，至少在加速经济发展和提高个人生活水平上，社会公共利益与个人利益是一致的。被征信人通过让渡部分信用信息保有的利益，直接服务于提高交易效率、促进经济增长的社会公共利益，而社会利益的实现也将进一步提升个人的经济实力和生活水平，因此，两者的利益矛盾只是特定时空背景下的相对利益矛盾，而非不可调和的绝对利益矛盾。其次，个人利益是社会公共利益的基础，对个人利益的否定同样是对社会公共利益的否定。社会公共利益不是个人利益的简单相加，不是个人利益的算术总和，但其仍以个人利益为基础。因此，保护和促进个人利益有利于实现社会公共利益，对个人利益的过度限制和打压也会使社会公共利益成为空中楼阁。"一个社会如果没有对个人利益的尊重，人们也就失去了积极创造的动力，社会的进步、人类的文明也就不会存在。"④ 如果信用信息的流通和利用不尊重甚至频频侵犯个人利益，将动摇个人征信体系存在的合法性与合理性，终将失去被征信人的信任，并尽可能通

---

① 蔡恒松：《论法的利益本位》，《前沿》2010 年第 23 期，第 71 页。

② 王德新：《法哲学视野下"公共利益"概念之辨析》，《中国农业大学学报（社会科学版）》，2011年第 3 期，第 148 页。

③ 蔡恒松：《论法的利益本位》，《前沿》2010 年第 23 期，第 71 页。

④ 白云：《个人信用信息法律保护研究》，法律出版社 2013 年版，第 115 页。

过减少信用交易的方式来保护个人隐私，从而萎缩信贷交易市场，最终使社会公共利益的实现落空。

四、个人征信权利平衡的重点是价值分配

本质上，个人征信中的权利冲突反映的是法的价值层面的直接冲突，主要是法的目的价值的冲突。在法的价值体系中，存在秩序、自由、效率、正义、人权等基本价值，但人类生活需求的多样性决定了价值目标的多元化，加之人类社会利益主体的多元化使法的价值冲突变得更为常见和复杂。① 在法的诸多基本价值中，不同法律在贯彻和实现法的价值时不可能面面俱到、雨露均沾。破产法赋予债权人知情权是为了提高交易效率、维护交易安全，因此，效率在作为商事法律制度的公司法与破产法中体现得最为明显。征信法律制度赋予个人征信机构以征信权，旨在通过信息自由达成提高信贷交易效率、维护金融安全和经济秩序，因此效率、自由、秩序等法的价值均有所体现。在法国等严格保护个人隐私的欧陆国家，被征信人的隐私权体现的是法的人权价值，但在并未采取严格保护立法模式的国家，隐私权并未上升至保护人权的高度，体现了法的安全价值。

个人征信活动围绕信用信息展开的一系列权利和利益的较量，存在交易效率与信息安全的冲突、交易安全与信息安全的冲突、信息自由与信息安全的冲突、经济秩序与信息安全的冲突等价值冲突。个人的信息自我控制、自我决定与自我支配是法的安全价值在信息保护法律制度中的外在表现。法的价值在发生冲突时需要根据法的价值位阶原则予以排序，即法的基本价值优先于法的一般价值，在基本价值中，正义应优先于自由、效率、秩序和人权。所谓正义，就是能够促进社会不断进步，符合最大多数人的最大利益。秩序也是最为重要的法的基本价值之一，"法治社会构建的合理基础，就是既承认个体的独立自由和利益，又在个体与个体、个体与社会发生冲突的情况下，构建人类社会的秩序"②。安全属于法的一般价值，"它只具有首要和基本的地位，而不具有终极和最高的地位。只要发展就会伴随着风险，不发展才是最大的风险"③。综上所述，平衡个人征信中的权利冲突，必须处理好权利背后所反映的各项价值之间的微妙关系，促进交易效率、经济秩序与信息安全之间的关系达到最佳协调的状态，并共同服务于正义的价值总目标。

---

① 张文显主编：《法理学（第三版）》，高等教育出版社 2007 年版，第 302 页。
② 王伟等：《法治：自由与秩序的平衡》，广东教育出版社 2012 年版，第 69 页。
③ 彭麟添：《区块链技术应用于个人征信制度研究》，《征信》2019 年第 12 期，第 51 页。

五、个人征信权利平衡的具体制度构建

（一）权利边界之法律界定

庞德曾言，"社会控制的主要手段是道德、宗教和法律"①。在现代社会，面对纷繁复杂的人类行为与社会事务，法律逐渐成为最主要的规制手段。"法律秩序成为了一种最重要、最有效的社会控制形式。其他所有的社会控制方式都从属于法律方式，并在后者的审查下运作。"② 博登海默曾言，"法律，正如我们已经知道的，是无政府制和专制主义二者之间的中庸之道"③。个人征信权利平衡的具体制度构建不能止步于个人征信法律制度的形式框架，还需要不断提升个人征信治理的法治化水平。这意味着，对作为国家公权力部门的征信监管机构而言，其权力行使尤其是增加个人征信机构义务、减损个人征信机构权益的行为必须有法律的明确授权，"法无授权不可为，法定职责必须为"是对征信监管机构提出的基本要求；个人征信机构、信用信息提供者、信用信息使用者与被征信人等市场主体在征信活动中的权利和义务也必须由法律予以界定，原则上适用"法无禁止即可为"的兜底原则。易言之，个人征信权利平衡的具体制度构建必须遵循征信法定的基本原则，发扬依法行政、契约自由以及权利保护的基本精神。

"个人征信体系与隐私权的保护之间存在着固有的冲突，其本质在于信息社会中人们对信息的需求与个人保护隐私的要求之间的冲突。"④ 现代征信业早已不再是金融业的附庸产业，完全市场化运作的私营征信机构同样是以赚取利润为目标的营利性法人，并完全融入市场主体的经济生活中。个人征信机构几乎所有活动都可能触及消费者的隐私权，使征信法律制度的构建不可避免地陷入一种两难的境地。但是，个人征信中的权利冲突并非不可调和，通过一定的制度设计如个人征信行为规范制度、信息隐私权保护制度等，促使不同权利由冲突对抗走向和谐共生，在保障个人征信业健康发展的同时，带动社会利益与个人利益的共同增长。不论是个人征信行为规范制度，还是信息隐私权保护制度，其发挥作用的重要前提是权利行使的边界需要被明确界定，这也是在构建个人征信权利平衡的具体制度过程中必须直面的难题。合理界定权利边界，不是限制和压缩债权人、个人征信机构以及被征信人的

---

① 〔美〕罗斯科·庞德：《通过法律的社会控制》，沈宗灵译，商务印书馆 2010 年版，第 11 页。

② 〔美〕罗斯科·庞德：《法律与道德》，陈林林译，商务印书馆 2015 年版，第 23 页。

③ 〔美〕博登海默：《博登海默法理学》，潘汉典译，法律出版社 2015 年版，第 17 页。

④ 李清池、郭雳：《信用征信法律框架研究》，经济日报出版社 2008 年版，第 18 页。

权利实现空间，而是在各自权利无法得到完全满足的必然前提下，帮助他们更充分地实现自身的权利。

毋庸置疑，不受限制的征信权必然危害个人隐私权，故首先应界定征信权的行使范围。征信权是个人征信机构开展业务的基本前提，它本是适当克减和让渡个人权利的结果。公共征信机构为了维持自身的正常运转，有权从商业银行等信息提供者处采集个人信用信息，民营与市场化个人征信机构为了不断开拓业务领域，也会积极主动地行使征信权。征信权相对于隐私权更加强势，因此，在制度构建时必须对征信权予以必要的限制，通过个人信用信息的有效保护来充分实现被征信人的隐私权。在不能仰仗通过增加利益资源来解决个人征信权利冲突的前提之下，"权利冲突可以通过设立义务来界定权利的边界而加以解决"[1]。权利与义务相伴相生，因此，明确个人征信机构的义务是界定征信权行使边界的重要途径之一。有学者将个人征信机构的义务概括为七项：（1）保持独立、中立与公允的义务；（2）依法采集信息的义务；（3）依法提供信用报告的义务；（4）保证信息的准确性、充分性和时效性的义务；（5）尊重隐私和保密的义务；（6）及时告知被征信人的义务；（7）安全保护的义务。[2]个人征信机构的义务与被征信人的权利互为表里、息息相关，其价值在于通过对征信权的适当限制更有力地保障被征信人的隐私权。

为了实现利益最大化，私营与市场化个人征信机构有可能作出非法获取个人信息、侵害个人隐私的行为。为充分保护被征信人的隐私权，必须明确个人征信机构的法定义务，对其业务行为加以严格规范。具体而言，在信用信息的采集阶段，征信机构主要承担着依法采集个人信用信息的义务。依法采集，意味着与信息采集相关的内容、程序、方式和手段都要有明确的法律依据。为何针对征信权的行使要采取与公权力机关相同的"法无规定禁止为"原则？不论个人征信机构的性质如何，离开了被征信主体对隐私权和个人信息权的适当让渡，征信权便难以产生。绝大多数国家的法律对信息采集的范围、方式和程序予以明确规定。在信用信息的加工处理和存储阶段，征信机构承担保证信息真实、准确、完整、适时、安全的义务。作为整个征信行为链条的核心，加工、处理和存储行为起着承上启下的关键作用。征信机构只有时刻保证信用信息的真实、准确、完整、适时和安全，被征信主体的隐私权、信用权以及信息权才能够从根本上得到保障。在信用信息的披露和使用

---

[1] 李友根：《权利冲突的解决模式初论》，载浙江大学公法与比较法研究所：《公法研究》（第二辑），商务印书馆 2004 年版，第 294 页。

[2] 翟相娟：《个人征信法律关系研究》，上海三联书店 2018 年版，第 66—73 页。

阶段，征信机构主要承担依法提供个人信用报告和确保使用用途与目的相符的义务。这要求征信机构在与信用信息使用者进行征信产品交易时，需要进一步了解其使用目的，对拒不告知和虚假陈述使用目的的信用信息使用者，征信机构有权拒绝提供个人征信报告。对已经取得个人征信报告的信用信息使用者，征信机构有义务督促其按约定的用途使用征信报告，否则应及时通知被征信主体。总之，个人征信机构须在实现信息共享和加强个人信息保护的动态平衡中前进，坚守安全与合规这一信息自由流动中的底线，让消费者都能充分享受到信息自由流动所带来的红利。

虽然加强对个人隐私权的保护是我国立法的显著趋势，但这并不代表个人征信活动中，隐私权的行使是毫无边界的，它同样受到知情权与征信权的制约。如果没有信用信息的流动，被征信人权利冲突的根源也将不复存在。只要存在个人征信行为，被征信人的隐私权一定会与个人征信机构的征信权产生冲突。但为了保障个人征信机构的正常运营，征信权的行使是必要的，也是不可避免的。授信人知情权在很大程度上与发展社会信用经济的社会公共利益是一致的，而信息隐私权所要求的对信息的隐瞒却与社会经济发展的利益存在冲突，所以信息隐私权需要在一定程度上作出让渡，使信用经济的发展获得必要的信用信息。① 在个人征信权利平衡的具体制度构建中，不能只聚焦于被征信人的权利而对其义务视而不见。判断法律制度供给是否有效的标准，就是考察其能否使个人征信中的权利"天平"达到最佳的平衡状态。主体间义务的失衡是诱发权利失衡的重要原因，为此应使被征信人承担一定的容忍义务。"随着私权的社会化，基于维护共同生活、减少权利摩擦、消除利益纷争、安定社会秩序的需要，使得对轻微损害的限制尤为必要。"② 个人征信致使被征信人的隐私权有陷入风险的可能性，因此本身并非完美。"征信机构不是随意将个人信用信息进行泄露，而是把客户的财产状况恶化这样的客观状况进行公布，从而作为对信用信息使用者进行警告的行为，就不是对隐私权的侵犯。"③ 个人征信机构符合标准的采集、处理、存储、披露以及使用行为，甚至因过错导致的轻微侵害个人信用信息的业务行为，被征信人需适度容忍合理损害，不能随意干涉个人征信机构。

（二）权利缓冲区之协调

本书认为，"一刀切"并非法律界定权利边界的方式，个人征信法律制度

---

① 白云：《个人征信体系中知情权与信息隐私权平衡的原则》，《山西省政法管理干部学院学报》2007 年第 4 期，第 19 页。
② 马特：《权利冲突解决机制的整体构建》，《国家行政学院学报》2013 年第 2 期，第 56 页。
③ 石新中：《论信用信息公开》，《首都师范大学学报（社会科学版）》2008 年第 2 期，第 69 页。

对冲突权利的平衡是以每个权利的不完全实现为前提的，个人征信机构与被征信人都要对自身所享有的权利作出适当取舍。需要强调的是，不同权利的行使边界并非完全重合，在征信权的边界与隐私权的边界之间，会形成具体法律规则无法适用的权利缓冲区。权利缓冲区是法律制度在平衡权利冲突时的产物，它的存在既可以最大限度地降低征信权与隐私权直接发生冲突的可能性，同时也为个人征信业的进一步发展预留了空间。伴随着我国社会经济的不断进步，权利边界可以在权利缓冲区中适当调整，使征信权与隐私权均能得到最大限度的满足。权利缓冲区不是权利真空区，它应受到来自立法、司法、行业三方面的协调。

1. 立法协调

"社会的演变，是一种缓慢、连续的过程，而（通常）不是跳跃、间断式的变化。"[1] 因为现实生活是丰富多彩的，故法律规则不可能详尽到足以约束人们的一举一动。这就注定了法律规则从一开始就是不严密的，存在疏漏的。[2] 虽同属法律规范，法律原则比法律规则有更强的稳定性，因此，立法协调要求个人征信立法需重视和提炼平衡权利冲突的法律原则，如征信权的行使应当遵守比例原则和人格尊严原则，以此保证征信权在向权利缓冲区扩张时仍有法可依。施塔姆勒对法律原则的重要性有深刻体会，"立法者须知，在预见和规定未来的法律案件和问题时，不可能一网打尽。他必须留下足够的余地，让当事人、律师和法官自行查明未来案件中的客观正义。他必须插入某些涉及公平、善良风俗、诚实信用的条款。他必须对权力之滥用作出一般禁止"[3]。

2. 司法协调

司法协调强调法官在审判涉及侵害个人信用信息的案件时，囿于缺乏法律规则或法律原则过于抽象，需依靠自己的良心、良知和理性来判断是非，作出公正和正义的裁决。法律不是万能的，对征信活动事无巨细地加以规定既不可能也无必要。有学者强调，"过于僵化的价值秩序的缺陷在于可能牺牲个案的社会妥当性，这就需要法官在个案裁判中通过利益衡量的方法柔化价值位阶的刚性"[4]。最高人民法院的《关于在审判执行工作中切实规范自由裁量权行使保障法律统一适用的指导意见》第 7 条指出，"行使自由裁量权，要综合考量案件所涉各种利益关系，对相互冲突的权利或利益进行权衡与取舍，

---

① 熊秉元：《法的经济解释：法律人的倚天屠龙》，东方出版社 2017 年版，第 37 页。
② 王伟等：《法治：自由与秩序的平衡》，广东教育出版社 2012 年版，第 61 页。
③ 〔德〕鲁道夫·施塔姆勒：《现代法学之根本趋势》，姚远译，商务印书馆 2016 年版，第 134—135 页。
④ 马特：《权利冲突解决机制的整体构建》，《国家行政学院学报》2013 年第 2 期，第 55 页。

正确处理好公共利益与个人利益、人身利益与财产利益、生存利益与商业利益的关系，保护合法利益，抑制非法利益，努力实现利益最大化、损害最小化"。可以说，隐私和与之相对立的社会价值或法律权利之间的妥协，都因情况的不同而有所不同。①

3. 行业协调

面对包罗万象的社会生活和日新月异的经济活动，法律资源的有限性决定其无法做到面面俱到，对于法律未能触及的领域需要以行业协会为代表的社会力量共同治理。作为社会治理结构长期自然演化的结果，行业协会成为介于政府和市场之间、协调公权力和私权利关系的一支重要的社会力量，是体现市场经济走向成熟的重要标志。通过长期的自发演进和社会改良，行业协会信用已经积累和形成包括专业优势、信息优势、灵活优势、成本优势、范围优势以及整体优势的众多比较优势。② 个人征信行业具有极强的专业性、技术性和综合性，因此，征信权的行使更需要来自行业协会内部的自我约束。

---

① 〔美〕爱伦·艾德曼、卡洛琳·肯尼迪：《隐私的权利》，吴懿婷译，当代世界出版社 2003 年版，第 3 页。
② 朱国华等：《行业协会信用制度研究》，同济大学出版社 2005 年版，第 33—34 页。

第五章 完善我国个人征信法律制度的构想

以《征信业管理条例》为核心的个人征信法律制度在促进个人征信机构健康快速发展、加强对被征信人权益保护等方面发挥了重要作用。然而，法律总是滞后于实践的。我国个人征信业在经过十余年的快速发展之后，其总体形势、竞争格局以及所面临的法律环境已经发生较大变化。《征信业管理条例》的施行已有十余年，其间也是我国征信业市场化完善的关键时期，该条例的一些局限性逐渐显现。为服务于早日实现"政府＋市场"双轮驱动的征信业发展格局，应从健全顶层立法、优化市场准入、细化业务规则、创新业务监管等方面继续完善我国的个人征信法律制度。

第一节 健全顶层立法，推动征信法制统一协调

一、构建个人征信的顶层法律框架

征信国家的个人征信业都有完善的征信法律制度予以规范和促进，而作为个人征信体系建设重点的征信法律规范在我国却存在一定缺憾，首先表现为立法层级较低，而征信业的立法层级将直接决定相应法律规范的适用范围和效力。

（一）提高征信立法层级具有现实性与必要性

《征信业管理条例》结束了我国征信业发展过程中无法可依的局面，填补了征信监管的立法空白，为征信法治做出重要贡献，其在促进我国个人征信业规范化运作等方面的积极作用已经得到实践证明。作为征信领域的核心法规，《征信业管理条例》的立法层级直接决定其权威性和强制性程度，同时反映出我国立法者对征信的价值定位和重视程度。但是，该条例在性质上属于行政法规，较低的立法层次带来的是较低的效力层级，且在较长一段时间内我国个人征信领域缺少一部具有顶层设计功能的征信法。"法律规范效力层级

较低将无法有效地解决问题，事实上其可能会滞后于社会经济的发展需要从而社会影响力较小，甚至会缺失相应的权威性，不利于实现法律的威慑或者预防之功能。"① 无论从域外征信国家的立法实践来看，还是基于征信业在我国经济社会发展中的实际定位，提高征信立法层级具有现实性与必要性。尤其在需要进一步健全覆盖全社会的征信体系和不断强化公民个人信息权益保护力度的今天，提升征信立法层级对于推动个人征信业在法治轨道上实现高质量发展将产生深远影响。

从域外征信国家的立法实践来看，尽管美国、欧盟以及日本在个人征信立法的具体形式和内在逻辑上存在不同选择，但现行个人征信立法均是由国家或者地区合作组织的最高权力机构通过的法律文件，具有更高的立法层级。例如，美国专门制定规范征信机构业务行为以更好地提升数据流动效率的《公平信用报告法》，对征信业具有较强的规范引导作用。欧盟国家更加倾向于将征信业作为信息服务业的分支，统一接受欧盟《通用数据保护条例》以及各国数据保护法的严格规制。日本则将规制个人征信业的任务委托于《贷金业法》和《分期付款销售法》，其属于日本庞大消费者权益保护法律体系的一部分。

目前，我国立法者尚未将征信法律制度纳入金融基本制度的范畴中②，但无论是个人征信机构的市场准入，还是个人征信业务的运行规则，其标准和要求并不低于其他类型金融机构。在国家发展改革委、商务部发布的《市场准入负面清单（2022 年版）》中，将"征信"列为禁止准入类事项中的"禁止违规开展的金融相关经营活动"，非金融机构和不从事金融活动的企业，在注册名称和经营范围中不得使用"征信"字样，法律、行政法规和国家另有规定的除外。该负面清单在关于金融业的许可准入事项中继续规定，"未获得许可，不得设立融资担保、典当、小额贷款公司、征信机构等相关金融服务机构""未获得许可，特定金融机构高级管理人员不得任职"，明确个人征信机构的设立乃至高级管理人员在个人征信机构的任职均为须获得中国人民银行行政许可的事项。③ 可见，征信机构属于特殊的金融服务机构，能够从事征

① 姚佳：《个人金融信用征信的法律规制》，社会科学文献出版社 2012 年版，第 43 页。
② 根据《中华人民共和国立法法》第 8 条第（九）项，基本经济制度以及财政、海关、金融和外贸的基本制度，只能制定法律。
③ 国家发展改革委、商务部关于印发《市场准入负面清单（2022 年版）》的通知（发改体改规〔2022〕397 号），国家发展改革委官网，https://www.ndrc.gov.cn/xwdt/ztzl/sczrfmqd/tzgggl/202203/t20220328_1320712.html.实际上，已经失效的《市场准入负面清单（2018 年版）》《市场准入负面清单（2019 年版）》《市场准入负面清单（2021 年版）》同样将个人征信作为禁止准入类事项，实行严格的市场准入制度。

信业务的主体只能是金融机构和从事金融活动的企业，征信法定原则的强化需要效力层级更高的征信法律作为支撑。

（二） 以社会信用立法为契机提升征信立法层级

随着征信在我国经济社会生活中扮演的角色越来越重要，其在金融制度中的重要性仍将继续凸显，并与每个公民的权益更加紧密地联结在一起。个人征信业发展动力和创新活力的进一步迸发离不开更加健全的征信法律制度，其中提升立法层级是当前我国征信立法的一项重要任务，以法律规范的形式对征信业的重要地位予以确认，使个人征信机构在个人信用信息的采集、使用、管理等关键环节具有国家法律层面上的支持和规范，以完善的征信法治推动整个行业高质量发展。目前，理论界和实务界围绕如何提高征信立法层级展开各种设想，其中较有代表性的立法思路是，在完善《征信业管理条例》内容的基础上，制定出台"征信法"或"征信管理法"作为征信行业的基础性法律。[①]

本书认为，将《征信业管理条例》升格为征信法律具有理论上的可行性，但在当前社会信用立法尚未完善的情况下不宜操之过急。需要强调的是，《征信业管理条例》的出台面临着较为特殊的时代背景，从实用性的角度看，《征信业管理条例》对于蓬勃发展的个人征信业而言属于迟到型法规，是立法者对征信业无法可依局面的及时回应；从立法逻辑的角度看，《征信业管理条例》属于在《个人信息保护法》等核心上位法缺失，统一的征信业务规则尚未形成的背景下出台的早产型法规，对个人征信的运行更多采用原则性规定，在内容上务求确保规制的必要性和监管的审慎性，使征信业的发展不脱离经济社会的实际发展水平，对个人征信业务不具有较强的指引作用。

《征信业管理条例》《征信机构管理办法》《征信机构监管指引》在促进我国个人征信业健康发展方面，都起到了非常关键的作用，虽然其中少数规定已经不再适合征信业的发展，但整体上仍是贴近实际的。尤其随着《个人信息保护法》的颁布施行，完善个人征信业务规则的条件日趋成熟，中国人民银行于2021年9月及时制定发布《征信业务管理办法》，其既是对《征信业管理条例》个人征信业务规则部分的重要补充，也是对《个人信息保护法》

[①] 《全国人大代表陈建华：建议制定〈中华人民共和国征信管理法〉》，中国金融新闻网，https：//www.financialnews.com.cn/zt/2021lh/taya/202103/t20210303_ 212953.html，访问日期：2024 年 8 月 8 日；《全国人大代表白鹤祥：加快制定征信法促进社会信用体系建设》，中国金融新闻网，https：//www.financialnews.com.cn/zt/2022lh/taya/202203/t20220309 _ 241157.html，访问日期：2024 年 8 月 8 日。

在征信领域贯彻运用的积极探索，较好地实现了征信立法突破与征信法制稳定的有机统一。

在我国，征信业不仅是金融服务业的主要分支，也是整个社会信用体系建设的重要环节，提升征信立法层级还需要与社会信用立法的整体进度保持协调。我国的社会信用立法呈现出明显的地方立法先行的特点，自2017 年开始，各省级行政区以及部分有条件的地级市陆续加快社会信用立法，《湖北省社会信用信息管理条例》①《上海市社会信用条例》②《河北省社会信用信息条例》③《浙江省公共信用信息管理条例》④ 成为最早一批省级社会信用地方性法规，时至今日，社会信用立法已经覆盖全国绝大部分省级地区。⑤

地方信用立法的迅猛发展在优化当地信用环境的同时，推动国家层面社会信用立法加速出台。2022 年 11 月 14 日，国家发展和改革委员会公开发布《中华人民共和国社会信用体系建设法（向社会公开征求意见稿）》，其在突出包括政务诚信、商务诚信、社会诚信与司法公信的社会信用体系建设四大重点领域的同时，还以专章的形式对征信业的发展与监管作出规定，为征信立法的顶层设计提供了重要思路。⑥ "社会信用法应当定位于信用领域的基本法，它旨在构建社会信用的基本法律框架，从而重构社会信任、实现国家治理体系和治理能力现代化。"⑦ 不难预见，国家层面的社会信用立法将为征信

---

① 《湖北省社会信用信息管理条例》于 2017 年 3 月 30 日经湖北省第十二届人民代表大会常务委员会第二十七次会议通过，自 2017 年 7 月 1 日起施行。

② 《上海市社会信用条例》于 2017 年 6 月 23 日经上海市十四届人大常委会第三十八次会议表决通过，自 2017 年 10 月 1 日起施行。

③ 《河北省社会信用信息条例》于 2017 年 9 月 28 日经河北省第十二届人民代表大会常务委员会第三十二次会议通过，自 2018 年 1 月 1 日起施行。

④ 《浙江省公共信用信息管理条例》于 2017 年 9 月 30 日经浙江省第十二届人民代表大会常务委员会第四十四次会议通过，自 2018 年 1 月 1 日起施行。

⑤ 据公开信息统计，截至 2024 年 7 月，在全国 31 个省级行政区（香港、澳门和台湾地区除外）层面，天津、上海、重庆、山东、河北、河南、山西、黑龙江、吉林、辽宁、江苏、江西、浙江、湖南、湖北、四川、贵州、云南、广东、海南、陕西、甘肃、青海、广西、宁夏、内蒙古、新疆27 个省（自治区、直辖市）已出台 29 部社会信用相关地方性法规（陕西省与内蒙古自治区出台社会信用条例的同时，保留《陕西省公共信用信息条例》《内蒙古自治区公共信用信息管理条例》）；北京市已发布相关条例草案，处于征求意见状态；安徽、福建等地已提请审议或列入立法计划。

⑥ 《中华人民共和国社会信用体系建设法（向社会公开征求意见稿）》第七章（第 71 条至第 86 条）为征信业发展与监管，主要涉及征信体系、征信业务、征信机构、监管职责、许可管理、金融信用信息基础数据库、信用报告、信用评分、信用评级、信用调查、信用咨询、征信业务要求、征信标准管理、行业自律管理、信息安全管理以及征信业监督管理等内容。

⑦ 王伟：《论社会信用法的立法模式选择》，《中国法学》2021 年第 1 期，第 240 页。

法律制度的完善提供重要契机，个人征信业的发展与监管将获得法律层面的规范。在结合个人征信业最新发展需要和创新监管方式的基础上，适时对《征信业管理条例》展开修订，最终构建以社会信用法为顶层设计，《征信业管理条例》为核心法规，《征信业务管理办法》《征信机构管理办法》等为重要补充的涵盖法律、行政法规、部门规章以及规范性文件的具有中国特色的征信法律制度体系。

二、推动个人征信法制统一协调

《征信业管理条例》与其他部门法涉及征信业管理的规范是否协调，也会进一步影响个人征信法律制度的实施效果。我国的个人征信机构除要遵守《征信业管理条例》和中国人民银行制定的规章外，还应当遵守其他与个人征信机构运作和个人信息保护有关的法律法规，包括民商法、经济法、行政法、刑法等。

（一）征信法律规范的协调性存在瑕疵

《征信业管理条例》目前主要实现了与《公司法》的衔接。在征信异议和投诉部分，未能与诉讼法相衔接，在法律责任部分，未能与民法、行政法和刑法相衔接。做好与上述法律规定的衔接是实施《征信业管理条例》的基本要求。除与上位法规范衔接不够充分外，《征信业管理条例》的部分条款还与其他法律规范不相协调甚至存在矛盾。例如，《征信业管理条例》第40条第5项与《中华人民共和国商业银行法》（以下简称《商业银行法》）第77条在内容上存在交叉，在某些情形下，商业银行拒绝、阻碍国务院征信业监督管理部门或者其派出机构检查、调查能够被《商业银行法》第77条所吸收①，需要进一步厘清两者的适用关系，明确各自的适用场景。

此外，在《征信业管理条例》出台之前，上海、广东深圳等地业已出台个人信用征信的地方政府规章。关于个人征信机构的法律性质、个人信用信息的采集范围，以及对个人征信机构具体行为的规制等方面，这些地方立法与《征信业管理条例》之间也存在不同规定。按照上位法优于下位法的法律

---

① 《征信业管理条例》第40条第5项规定，向金融信用信息基础数据库提供或者查询信息的机构拒绝、阻碍国务院征信业监督管理部门或者其派出机构检查、调查或者不如实提供有关文件、资料的，由国务院征信业监督管理部门或者其派出机构责令限期改正，对单位处5万元以上50万元以下的罚款；对直接负责的主管人员和其他直接责任人员处1万元以上10万元以下的罚款。《商业银行法》第77条规定，商业银行拒绝或者阻碍中国人民银行检查监督的；提供虚假的或者隐瞒重要事实的财务会计报告、报表和统计报表的，由中国人民银行责令改正，并处二十万元以上五十万元以下罚款。

适用原则，以上关于个人征信的地方政府规章须与《征信业管理条例》保持一致，从而确保个人征信业监管的规范性与统一性。

（二）增强征信法律规范协调性的路径

目前，我国的民商法、经济法、行政法以及刑法等上位法中均存在适用于征信业的原则性规定，成为构建个人征信法律制度体系的重要依据，《征信业管理条例》以及地方征信立法必须遵守上位法的规定。

第一，征信法律规范与民法的衔接。市场化个人征信机构、被征信人、信用信息提供者以及信用信息使用者，均是地位完全平等的民事主体，个人征信活动使他们相互之间形成了民事法律关系，个人征信机构业务的开展首先应当遵守民法的自愿原则、公平原则以及诚信原则，不得违背公序良俗。①其中，因个人征信业务操作不规范而形成的违约责任、侵权责任，还受到《民法典》合同编、人格权编以及侵权责任编相关规定的调整。值得一提的是，《民法典》通过设定准用性规范，对被征信人与信息处理者之间关系的法律适用予以明确，《个人信息保护法》等有关个人信息保护的规定以及其他涉及规范个人征信的法律、行政法规构成我国个人征信法律制度的重要渊源。②

第二，征信法律规范与商法的衔接。《征信业管理条例》将市场化个人征信机构的法律性质限定为公司制的企业法人，故此类机构的设立变更、日常运作与公司治理必须遵守《公司法》的规定。作为自负盈亏的市场主体，市场化征信机构如因经营不善破产，还应适用《中华人民共和国破产法》的相关规定。此外，作为特殊的金融服务机构，除涉及偿债和资金清算等共性环节外，征信机构的破产还将面临普通公司未曾面临的新情况，尤其是个人信用信息及其数据库的处理和权属转移是必须直面的问题，需要专门出台针对市场化个人征信机构破产风险的处置规定。

第三，征信法律规范与经济法的衔接。市场化个人征信机构之间的竞争不可避免，其必须在《中华人民共和国反不正当竞争法》和《中华人民共和国反垄断法》等经济法律规范所预先设定的框架内有序进行，以维护个人征信市场的正常竞争秩序。此外，为保护好被征信人同时作为信用消费者所享有的权益，《征信业管理条例》需对《消费者权益保护法》的基本精神有所彰显，通过对个人信用信息的严密保护实现对信息安全权的切实保

① 《中华人民共和国民法典》总则编第5条至第8条。
② 《中华人民共和国民法典》人格权编第1030条："民事主体与征信机构等信用信息处理者之间的关系，适用本编有关个人信息保护的规定和其他法律、行政法规的有关规定。"

障。还需指出的是，因绝大多数信用信息提供者和使用者属于商业银行的范畴，《征信业管理条例》针对这些主体的罚款等违规处罚，必须与《商业银行法》和《中华人民共和国银行业监督管理法》的规定保持一致。

第四，征信法律规范与行政法的衔接。《征信业管理条例》第 6 条和第 7 条描述的征信业监督管理部门就设立个人征信机构的批准与非批准行为属于行政许可，应与《中华人民共和国行政许可法》做好衔接。个人征信机构因违反《征信业管理条例》需承担行政责任时，征信业监管部门施加的行政处罚必须符合《中华人民共和国行政处罚法》的规定。被施以行政处罚的征信机构有权提起行政复议和行政诉讼，故《征信业管理条例》还需进一步与《中华人民共和国行政复议法》《中华人民共和国行政诉讼法》做好衔接。

第五，征信法律规范与刑法的衔接。《征信业管理条例》第 36 条至第 43 条规定了征信监管部门、征信机构、信用信息提供者与使用者的法律责任，涵盖了民事责任、行政责任和刑事责任。关于刑事责任的承担，《征信业管理条例》仅作出"构成犯罪的，依法追究刑事责任"的原则性规定，未能进一步触及具体罪名，实践中由司法部门根据具体的犯罪行为确定罪名和应承担的刑事责任。对于个人征信活动以及征信业务监管中常见的犯罪行为及其刑事责任，《征信业管理条例》还需进一步与《刑法》的有关规定做好衔接。

与《刑法》的衔接，需明确个人征信活动、征信业务监管中的主要罪名及其构成要件，如行为涉及第 36 条"未经国务院征信业监督管理部门批准，擅自设立经营个人征信业务的征信机构或者从事个人征信业务活动的"而构成犯罪，应以"非法经营罪"论处。第 38 条规定的征信机构、金融信用信息基础数据库的刑事责任，大部分均属于侵害信息主体的合法权益，主要以"侵犯公民个人信息罪"论处，但第 7 项的"拒绝、阻碍国务院征信业监督管理部门或者其派出机构检查、调查或者不如实提供有关文件、资料"涉及的罪名是"妨害公务罪"，第 40 条涉及的信用信息提供者和使用者的刑事责任与之基本相同。第 43 条为征信监管机构及其工作人员的刑事责任，"滥用职权、玩忽职守、徇私舞弊，不依法履行监督管理职责，或者泄露国家秘密、信息主体信息"等犯罪行为，涉及"滥用职权罪""玩忽职守罪""徇私舞弊罪""故意泄露国家秘密罪""过失泄露国家秘密罪""侵害公民个人信息罪"等相关罪名。

第二节　优化市场准入，增加个人
征信服务供给

一、我国个人征信机构市场准入管制的功能局限

党的二十大报告指出，要"完善产权保护、市场准入、公平竞争、社会信用等市场经济基础制度"。市场准入制度不仅是社会主义市场经济基础制度的重要组成部分，其为市场主体参与市场经济活动提供前提，还能直接影响公平竞争、社会信用等其他市场经济基础制度的功能发挥。

（一）抑制个人征信行业充分公平竞争

竞争是市场经济的灵魂，征信作为市场经济条件下一种专业化的信息服务活动，营造充分公平的竞争环境对于促进个人征信行业又好又快发展、更好满足市场多元化征信需求、提升个人征信机构核心竞争力都具有重要意义。

首先，就整个行业而言，促进公平竞争是贯彻新发展理念，实现个人征信业高质量发展的必然要求。随着我国经济体制改革的不断深化，公平竞争作为市场经济的基本原则和市场机制高效运行的内在基础，其在推动市场经济健康快速发展的重要作用将得到进一步彰显。无论从市场化个人征信机构的法律性质和业务模式来看，还是基于其产品特性与服务方式，充分且公平的竞争与该行业的健康发展密不可分。进一步说，市场经济条件下的个人征信活动必须敏感察觉并积极回应市场中现存乃至潜在的个人征信需求，只有建立在市场充分竞争基础上才能确保行业的正常运行和健康发展。

其次，就征信消费市场而言，促进充分公平竞争能够使其以低廉的成本获取更高质量的个人征信产品与服务，有利于满足人民对美好生活的需要。竞争机制是市场配置资源的重要手段，只有在充分且公平的竞争环境中，个人征信机构为争取更多的市场份额及利润，才会有推动技术进步和产业升级的力量，从而不断优化国内个人征信产品与服务质量，提高供给能力和水平，满足市场日益旺盛的个人征信需求，更好服务于国家征信战略。

最后，就个人征信机构自身而言，促进充分公平竞争是提升其核心竞争力的现实需要。个人征信产品和服务的竞争终究是数据和技术的竞争，充分且公平的竞争能够促使个人征信机构加大对核心技术的研发力度和差异化增值服务的投入力度，有利于个人征信行业形成"百花齐放"的发展局面，以技术创新和品牌建设提升我国个人征信行业的国际竞争力。

市场准入管制关系到一定市场范围内个人征信机构的数量及分布，是决定个人征信业整体发展质量的重要因素。然而，当前我国针对个人征信机构的过度市场准入管制不仅未能促进整个行业充分公平竞争，还在一定程度上抑制了充分公平竞争局面的形成。与企业征信机构的市场准入实行备案制不同，我国个人征信机构的市场准入实行严格的牌照制，通过高门槛、严要求确保经过政府背书的个人征信机构进入市场，从而维护金融稳定和安全。需要强调的是，《征信业管理条例》第 6 条关于个人征信机构的设立条件仅为形式要件，实践中征信监管部门会对初步符合设立条件的申请机构围绕独立性等实质要件从严审查。市场中分布一定数量的个人征信机构是确保本行业实现充分公平竞争的必要条件，过度准入管制将不可避免导致市场化个人征信机构数量偏少，截至 2024 年 12 月底，我国只存在百行征信、朴道征信和钱塘征信 3 家市场化个人征信机构，且均分布在东部经济发达地区，广大中西部地区尚无一家持牌个人征信机构。总体来看，竞争尚不充分，个人征信市场的发展动力和创新活力未能完全迸发。有学者认为，若不能较好解决征信监管部门"自上而下"的事前准入与征信机构"自下而上"的行业创新之间的固有矛盾，将会在事实上瓦解"审批制"的正当性。①

（二）未能服务于构建以信用为基础的新型监管机制

市场经济的局限性无法实现有效的自身内部控制和根本消除，古典经济学关于政府仅充当市场"守夜人"角色的观点难以继续在现代市场经济治理中施展拳脚，对经济运行态势施以宏观调控、市场主体行为加以微观规制成为政府重要的经济职能。随着我国经济发展已经步入新常态，良好的市场监管依然是保持经济又好又快发展的必需品。社会信用体系建设作为一项庞大、复杂和全面的系统工程，势必对我国的市场监管模式提出全新要求，进而推动经济生态的优化。正是在此背景下，国务院办公厅于 2019 年 7 月印发《关于加快推进社会信用体系建设构建以信用为基础的新型监管机制的指导意见》，传统的以事前为中心的行政性市场监管将逐步让位于以信用为基础的新型监管。以信用为基础的新型监管机制是我国在探索如何平衡市场活力与政府监管关系上的重大制度创新，信用内涵的丰富性使其能够基本囊括市场主体从准入到退出期间的所有行为。信用监管着眼于市场主体运行的全过程而非局限于某一个具体阶段，是贯穿市场主体整个生命周期的全过程监管，通过事前的信用承诺制度、事中的信用信息公开公示以及事后的信用联合惩戒、

---

① 邓建鹏、马文洁：《大数据时代个人征信市场化的法治路径》，《重庆大学学报（社会科学版）》2021 年第 6 期，第 169—170 页。

信用修复制度，持续强化政府与社会、公众间的信息沟通，在制度上实现了将失信者与一方的矛盾转化为与全社会的矛盾。作为政府治理机制的重要内容，"信用监管正在从一项市场监管措施，扩展成为整个政府监管领域的基础性机制，并在政府治理、经济治理、社会治理等各方面发挥着更加显著的作用，成为推动治理现代化的重要制度"①。

相较于以行政审批为主的事前监管，信用监管更加凸显事中事后监管的作用，同时推动放松准入管制与加强事中事后监管的有效衔接。信用监管并不否认事前监管的作用，只是其不再采用传统的行政审批模式，而以市场主体的信用承诺这一更具弹性的机制来决定其准入。从承诺主体来看，一方是需要进入一定市场从事生产经营活动的自然人、各类企业以及社会组织，另一方是相应领域的政府主管部门；从承诺内容来看，商事领域的市场主体主要需对登记事项、履行法定义务、守信经营、自愿接受社会监督和服从行政裁决等事项作出承诺；从承诺结果来看，行政机关需对作出信用承诺的市场主体所要办理的业务提供相应便利，如市场主体未能履行甚至违背所作信用承诺，则面临被撤销许可甚至被施加信用联合惩戒的风险。然而，当前我国个人征信机构的市场准入管制依赖政府事前审批手段，弱化了事中事后监管的作用，针对本行业贯穿事前、事中、事后全生命周期的监管机制尚未形成，在一定程度上偏离了构建以信用为基础的新型监管机制的轨道，不利于个人征信行业的整体监管、协同监管和精准监管。

二、我国个人征信机构过度准入管制的法治反思

无论从党中央、国务院关于优化市场准入的方针政策来看，还是基于我国社会主义市场经济法律制度的有关规定，当前监管部门针对个人征信机构的市场准入管制的合法性与合理性基础存在进一步商榷的余地。

（一）个人征信机构市场准入管制的政策考量

为推动"有效市场"和"有为政府"在市场准入领域更好地结合，实现各类经营主体规则平等、权利平等、机会平等，党中央和国务院发布了一系列旨在优化市场准入、打破行业壁垒的重要文件。2014 年 7 月，国务院印发《关于促进市场公平竞争维护市场正常秩序的若干意见》，将放宽市场准入作为促进市场竞争的重要手段，强调应坚持放管并重，实行宽进严管，要求"凡是市场主体基于自愿的投资经营和民商事行为，只要不属于法律法规禁止

---

① 王伟：《信用监管的制度逻辑与运行机理——以国家治理现代化为视角》，《科学社会主义》2021年第 1 期，第 152 页。

进入的领域，不损害第三方利益、社会公共利益和国家安全，政府不得限制进入"①。2020 年 5 月，中共中央、国务院印发《关于新时代加快完善社会主义市场经济体制的意见》，对推进经济体制改革以及其他各方面体制改革进行了详细部署，其中明确要完善市场准入制度，要求全面实施市场准入负面清单制度，以服务业为重点试点进一步放宽准入限制。② 为将市场准入相关体制机制改革成果及时上升为制度安排，2024 年 8 月，中办、国办印发《关于完善市场准入制度的意见》，从完善市场准入负面清单管理模式、科学确定市场准入规则、合理设定市场禁入和许可准入事项、明确市场准入管理措施调整程序、加强内外资准入政策协同联动、有序放宽服务业准入限制、优化新业态新领域市场准入环境、加大放宽市场准入试点力度，以及抓好市场准入制度落实、强化组织实施十个方面作出最新部署。作为中央层面首次就完善市场准入制度出台的政策文件，其对于建立"政府监管、企业自觉、行业自律、社会监督"协同监管格局奠定坚实的制度基础，同时对于我国完善个人征信市场准入机制具有重要指导意义。

经济政策是市场经济法律制度的重要渊源，对监管部门准确把握和确定个人征信机构市场准入管制的限度具有重要指引作用。《关于完善市场准入制度的意见》第 2 条"科学确定市场准入规则"原则上明确了宽进严管的总体方向，通过大幅减少对经营主体的准入限制，放开充分竞争领域准入。同时，以类型化的方式对特定领域和行业的市场准入提出明确要求。值得关注的是，该意见将金融行业单独列出，强调要"加强金融行业准入监管"，对此应作何理解？金融作为现代经济的核心，是具有极强公共性与外部性的行业，能够对经济和社会安全稳定产生深远影响。金融运行所固有的风险性、涉众性和复杂性决定了金融机构准入的审慎性和严格性，这是"金融特许经营"原则的体现。我国金融业在严格恪守持牌经营与审慎监管的前提下，虽能保持较高的开放性、竞争性与包容性，但金融风险始终存在，设置较高的金融市场准入门槛是确保金融体系安全稳定的题中应有之义。因此，加强金融行业准入监管，就是要对包括银行业机构、保险业机构、金融控股公司等的金融机构及其业务范围实行严格的准入管理。在当前的金融体制下，征信业务与金融业务在本质上属于两种不同的活动，征信行业作为重要的金融服务行业，

---

① 《国务院关于促进市场公平竞争维护市场正常秩序的若干意见》（国发〔2014〕20 号），中华人民共和国中央人民政府官网，https：//www. gov. cn/zhengce/zhengceku/2014-07/08/content_ 8926. htm，访问日期：2024 年 12 月 28 日。

② 《中共中央 国务院关于新时代加快完善社会主义市场经济体制的意见》，中华人民共和国中央人民政府官网，https：//www. gov. cn/gongbao/content/2020/content_ 5515273. htm，访问日期：2024 年 12 月 28 日。

其并非金融业的一部分，金融机构的准入政策不宜直接适用于个人征信机构。针对个人征信业发展不充分与供需失衡的现状，《中共中央 国务院关于构建更加完善的要素市场化配置体制机制的意见》明确要增加有效金融服务供给，放宽金融服务业市场准入，推动信用信息深度开发利用①，为征信监管部门实施更具包容性的准入管制提供最新指引。

（二）个人征信机构过度准入管制的合法性缺陷

市场经济是法治经济，相较于政策调整的灵活性与伸缩性，上升为制度层面的市场准入法律规则具备对征信监管部门的刚性约束。市场准入是行政许可在经济领域的重要表现，直接决定市场主体是否具备进入特定市场并从事相关活动的资格，关涉市场主体切身利益，必须秉持依法行政原则。然而，当前个人征信机构的过度准入管制并不完全符合《优化营商环境条例》《公平竞争审查条例》等经济法规的市场准入规则，同时与《征信业管理条例》的立法宗旨存在一定背离。

《优化营商环境条例》在系统总结我国近年来优化营商环境的成功经验和做法之基础上，将被实践验证行之有效的改革举措固化为法规制度，旨在以法治的方式实现市场对资源配置的决定性作用，最大限度减少政府对市场活动的直接干预，是对"法治是最好的营商环境"命题的直接回应。个人征信业属于被列入市场准入负面清单的行业，根据该条例第 20 条及第 64 条的规定②，其应当接受来自征信监管部门的市场准入管制，但市场准入的具体条件必须以法律、法规或者国务院决定和命令为依据，征信监管部门制定的行政规范性文件不得另行设置其他准入条件。为了从源头上确保拟出台的政策措施不包含违法限制或者变相限制市场准入的内容，《公平竞争审查条例》明确了拟出台政策措施的起草单位在起草阶段应开展公平竞争审查的法定义务③，起草的政策措施不得设置不合理或者歧视性的准入条件，不得含有其他限制

---

① 《中共中央 国务院关于构建更加完善的要素市场化配置体制机制的意见》（2020 年 3 月 30 日），中华人民共和国中央人民政府官网，https://www.gov.cn/zhengce/2020-04/09/content_5500622.htm，访问日期：2025 年 1 月 4 日。
② 《优化营商环境条例》第 20 条："国家持续放宽市场准入，并实行全国统一的市场准入负面清单制度。市场准入负面清单以外的领域，各类市场主体均可以依法平等进入。各地区、各部门不得另行制定市场准入性质的负面清单。"第 64 条："没有法律、法规或者国务院决定和命令依据的，行政规范性文件不得减损市场主体合法权益或者增加其义务，不得设置市场准入和退出条件，不得干预市场主体正常生产经营活动。涉及市场主体权利义务的行政规范性文件应当按照法定要求和程序予以公布，未经公布的不得作为行政管理依据。"
③ 《公平竞争审查条例》第 13 条第 1 款："拟由部门出台的政策措施，由起草单位在起草阶段开展公平竞争审查。"

或者变相限制市场准入的内容。①

按照特别法优先于一般法的原则,《征信业管理条例》作为规范个人征信业的专门法,在对个人征信机构的市场准入另有规定时应从其规定。我国个人征信机构市场准入的法律依据集中于《征信业管理条例》第6条,其中既包括主要股东遵规守法情况、最低注册资本、保障信息安全的硬件设备与制度建设、管理层任职条件等有形门槛,还要求个人征信机构必须满足国务院征信业监督管理部门规定的其他审慎性条件。《征信机构管理办法》在《征信业管理条例》第6条的基础上对个人征信机构的设立条件予以细化,其中第9条特别强调"根据有利于征信业公平竞争和健康发展的审慎性原则"作出批准或者不予批准的决定。② 对申请者更为关注的审慎性条件,《征信机构监管指引》第6条从公司治理、业务活动、内控制度以及信息安全等方面提出具体要求,整体内容仍显简略。③

从个人征信机构准入规则的实施情况来看,与申请者能够较好满足有形门槛构成鲜明对比的是,作为无形门槛的"审慎性条件"因其内容的非公开透明和较大的规则弹性使征信监管部门享有较大的行政自由裁量权,在实践中存在较大争议。实际上,"审慎性条件"广泛存在于涉及金融机构准入的政策法规中④,但其在运用于个人征信机构市场准入时却产生了明显的合法性缺陷。首先,"审慎性条件"的适用存在以部门政策代替法律规定的现象,成为征信法律法规空洞化的重要表征。有关个人征信机构准入管制的部门政策在征信监管部门的工作会议及其负责人的论述中有迹可循,其虽未上升为征信法律法规的明文规定,却在个人征信机构准入管制上发挥决定性作用。具体而言,以独立性要求为核心的部门政策代替征信法律法规中较易满足的有形条件成为决定申请者能否获得个人征信业务牌照的关键因素。在实践中,征信监管部门不仅对个人征信机构的独立性提出极高的要求,还将考量范围延伸至个人征信机构的股东背景、股权结构以及所有制性质等领域,并与机构独立性之间建立了某种关联性,由此极大提升了具有民营资本、社会力量等背景的非公有制经济组织设立个人征信机构的难度。部门政策的"刑不可知

① 《公平竞争审查条例》第8条第(四)项、第(五)项。

② 《征信机构管理办法》第9条。

③ 《征信机构监管指引》第6条:"设立个人征信机构,应当按照《征信业管理条例》第六条的规定,符合以下审慎性条件:(一)有健全的公司治理结构和内设职能部门,员工队伍具备相应业务能力;(二)拥有稳定的信用信息来源和数据采集渠道,具备开发征信产品的能力;(三)内控制度完善、可操作性强;(四)建立IT系统安全管理体系,具备征信业务所需的IT系统开发和管理能力。"

④ 例如,《外资金融机构管理条例》第6条至第8条、《外资银行管理条例实施细则》第3条等。

则威不可测"，不仅与《优化营商环境条例》所要求的公开透明、统一开放的市场要求相去甚远，也与《征信业管理条例》促进征信业公平竞争和健康发展的初衷相背离。其次，"政府背书式"的个人征信机构准入管制存在行政垄断嫌疑。个人征信牌照并不属于应限制数量的行政许可，征信监管部门应当为所有符合市场准入条件的申请者颁发牌照，而不应将机构数量作为停止实施《征信业管理条例》有关条款的理由。以控制个人征信机构数量为目标的准入管制将不可避免地提升行政垄断风险，一方面排除和限制充分竞争，提高个人征信机构的运行成本，另一方面为权力寻租制造空间。最后，个人征信机构过度准入管制还会降低审批监管工作有效性，不符合行政效率原则。例如，钱塘征信从筹办到牌照正式下发经历了约3年时间，远远超过《征信业管理条例》所规定的60日上限。①

（三）个人征信机构过度准入管制的合理性瑕疵

从表面上看，个人征信机构过度准入管制具有浓郁的"父爱主义式"监管特点，体现为征信监管部门对个人征信市场事无巨细的"关心"与事必躬亲的"爱护"，但在实质上却反映出征信监管部门对风险的极度敏感，认为只有经政府背书的个人征信机构才能确保信息安全，同时较少的个人征信机构数量有助于减轻事中事后监管负担。源于个人征信监管欲实现的政治目标与市场目标，以及监管者内部利益与市场主体利益之间存在分离，征信监管部门作为个人征信机构的外部管理者和利益维护者本无可厚非，但其并非理所当然是后者利益的代表者。实践表明，以个人征信机构过度准入管制换取信息安全在逻辑上难以自洽，如百行征信便因违反征信机构管理规定与信息采集、提供、查询及相关管理规定受到行政处罚②，因此，单纯以政府背书的方式限制个人征信机构准入无法绝对确保信息安全。诚然，信息安全是个人征信业健康有序发展的重要基石和基本前提，但如将其作为监管的唯一目标，甚至以限制信息流动与开发利用为代价，最终将阻碍我国个人征信业的整体发展，不利于个人征信产品与服务的大范围普及利用，从而难以从根本上扭转征信供需失衡的局面，同时还将弱化征信对个人信贷业的支撑作用，影响金融效率与金融安全。

---

① 《征信业管理条例》第7条第2款，国务院征信业监督管理部门应当依法进行审查，自受理申请之日起60日内作出批准或者不予批准的决定。
② 参见中国人民银行《银罚决字〔2023〕71—73号》，中国人民银行官网，http：//www.pbc.gov.cn/zhengwugongkai/4081330/4081344/4081407/4081705/5011459/index.html，访问日期：2025年1月11日。

三、我国个人征信机构市场准入管制的法治转型

（一）重塑包容与审慎并重的市场准入管制理念

1. 增强个人征信机构市场准入监管的包容性

当前的个人征信机构市场准入管制以传统的事前监管理念为基础，其首要目的在于切实防范征信市场体系发生系统性风险，确保个人征信市场绝对安全，最大限度保护被征信人合法权益，但与此同时也抑制和阻碍了个人征信业的创新发展。相较之下，"包容审慎监管旨在追求效率与安全的动态平衡，其要求政府给予新业态必要的发展时间与试错空间，并根据公共风险的大小进行适时适度干预，是有利于破解传统监管困局的新型监管模式"[1]。包容审慎监管通过对个人征信行业采取更加包容开放的监管策略弥补传统监管的不足，实现包容监管与审慎监管的有机统一，从而为个人征信业预留更大的发展空间。一言以蔽之，只要个人征信机构不违反法律法规、不触及安全底线、不损害公众利益，征信监管部门便不得以尚不存在的风险为由拒绝其进入市场。[2] 为适应新时代个人征信业高质量发展的现实需要，应进一步强化个人征信机构市场准入的包容监管色彩。

市场中具有一定数量规模和较强创新能力的个人征信机构是构建高质量个人征信体系的组织基础，作为现代市场经济产物的个人征信机构，其孕育、发展和创新离不开包容开放的市场环境。各国市场经济发展的实践已然证明，创新不是管出来的，而是放出来的，不是政府计划安排出来的，而是服务出来的。尤其是对作为数据和技术密集型产业的个人征信业，其创新发展高度仰赖于宽松和包容的市场环境。在个人征信机构的准入管制中，客观上存在难以调和的"不可能三角"困境，即征信监管部门不可能同时实现提供明确规则、降低系统风险、鼓励征信创新三个政策目标。如征信监管部门实施宽松的准入规则，会导致部分能力不强、质量不高的征信机构进入市场，虽能够在一定程度上鼓励和促进征信创新，但个人征信市场的泥沙俱下、鱼龙混杂也将提高系统风险，危害个人信息安全；如施以当前严厉的过度准入管制，虽能从系统上确保信息安全，却阻碍了个人征信业的公平竞争和创新发展，

---

[1] 刘权：《数字经济视域下包容审慎监管的法治逻辑》，《法学研究》2022 年第 4 期，第 37 页。

[2] 国务院原总理李克强提出，"新业态新模式只要不违反法律法规、不触及安全底线、不损害公众利益，就本着鼓励创新原则，为其成长留下足够空间"。参见《李克强在第十二届夏季达沃斯论坛开幕式上的致辞》（2018 年 9 月 19 日），中华人民共和国中央人民政府官网，https://www.gov.cn/xinwen/2018-09/19/content_ 5323722. htm，访问日期：2025 年 1 月 11 日。

抑制个人信用信息的深度开发利用。对此，征信监管部门应客观看待监管"不可能三角"困境，秉持更加包容的态度看待个人征信业发展中的问题并做好政策目标价值的衡量取舍，不能"一刀切"式地简单施以严厉的市场准入管制，在充分尊重市场发展规律和市场经济法治精神的前提下，作出有利于个人征信业整体利益和长远利益的选择，破解"要么不管、要么管死""一放就乱、一管就死"的监管困局。

2. 维持牌照制的个人征信机构市场准入模式

有学者指出，"市场准入管制放松并非一味地提升企业效率，若过度放松市场准入管制，企业效率不升反降"[1]。包容审慎监管是包容与审慎的对立统一，对个人征信机构实行牌照制的准入模式是审慎监管的重要内容，对于确保个人征信机构质量和维护被征信人合法权益具有独特的制度价值。当前，我国的个人征信法治建设与监管基础仍处于不断完善的进程中，对市场化个人征信机构设定相应的市场准入门槛能够有效保证其准入质量，最大限度减少征信业务违法违规乱象。因此，在今后较长一段时间内，以行政许可为主的个人征信业市场准入的管理模式仍应继续维持，征信监管部门需继续严格审查市场化个人征信机构是否符合市场准入的基本条件，根据审查结果决定是否颁发执业牌照。

此外，需正确认识和处理好牌照制与个人征信机构数量之间的关系。在信息时代，个人征信机构的数量并非越多越好，其数量越多，则意味着个人信用信息更加分散，不仅降低了信息的传播速度和利用效率，同时也加大了信用信息真实性和完整性的考证难度，不利于信息共享。因此，个人征信机构的数量应以能够充分满足市场的需求为限度。但是，市场中个人征信机构的数量是市场竞争优胜劣汰的结果，"行业监管机构最重要的作用是通过立法来制定行业规则，而不是规定或者限制行业内企业的数量"[2]。易言之，征信监管部门不宜直接通过授予牌照等行政许可手段来限定或影响个人征信机构数量，市场中个人征信机构数量是否充足或过剩不应作为征信监管部门是否授予牌照的考量因素。

（二）合理确定并细化完善市场准入审慎性条件

1. 细化个人征信机构独立性的认定规则

从芝麻信用等 8 家信用服务机构未能获得个人征信业务牌照的结果来看，

---

① 冉明东、何如桢、王成龙：《市场准入管制放松对企业效率的影响——基于〈市场准入负面清单〉动态调整的研究》，《财政研究》2023 年第 5 期，第 127 页。

② 廖理：《我国个人征信业发展现状及思考》，《人民论坛》2019 年第 20 期，第 77 页。

具备第三方独立性已经在事实上成为个人征信机构获得牌照的必要条件。作为举世公认的征信准则，需进一步细化个人征信机构独立性的认定规则，并从理念层面上升为规章制度，这是实现个人征信机构市场准入标准公开透明的必要环节。为了确保个人征信机构能够以独立、客观、公正的姿态作出决策，需对其业务上的独立性、股权上的独立性以及公司治理的独立性予以明确。笔者仍以芝麻信用等 8 家个人征信试点机构为例，其本身未直接或间接参与征信业务以外的信贷交易活动，初步具备业务上的独立性，症结集中于欠缺股权与公司治理上的独立性，表现为个人征信机构依托某一特定从事信用信息提供者、使用者同质化业务的企业或企业集团发起创建。例如，芝麻信用的大股东蚂蚁科技集团股份有限公司（持股 100%）、腾讯征信的大股东深圳市腾讯计算机系统有限公司（持股 95%）、前海征信的大股东深圳平安金融科技咨询有限公司（持股 98.55104%）均为涉足互联网金融的大型企业，"当大数据征信越来越成为头部平台企业的封闭生态的一部分时，就很难和其他个人征信企业数据联通"[①]，由此产生 "数据孤岛"，此类内部性极为明显的信息服务机构无从发挥对信贷业务应有的支撑作用，不具备成为金融基础设施的条件。股权上不具备独立性是公司治理不具备独立性的重要诱因，从事互联网金融业务的母公司以股权控制为抓手，进而以战略控制、财务控制、人事控制以及文化控制等方式，确保自身意志在个人征信机构的经营方针和重要决策中发挥决定性作用，使其成为在互联网金融市场谋求更大利益、占据竞争优势地位的工具。因此，虽然在制度上允许信用信息提供者与使用者成为个人征信机构的股东，但不能作为控股股东，须对其单一持股以及联合持股比例作出限制，防止其利用个人征信机构的信息优势损害其他竞争者的正当利益。

2. 剔除所有制因素作为个人征信机构准入的实质条件

市场化个人征信机构是公有资本与民营资本合作的典型范例。作为一种新型企业组织形式，混合所有制企业所具有的投资主体多元、运营效率更高以及机制更加灵活等优势已为实践所印证。相较于芝麻信用等 8 家个人征信试点机构在信用信息来源上高度依赖母公司的单一渠道，具备公家背景的市场化个人征信机构更容易突破特定的互联网闭环，从而提升信用信息的广泛性和有效性。但市场化个人征信机构的优势不足以弥补 "政府背书" 作为个人征信机构准入实质条件的合法性缺陷，混合所有制也并非确保个人征信机构具备第三方独立性的前提条件。根据《公平竞争审查制度实施细则》第 13

---

① 胡凌：《个人信用信息处理的法律制度结构》，《中国应用法学》2023 年第 2 期，第 43 页。

条，没有法律、行政法规或者国务院规定依据，不得对不同所有制的经营者设置不平等的市场准入条件。[①]《民营经济促进法（草案征求意见稿）》明确民营经济组织与其他各类经济组织享有平等的法律地位、市场机会和发展权利。[②] 就个人征信机构而言，采用何种所有制形式与其能否正常从事征信业务活动不存在必然关联，企业有权自主选择适合自身发展的所有制形式。在征信监管机制运作良好的环境中，民营个人征信机构并不具有比市场化个人征信机构更高的信息安全风险。排除所有制因素作为个人征信机构的准入实质条件，有利于畅通个人征信业市场化创新路径，填补我国尚无一家民营个人征信机构的发展空白。

第三节　细化业务规则，加强个人信息权益保障

一、个人信用信息的采集行为规则

在信用信息采集环节，实践中对于信息的采集范围、采集方式和手段仍有不同操作，被征信主体的知情权和同意权保障不够充分。

（一）关于信息采集范围

我国《征信业管理条例》第 14 条仅规定了禁止采集的个人信息，而对可以采集的信息范围未做规定。上海、深圳以及江苏等地的个人征信地方立法，对信用信息的采集范围有原则性规定，如个人信用信息的范围、无须同意即可采集的个人信用信息以及禁止采集的信息范围。但上述规定仍不够全面和具体，在明确个人信用信息的采集范围方面也有不同做法，不利于实现个人信用信息共享。

为充分保护被征信人的隐私权，个人信用信息采集范围之确定须根据不同类型信息与隐私权的密切关联程度。对于个人高度敏感信息，应秉持绝对严格禁止采集原则。此类信息主要指各类与个人信用状况和社会公共利益毫无关联且极易引起侵权的信息，如种族、血型、基因、政治意向和派别、宗教信仰、身心健康状况、疾病史、医疗史以及性生活等信息，对以上信息的

---

① 《公平竞争审查制度实施细则》第 13 条第（一）项规定："（一）不得设置不合理或者歧视性的准入和退出条件，包括但不限于：……3. 没有法律、行政法规或者国务院规定依据，以备案、登记、注册、目录、年检、年报、监制、认定、认证、认可、检验、监测、审定、指定、配号、复检、复审、换证、要求设立分支机构以及其他任何形式，设定或者变相设定市场准入障碍；……"
② 《中华人民共和国民营经济促进法（草案征求意见稿）》第 3 条第 3 款。

传播和使用不仅导致个人权利的必然侵犯，也不符合信息自由的精神。

个人一般敏感信息是否应纳入信息采集范围，应辩证地看待。与个人信贷交易信息相比，个人财产性收入信息虽然也能够反映自然人的信用状况和偿债能力，但其与个人隐私有更加密切的关系，面临不当采集和使用行为时更容易造成对个人隐私权的侵犯。故对于个人一般敏感信息，应采取相对禁止采集原则，限制其采集和利用，个人征信机构若要采集必须取得被征信人的明示同意。

在个人征信框架下，个人非敏感信息的采集和使用行为侵犯个人隐私的风险较小。对于个人非敏感信息中由公权力部门所掌握的个人身份识别信息和已经面向社会公开的行政处罚信息、司法判决信息等，征信机构可以直接采集。但对于个人非敏感信息中由市场主体所掌握的个人信贷交易信息，征信机构采集此类信息应当按照《个人信息保护法》的有关规定保证被征信人的知情权。

（二）关于信息采集方式

信用信息采集方式需要依法明确。对于可以采集的个人信息，哪些需要经过信息主体同意，哪些仅需要通知信息主体以及哪些可以径行直接采集，《征信业管理条例》需要作出更加细致的安排。目前的信息采集方式虽然扩大了个人信用信息的范围，却是以不同程度牺牲信息主体的相关权益为代价的。例如，《征信业管理条例》规定了信息提供者应履行不良信息的告知义务，上海、深圳则无此项制度安排。有论者也注意到，"目前征信系统采集的信息仅局限于金融机构，非银行信息的采集过程往往未经当事人同意，数据采集直接在信息共享部门之间完成，在当事人不知情的情况下采集入库"①。

在信息采集的方式上，为有效提升信用评价的准确性，应当在不侵犯人权与社会公平正义的基础上，合理压缩个人隐私保护范围，尽可能地扩大收集与利用征信数据的范围。② "立法贯彻'同意原则为主要，强制为辅助'较好地平衡了被征信人权益保障和征信产业发展需求之间的关系。"③ 无论采取何种信息采集方式，其实质反映的是信息主体的自主选择权，只有在立法上实现个人信用信息采集方式的统一，才能为其自主选择权提供更周到的保护。

---

① 中国人民银行南宁中心支行课题组：《征信业务中的个人隐私权保护研究》，《征信》2013 年第 3 期，第 33 页。
② 卜晓颖：《个人征信法律亟待完善》，《人民论坛》2018 年第 31 期，第 92 页。
③ 胡大武：《征信立法几个重大问题分析——以地方立法为考察对象》，《上海金融》2011 年第 1 期，第 99 页。

其中，负面信用信息的采集方式应予以重点关注，旨在保障被征信人的消极知情权。例如，比利时中央个人信贷登记系统 CICR 规定：（1）被征信人有权通过本人正在签订的信贷合同文本中的特定说明得知个人信用信息记录；（2）当附带有本人姓名的逾期债务情况首次被记录在任何一个档案中时，有权通过接收信函的方式被告知。

随着我国《个人信息保护法》正式确认"知情—同意"规则，信息主体的自主选择权有了来自法律层面的保障。除《个人信息保护法》《数据安全法》等法律、行政法规另有特殊规定外，处理个人信息应当取得个人的同意。为实现个人信息保护和个人征信业发展之间的平衡，未来的个人征信立法可在《个人信息保护法》的基础上，进一步细化不同类别个人信用信息的采集方式。

二、个人信用信息的加工行为规则

征信机构对原始信用信息的加工行为是形成信用报告的关键环节，为确保信用信息在此过程中的完整性、准确性以及安全性，避免信息失真和畸变，提升征信产品和服务质量，有必要对征信机构的信息加工予以规制。征信机构通过明确基本的信息处理规则，最大限度降低处理信息的随意性，把好"验收关"。

个人征信业的加工业务环节存在较多立法盲点，仅靠简短的原则性规定难以充分保证被征信主体的信息权益。与上海、深圳及江苏三地出台的个人征信地方立法相比，《征信业管理条例》对征信机构加工环节的规定着墨较少，其第 23 条可以看作对个人征信机构加工行为的原则性规定，即"征信机构应当采取合理措施，保障其提供信息的准确性"。然而，若将几乎所有业务活动均在线上进行和完成的大数据征信纳入考虑范围，准确性并非征信机构加工信息环节的唯一价值目标，还包括及时性、真实性、公正性等要求。

第一，及时性。及时性强调的是征信加工环节应该有时效方面的要求，对于任何一家追求营利的市场主体而言，时间就是生命，快速处理信用信息是个人征信机构高效率运作的必然要求。征信机构在采集完信用信息之后，应立即对其展开分析挖掘和归类汇总，不得随意闲置和堆积，以高效率地开展后续工作。第二，真实性。真实性强调的是对信息的加工不能背离其基本内容，不得随意篡改和扭曲，而不真实的信息不再是准确的信息，根据此类信息形成的个人征信报告和产品自然也就丧失了社会公信力。第三，公正性。公正性意味着对信用信息的加工处理是无私心的，整套流程都在依法合规的条件下完成，个人征信报告的形成也以科学合理的评价指标体系和标准为依据。总之，准确性、及时性、真实性和公正性是个人信用信息加工环节必须遵循的基本要求，相关立法应予明确。

三、个人信用信息的存储行为规则

征信机构不仅是信用信息的搬运工，也是信用信息的实际管理者。作为征信机构的核心资产，信用信息会集中存储至由其组建的金融信用信息数据库以接受严格的保护。个人信用信息的存储同样是个人征信业务的重要环节，起承上启下的过渡作用。存储环节主要涉及信用信息的存储方式、保障信用信息安全性的措施以及信用信息的保存时间三部分内容。

（一）关于信息存储方式

存储方式回答了采集后的信用信息应保存在何处并以何种方式存储。信息时代下，传统的纸质载体难以承受规模如此庞大的信息流，故其终将被征信业所淘汰。为提高数据管理效率，服务于征信业务开展，无论是中国人民银行征信中心，还是百行征信等市场化个人征信机构都建设和运营隶属于自身的个人信用信息数据库。在信用信息安全性的维护上，主要存在两方面威胁，一是来自个人信用信息数据库自身器质上的威胁，这可以通过定期的维护和更新工作予以避免；二是来自人为因素的威胁，征信法律制度可从加强管理、数据备份和明确权限三个方面予以规制，防止数据库因运营维护不当而发生数据盗窃、数据造假甚至数据大规模泄露事件，把好"管理关"。

（二）关于信息存储期限

有学者通过对各国个人信用信息存储时限规则的梳理，得出信用信息存储时限具有三个立法特点：第一，对不同类型的信用信息，如贷款信息、破产信息、法院判决信息等规定的存储期限不同；第二，各国规定的信用信息存储期限差异较大，存储期限的长短与一国经济社会发达程度不呈正相关关系；第三，违约金额大小影响信用信息存储期限的长短，二者呈正比例关系。[①] 对于个人信用信息的存储期限，我国《征信业管理条例》仅规定了个人不良信用信息的存储时限为 5 年[②]，上海和江苏均为 7 年[③]，深圳规定个人信用信息中特别记录的保存期限最长不得超过 7 年[④]。上述规则存在两个盲点：（1）回避了正面信用信息的存储问题；（2）未充分考虑导致负面信用信

---

① 王剑：《个人信用信息存储时限立法问题研究》，《金融理论与实践》2009 年第 2 期，第 79 页。

② 《征信业管理条例》第 16 条第 1 款规定："征信机构对个人不良信息的保存期限，自不良行为或者事件终止之日起为 5 年；超过 5 年的，应当予以删除。"

③ 《上海市个人信用征信管理试行办法》第 15 条第 3 款、《江苏省个人信用征信管理暂行办法》第 21 条第 1 款。

④ 《广东省深圳市个人信用征信及信用评级管理办法》第 18 条第 1 款。

息的不同因素。

采集正面信用信息可以更加全面地反映被征信人的信用状况，不论是促进信贷交易还是提升经济发展水平，都利大于弊。本书认为，关于正面信用信息的存储期限，个人征信报告可原则上予以永久显示，但需兼顾被征信人的利益需求。一方面，作为被征信人的永久财富，对正面信用信息的显示不仅能够便利其经济社会生活，也契合征信报告全面真实地展现被征信人偿债能力与偿债意愿的本义，否则，征信报告将沦为毫无价值的"信用白户"，因此不宜对正面信用信息的存储期限作出硬性安排。另一方面，正面信用信息所反映出的个人成功的信贷交易也属于个人私密生活的一部分，出于保护被征信人隐私权的需要，建议在其具有正当理由的前提下，赋予自主决定是否显示正面信用信息的权利。

在确定负面信用信息的存储期限时，既要充分考虑信贷人防范信用风险的基本需要，又要综合衡量负面信用信息显示对被征信人权益带来的不利影响，在综合考虑贷款类型、负债金额大小、持续时间、主观恶意等多种因素的基础上，合理确定存储期限。例如，法国规定如借款人在 30 天内仍未支付相关债款，贷款方将向法兰西银行提出将借款人姓名及欠债信息登记在全国家庭信贷偿付事故登记系统（FICP）的申请，最长保留期限为 5 年。另一种情形为债务人提交了过度负债的申请，家庭债务委员会（Household Debt Commission）将债务人的信息提交至 FICP，根据不同的情形，负面信用信息的存储时限分为 5 年与 7 年。比利时中央个人信贷登记系统（CICR）规定，如逾期债务存在正当事由，原则上在出现正当事由之日起 1 年后删除；如逾期债务不存在正当事由，从债务逾期之日起第 10 年后删除。德国舒发公司（Schufa）的存储规则是：（1）对于错误、不完整和过期的信息，在接到请求后立刻予以删除或更正；（2）当个人账户关闭时，依附于账户之上的合同缔结与执行信息被相应锁定；（3）对于来自其他公司的核查及请求，信息的留存时限为 12 个月；（4）其他个人信用信息的留存时限一般为 3 年；（5）与调解程序相关的数据最多可储存 10 年。

四、个人信用信息的披露和使用行为规则

个人信用信息的披露和使用处于征信业务诸环节的末端，是个人征信业务存在的根本目的，其价值因信用信息的使用而实现。披露和使用行为分别针对个人征信机构与信用信息使用者，个人征信机构将个人信用信息的成品，即个人信用报告披露给信用信息使用者，后者才能使用。完善个人信用信息的披露和使用规则，可从明确信用信息的披露方式、统一信用信息的使用范

围、规范信用信息的使用方式三个方面入手。

（一）关于信息披露方式

狭义上的信用信息披露，仅指个人征信机构向被征信人以外的机构或个人提供个人信用信息的行为，因此，不包括个人征信机构对被征信人的信息披露，也不包括被征信人的主动查询行为。一般情况下，信用信息披露的内容越翔实、数量越多，信任机制越稳固。[①] 但是，毫无限制的个人信息披露必将损害被征信人的权利。囿于个人信息的特性，"信用行为主体和数据收集主体对信用数据具有共有产权，同时行使所有权、支配权、使用权、收益权和处置权等权利"[②]。个人征信机构并未完全获得信用信息的所有权，同时其披露权也受到了来自信息主体等多方面的限制，不得随意披露或公开。例如，根据日本《个人信息保护法》第23条之规定，原则上个人信息处理业者在未经本人同意的情况下，不得向第三人提供个人数据。[③] 因此，除信用信息的采集环节外，被征信人同意仍然适用于披露环节，结合我国实际，可要求个人征信机构在向信用信息使用者披露负面信用信息时，及时通知被征信人，以充分保障其知情权；披露的信息为相对禁止采集信息时，应明确取得被征信人的同意。

（二）关于信息使用范围

根据《征信业管理条例》第18条和第20条，信用信息使用者必须在查询信息时与信息主体约定使用用途，且需完全按照约定用途使用信用信息。但是，《征信业管理条例》并未对约定范围作出进一步限定，存在立法空白，而上海仅正面列举了个人征信报告的应用场景[④]，使用范围又过于狭窄，亟待未来征信立法明确。笔者建议参考日本《贷金业法》的规定，原则上将个人信用信息的使用范围严格限定在对被征信人偿债能力和偿债意愿的调查上。

（三）关于信息使用方式

《征信业管理条例》第20条规定，信息使用者在经个人信息主体同意的情况下，可向第三方提供信息。在实践中，该第三方是除信息使用者之外的

---

① 章政、张丽丽：《信用信息披露、隐私信息界定和数据权属问题研究》，《征信》2019 年第 10 期，第 20 页。

② 章政、张丽丽：《信用信息披露、隐私信息界定和数据权属问题研究》，《征信》2019 年第 10 期，第 24 页。

③ 日本《个人信息保护法》第 23 条。

④ 《上海市个人信用征信管理试行办法》第 14 条。

任意第三方，还是必须与信息使用者存在某种关联的第三方，各界认识仍未统一。如果将第三方限定于第二类，则某种关联是指存在实质上的业务往来还是仅具有一般联系即可，经授权的个人信用报告可以提供给多个第三方还是唯一第三方，均无法从条例中得到答案。因此，征信立法应明确信息使用者向第三方提供个人信用信息的程序性要求。从防止信用信息被滥用和被征信人身份被盗用的角度考虑，笔者建议将该第三方严格限定在具有实质性业务往来的第三方。

五、便利个人征信投诉处理程序

我国被征信人除享有知情权、同意权、异议权等信息权利外，《征信业管理条例》还另行规定了投诉权。被征信人在行使异议权的过程中，有可能会面临个人征信机构的消极不作为，致使存在瑕疵的信用信息有可能继续被披露和使用，从而进一步损害被征信人的权利。所以，赋予被征信人投诉权并设计便利的行使程序对于被征信人权益保护具有积极意义。目前，个人征信投诉的处理程序存在征信投诉权的性质模糊、征信主体提起投诉的流程烦琐以及征信投诉的行政管辖制度不完善等缺憾。

（一）投诉权性质的解读

"投诉"一词广泛存在于我国的市场监管法律中，《中华人民共和国食品安全法》《中华人民共和国产品质量法》《消费者权益保护法》《中华人民共和国商标法》《中华人民共和国广告法》《中华人民共和国标准化法》均出现了"投诉"。投诉存在广义与狭义之分，狭义上的征信投诉是指征信活动中，信息主体认为信息控制者侵犯其合法权益而向征信监管机构投诉并要求其处理的行为，这与《征信业管理条例》规定的内涵更为吻合。[①]《征信业管理条例》第 25 条和第 26 条分别规定了信息主体在征信活动中享有的异议权和投诉权。为了细化条例关于投诉权行使的规定，中国人民银行于 2014 年 5 月发布了《征信投诉办理规程》，涉及了投诉的受理、投诉的取证与核查、投诉的处理决定等环节。个人信息主体投诉权的行使具有四个特征：（1）投诉者是信息主体；（2）被投诉者是征信机构或者信息提供者、信息使用者；（3）投诉理由是投诉者认为被投诉者存在侵害其合法权益的行为；（4）投诉受理机构是所在地的国务院征信业监督管理部门，即人民银行征信管理局或人民银行地方分支机构的征信管理处。因此，与异议权相比，投诉权的行使涉及三

---

① 王建刚：《完善我国征信信息主体投诉制度探究》，《西南金融》2016 年第 11 期，第 63 页。

方主体，需处理的关系更为复杂，下面笔者就投诉权与行政复议、行政诉讼的关系予以阐述。

（二）投诉权的救济方式

1. 投诉权与行政复议的关系。虽然《征信业管理条例》未能明确征信投诉权的性质，但其规定了征信管理局（处）有及时处理投诉的义务，并在 30 日内书面答复投诉人。2014 年《征信投诉办理规程》曾就征信投诉与行政复议之间的关系做了衔接，其第 18 条规定，投诉人、被投诉机构对投诉处理结果持有异议的，可以向做出投诉处理决定的人民银行分支机构上一级机构申请复议。但是，2024 年新修订的《征信投诉办理规程》未能直接明确征信投诉与行政复议之间的关系，仍需赋予投诉人不服征信投诉结果时的救济渠道。结合《中华人民共和国行政复议法》（以下简称《行政复议法》）的相关规定，征信监管部门对投诉的处理行为属于依申请而启动的具体行政行为。进一步说，征信监管部门对投诉的处理是具有强制力的行政确认或者行政裁决，而非行政调解，在实践中，有些部门将信息主体的投诉等同于信访活动的做法是完全错误的。为了更好地维护信息主体的合法权益，征信立法应将征信监管部门对投诉的处理行为界定为行政确认或行政裁决，从而纳入具体行政行为的范畴。一旦被征信人对征信监管部门的处理决定不服，便可适用《行政复议法》的规定，既可以向上一级征信监管部门申请行政复议，或者直接向法院提起行政诉讼。

2. 投诉权与行政诉讼的关系。根据《征信业管理条例》第 26 条的规定，信息主体认为征信机构或者信息提供者、信息使用者侵害其合法权益时，既可以选择行使投诉权，也可以向人民法院起诉，应如何认识两种救济途径之间的关系？根据《征信投诉办理规程》第 10 条，投诉事项已通过司法等途径受理或者处理的，人民银行分支机构不予受理。因此，信息主体欲寻求权利救济，只能在投诉权和起诉权之间作出选择，不可同时行使。由于两种救济渠道是完全并列的关系，行使投诉权也并非向法院起诉的前置程序，因此，信息主体可以放弃行使投诉权直接向法院提起诉讼，如果信息主体在征信管理局（处）受理投诉之后作出答复之前向法院提起诉讼，则征信管理局（处）不再对投诉事项进行核查和处理，宣告程序终结。

（三）投诉权行使的便利化

1. 简化信息主体的投诉流程

目前，信息主体提起投诉的流程较为烦琐，与市场经济所追求的效率精神不契合。被征信人的征信投诉流程基本都在线下完成，需要填写纸质版《征信投诉受理单》和提供身份证明，除可以现场办理投诉外，其他方式也仅限传真、书信、电子邮件等常规渠道。在美国，联邦贸易委员会于 2004 年便建立了"消费者哨兵网络"投诉数据库，接受消费者包括征信方面的各类投诉。[①] 美国金融消费者保护局则从 2012 年开始受理消费者对信用报告问题的投诉，在其官方网站醒目位置设立金融消费网络投诉平台，通过动画、流程图、案例等形式，详细说明投诉操作流程、投诉注意事项、可能达成的结果、结果反馈方法等。[②] 打通征信投诉的线上处理渠道不仅可以方便信息主体提起投诉，同时也有利于征信监管部门高效处理征信投诉。为此，中国人民银行征信监管局可以建立全国统一的征信投诉线上受理平台，省一级分行征信监管处也可建立各自的线上受理平台，简化征信投诉受理流程，为信息主体提供更加多样化的投诉渠道。

2. 细化征信投诉行政管辖制度

《征信业管理条例》只规定了信息主体向"所在地"国务院征信业监督管理部门提起投诉，2014 年《征信投诉办理规程》对"所在地"予以一定程度的细化，根据第 11 条的规定，"所在地"包括投诉人所在地和被投诉人所在地两种情况。事实上，个人征信的投诉人作为自然人，其所在地包括户籍地、居住地和临时居住地等多种不同情况。如被投诉人是征信机构的分支机构，也存在征信机构所在地或分支机构所在地等不同选择，对商业银行、信贷公司等信息提供者、信息使用者同理可断。出于提升投诉处理效率的现实需要，2024 年新修订的《征信投诉办理规程》将"所在地"仅限定为被投诉人所在地，压缩信息主体的投诉选择空间，与便民原则不相契合。[③] 此外，侵权作为投诉的主要原因，该条尚未将侵权行为发生地和侵权结果发生地纳入考量范围。受理机构的不明确极易造成责任的相互推诿，不利于信息主体权益的保护。

因此，要建立切合实际的征信投诉行政管辖制度，征信立法应明确信息主体可向其户籍所在地或经常居住地、被投诉机构的注册登记地或实际营业地等任何一家征信监管部门提起投诉。涉及侵权行为的，可向侵权行为发生地或侵权结果发生地中的任何一家征信监管部门提出投诉申请。信息主体同时向符合条件的多个征信监管部门提出投诉申请的，由最先受理的机构负责处理。为了防止被征信人滥用投诉权，在投诉已被有关征信监管部门受理的

---

① 袁新峰、赵强、甘瀛：《美国消费者征信行业的经验及启示》，《征信》2015 年第 3 期，第 65 页。

② 杨岩、王薇：《借鉴美国经验 完善我征信信息主体投诉机制》，《征信》2017 年第 10 期，第 65 页。

③ 参见 2024 年《征信投诉办理规程》第 4 条，征信投诉由被投诉人所在地中国人民银行分支机构管辖。

情况下，无正当理由不得再行变更投诉的受理机构。

六、探索个人征信领域的信用修复机制

（一）个人征信修复的实践争议与概念廓清

在我国的征信实践中，"征信修复"是一个充满争议的概念。我国《征信业管理条例》并未明确规定"征信修复"概念，但随着征信在人们经济社会生活中发挥越来越重要的作用，部分不法分子利用消费者急于消除征信不良记录的迫切心理，以所谓"征信修复""征信洗白"的名义实施诈骗敛财活动，其手段无外乎伪造材料、重复申诉以及恶意投诉等，扰乱了正常的征信监管秩序。对此乱象，中国人民银行征信中心认为，与征信异议、信用修复等近似概念存在混淆是产生"征信修复"骗局的重要原因，对"征信修复"的表述予以否认。① 然而，概念上的排斥并不能带来客观现象的消亡，为了有效回应实践中的上述问题，需要从学理上对"征信修复"的内涵与其背后的社会现象展开分析。为了与"个人征信修复"以及社会信用体系语境下的"个人信用修复"概念相区分，本书采用"个人征信领域的信用修复"的表述，或简称为"个人征信信用修复"。

在个人信用制度极为发达的美国，个人征信领域的信用修复业务（Personal credit repair）存在已久，其不仅是个人征信体系的环节之一，更是个人债务管理的重要表现。实施个人信用修复的机构既包括个人征信机构，也有专业的个人信用修复公司、个人债务催收公司等，在功能上也有所区别。个人征信机构主要负责对被征信人所提异议的处理解决，尤其是被征信人享有较多的异议申请渠道，且异议处理机制运行高效、流程透明，更容易实现个人信用修复目标。除此之外，美国还积极发展专业化的个人信用修复机构，使之成为个人信用修复的补充途径，与市场化的个人征信机构形成了良好的功能互补。个人信用修复机构主要为债务人提供各类债务管理服务，包括个人信用修复公司和个人债务催收公司等非征信机构，通过量身定制偿债计划帮助债务人重建信用能力或启动个人信用破产程序，并将个人信用修复的结果及时告知个人征信机构，成为推动个人信用修复市场化运作的重要力量。

本书认为，个人征信领域的信用修复，是指个人征信机构将被征信人的负面信用信息予以封存或删除的行为。具体包括两种情形，第一种是实质上

---

① 《"征信修复"不可信 信用记录要珍爱》，中国人民银行征信中心官网，http：//www. pbc-crc. org. cn/zxzx/zxfwzn/202406/f3df4c8343bd4b5fbcb53a124cfc65de. shtml，访问日期：2025 年 1 月 11 日。

的信用修复，即被征信人通过主动纠正失信行为从而使负面信用信息在经过法定保存期限后被个人征信机构删除，其依据是《征信业管理条例》第16条确立的个人负面信用信息存储时限规则。第二种是形式上的信用修复，即非因被征信人自身原因导致的负面信用信息失实或错误，如被征信人在完全纠正失信行为之后其负面信用信息超过最长存储期限仍未被个人征信机构删除，或个人征信机构记载的负面信用信息的内容要素与实际情况不符等，在以上情形下由被征信人向个人征信机构行使异议权要求更正或删除，其依据是《征信业管理条例》第25条确立的征信异议机制。可见，征信异议不等同于个人征信信用修复，而属于后者的一部分。

需要强调的是，个人征信领域的信用修复与社会信用体系语境中的信用修复属彼此独立的范畴，需做严格区分。作为社会信用体系建设重要机制的信用修复，是完善守信联合激励和失信联合惩戒机制的重要环节，是失信主体退出惩戒措施的制度保障。2023年1月，国家发展改革委颁布《失信行为纠正后的信用信息修复管理办法（试行）》，服务于社会信用体系建设法治化、规范化的信用修复统一规则初步形成。① 根据该办法的规定，信用修复是指信用主体为积极改善自身信用状况，在纠正失信行为、履行相关义务后，向认定失信行为的单位或者归集失信信息的信用平台网站的运行机构提出申请，由认定单位或者归集机构按照有关规定，移除或终止公示失信信息的活动。② 社会信用体系语境中的信用修复机制针对的负面信用信息主要是违法类失信信息，包括严重失信主体名单信息、行政处罚信息和其他失信信息，与之相对应的信用修复方式分别是移出严重失信主体名单、终止公示行政处罚信息和修复其他失信信息。③

（二）区分不同类型负面信用信息的修复规则

负面市场信用信息，即违约类失信信息，构成被征信人负面信用信息的主要部分。违约类失信行为的本质是，发生在平等民商事主体间的债权债务关系平衡状态被打破，包括但不限于信用卡以及各类贷款逾期不偿还，等等。被征信人若存在较多的不良信用信息，会对其经济活动和日常生活带来诸多

---

① 在《失信行为纠正后的信用信息修复管理办法（试行）》颁布之前，部分地方已经颁布本行政区域内的信用修复办法，省级地方性法规如《浙江省公共信用修复管理暂行办法》《吉林省公共信用修复管理暂行办法》《河南省公共信用信息修复管理办法（试行）》《陕西省公共信用修复管理暂行办法》等；市级地方性法规如《威海市公共信用信息异议处理和信用修复办法（试行）》等，但信用修复的具体规则并不相同。

② 《失信行为纠正后的信用信息修复管理办法（试行）》第3条。

③ 《失信行为纠正后的信用信息修复管理办法（试行）》第4条、第7条。

不便。在经济尤其是金融领域，依托央行金融信用信息基础数据库和市场化个人征信机构，交易相对方可以快速锁定失信人和准确掌握其信用状况，根据具体的失信程度采取相应的交易防御行为，如银行提高贷款利率和降低信用卡透支额度、企业提高交易条件、保险公司提高保险费率等。对于"老赖"等严重失信人，绝大多数理性交易主体会拒绝与其交易，从而减少经济损失，保障交易安全。诸如此类的市场性惩戒措施，其以金融信用信息产品为基础，以市场声誉机制为介质，把是否与失信者进行交易的选择权交给市场主体，由其根据自身实际情况作出判断。

市场性惩戒虽然能够产生将失信人剔除交易市场的效果，但仍属于平等主体之间实施的旨在促成债权债务关系终结的惩戒。因此，违约类失信信息的修复须遵循意思自治原则，原则上应由民法等私法予以调整。对于属于信贷交易的违约类失信信息，被征信人可通过主动偿还债务、提供担保或与债权人达成和解等平等自愿的方式纠正失信行为。对于涉及电信业务、水电气等公用事业的非信贷交易的违约类失信信息，被征信人可通过主动结清欠款予以纠正。个人征信机构作为被征信人违约类失信信息的实际控制者，是个人违约类失信信息的最佳修复者。《个人信用信息基础数据库管理暂行办法》第四章详细规定了商业银行和个人信用信息数据库在个人征信信用修复中的具体职能。

个人征信报告中的负面公共信用信息，既有欠税信息、行政处罚信息等违法类失信信息，也包括民事判决信息、强制执行信息等涉司法信用信息，是公权力主体对被征信人未能履行法定义务或生效法律文书确定义务的否定性评价，其修复应当受到行政法、诉讼法等公法的调整。为确保社会信用法制的统一性，负面公共信用信息的修复规则应当遵循"失信人主动纠正违法行为、履行法定义务或生效法律文书确定义务—失信人向主管部门提出信用修复申请—主管部门在法定期限内审查并作出是否予以信用修复的决定"的逻辑进路，信用修复的主体不再是个人征信机构，而是相应的政府主管部门和审判部门。例如，税务部门是逃避缴纳税款、骗取税款、虚开增值税专用发票等纳税信用失信行为的信用修复主体，人民法院执行部门是失信被执行人的信用修复主体。需要强调的是，社会信用体系语境下的信用修复并无相应的负面信用信息存储时限规则，个人征信报告对负面公共信用信息的呈现应当与政府公共信用信息公示平台、人民法院失信被执行人名单信息保持动态一致。

（三）注重发挥消费者债务催收行业的作用

现实生活中，仍有大量债务人囿于各种因素无法按时偿还债务，被债权人催债直至提起给付之诉，最终成为被执行人甚至失信被执行人。随着征信在经济社会中的应用场景不断扩大，负债者中不乏存在大量有强烈信用修复需求的失信主体，但与之相应的是我国消费者债务催收行业发展较为滞后，相关法律制度的缺位使部分债务催收行为处于监管被动。

消费者债务催收行业属于商账追收业，是信用服务业的重要组成部分，在个人征信信用修复机制中扮演着重要角色。消费者债务催收行业的主体是各类合法的催债机构，如商账追收公司根据合法的追收程序和手段提供专业的债务回收服务，因此区别于传统的讨债。授信机构、律师事务所虽也能够在一定程度上从事逾期债务催收业务，但并非专业的债务催收机构。与资信调查、信用担保、信用保险以及信用保理等旨在促成信用交易的信用服务业不同，消费者债务催收侧重于终结不稳定的信用关系，通过款项的及时回收实现债权债务关系的消灭，虽然处于整个信用关系链的尾端，但对整个信用体系的稳健运行发挥重要作用。

在我国，合法的债务催收机构陆续产生，但相关法律法规的缺失使商账追收业的法律地位仍未得到明确。虽然中国互联网金融协会于 2024 年 4 月制定发布《互联网金融贷后催收业务指引》，但其类型为行业自律性规范，且内容仅针对涉及互联网金融贷款的债务催收，对商账追收业务的规范作用有限。在实践中，债权人在正式向法院提起民事诉讼之前，常会委托律师事务所向债务人发出偿还债务通知书，但律师并非专业的债务催收人员，此种途径也仅是正式提起诉讼之前的缓冲。除律师事务所外，市场中某些所谓的讨债公司也并不具备合法性，易导致对债务人合法权益的侵害。因此，关于消费者债务催收方面的法律规则亟待完善，笔者建议，可在社会信用立法中正式明确商账追收业作为一类独立的信用服务行业的法律地位，从法律性质上将商账追收业与其他讨债行为相区分，确立公平催债的法律原则，细化债务催收的业务规则，明确商账追收机构的成立条件、法律责任和监管部门。

第四节　创新业务监管，持续提升征信监管效能

一、创新个人征信业务监管的方式

传统业务监管模式以强制力作为后盾，主要采用单向性、惩戒性的行政手段实现管理目标。有学者指出，中国人民银行对征信业务的监管不外乎"基本为现场检查、重点为合规检查、性质为结果监管、方法为抽查监管"[①]。

[①] 曹威：《人民银行征信监管现状及问题分析——基于博弈论等管理学视角》，《征信》2016 年第 6 期，第 26—27 页。

传统监管的理念是将市场主体的完整生命周期予以切割，不能保证监管的连续性；无法兼顾不同生产领域市场主体的特殊性，监管成本高、效率低，产生了监管主体单一、监管力量分散等实践弊端。由此，应以加强个人信息权益保障为重点，创新个人征信业务的政府监管方式。

（一）市场化个人征信机构引入信用监管

征信机构管理、征信业务管理以及征信从业人员管理是我国征信业监管的重要内容，中国人民银行及其派出机构作为征信业监管部门的现有格局应予以维持，在此基础上进一步探索监管机制的创新路径。市场化个人征信机构不仅是从事信用服务的社会化机构，从被征信人的角度看，其还是社会化的信用监管机构。因此，市场化个人征信机构失信所带来的危害和损失较普通企业更为严重，而新型的信用监管为我国征信业监管机制的创新提供了可能的方向，即按照社会信用体系建设的总体规划，建立覆盖所有个人征信机构的信用记录，其中尤其以法人代表、高级管理人员以及从业人员的信用记录为重点。

对于市场化个人征信机构而言，其同样是以实现自身利益最大化为基本目标的市场主体，追求利润、积累财富是包括企业在内的一切市场主体的本能。市场经济的局限性、政府职能的缺位以及法律制度的不健全等多种因素不可避免导致市场主体以损害社会公共利益为代价来追求利润最大化。具体到个人征信领域，小至侵犯被征信人合法权益，大到危害社会整体公益，都可以看作征信机构的失信行为，并将其纳入统一的信用监管框架。

采取强市场型监管是我国政府的基本立场，在一定时间内，政府与市场力量的此消彼长是多种因素共同作用的结果，而非简单的正反比例关系。实践已经证明，强监管不一定导致弱市场，弱监管也并不必然带来强市场。信用监管不仅能实现充分的市场竞争，还能通过完善的信用机制将失信的主体及时隔离，是一种低成本的监管机制。同时，信用监管以分级分类为主要形式，根据市场主体所具有的生产经营风险和企业信用评价结果实行动态监管。对于信用良好的市场化征信机构，应逐步确立以内部管理为主、"双随机"抽查为辅的自我监管模式；对信用一般的市场化征信机构，仍然需要维持必要的常规监管，以"双随机"抽查为主要措施，同时加强行业协会组织建设，发挥其内部约束功能；对信用较差的市场化征信机构，应提高"双随机"抽查的频率，使行政资源更多向监管重点倾斜，实现外部管理的常态化、网格化和精确化。

（二）以大数据征信促监管方式变革

互联网技术正在引发征信领域的巨大变革，大数据、云计算、区块链等数据处理技术的广泛应用对个人信息权益保护提出了更高的要求。大数据征信的出现虽未从根本上动摇当前的征信监管框架，但监管对象的范围被扩大了。"个人征信机构的信息提供者和使用者不像金融机构容易管理，它可能是机构，也可能是遍布全国的个人。"① 例如，美国修订后的《公平信用报告法》已将大数据公司纳入征信机构的范围。"如果一些公司使用关于消费者的信息来进行分析，包括对一个群体进行分析，并用这个分析对消费者作出相关决定，那么联邦贸易委员会、消费者金融保护局就把它认定为征信机构，并对其进行相应的监管。"② 对于传统征信中的"信用白户"，大数据征信提高了他们获得信贷的可能性，但也提高了数据失真的概率。为此，确保大数据征信机构所采集信息的准确性和真实性，以及大数据应用过程的透明性是对大数据征信机构开展监管的主题，征信监管机构应根据大数据征信的新特征和新模式，探索针对大数据征信机构的监管措施。

需要明确的是，大数据、云计算以及区块链等信息技术只是征信业发展和完善自身的重要形式，信息技术在征信领域的应用并未改变征信的本质，因此，征信监管的核心仍然是加强对信息主体的权益保护。针对大数据征信的新特点，征信监管部门应从以下两个方面提高监管的有效性：

第一，加强对大数据征信机构的行为监管。传统征信监管内容的重心是征信机构的组织而非行为，因为传统征信机构的信用信息来源较为固定，范围也较为狭窄。而大数据征信公司有更广泛的信用信息来源以及更强大的信息分析处理能力，大大拓宽了个人信息的范围，也造成个人信息、信用信息和个人隐私边界的模糊化。个人信息收集的界限模糊化，客户的隐私可能会面临被搜集、挖掘甚至非法存储和贩卖的风险。③ 日常生活中，各式各样的网络应用和手机 App 在采集信息时并没有详细区分个人信息、信用信息以及个人隐私，针对传统征信机构的业务规则并不能完全适用于此类机构，被征信人的合法权益难有充分保障。因此，完善对大数据征信机构的行为监管是保护信息主体权益的题中应有之义。

第二，对大数据征信实行过程监管和动态监管。大数据征信表现为对信用信息进行自动采集、存储、分析和结果输出，对信用风险进行实时、动态的跟

---

① 陈志：《我国大数据征信发展现状及对征信监管体系的影响》，《征信》2016 年第 8 期，第 49 页。

② 梅根·考克斯：《个人征信原则与大数据应用》，《中国金融》2017 年第 11 期，第 22 页。

③ 刘肖原：《我国社会信用体系建设问题研究》，知识产权出版社 2016 年版，第 172 页。

踪和管理，因此可以使信息主体的信用状况以动态性、交互性的方式呈现。传统型的静态监管、结果监管并不符合大数据征信的特点，应对大数据下的征信业务实行动态监管和过程监管，建立事前、事中、事后的全面监管体系。

二、建立个人征信业监管协调机制

（一）建立个人征信业监管协调机制的缘由

1. 中国人民银行并非专业的个人信息保护机构

中国人民银行征信管理局及其派出机构是我国征信业唯一的监管机构，但是中国人民银行不一定是最佳的个人信息保护机构。

从国外经验来看，对征信业的政府监管往往是由多个部门共同完成的，如中央银行、金融消费者保护机构或者个人数据保护机构。根据业务最密切联系原则，中国人民银行成为我国最适宜的征信业监管者。随着征信监管内容的重心由机构监管向业务监管转变，中国人民银行是否是个人信用信息的最佳保护者？在美国，个人信用信息归属于金融隐私，由金融消费者保护局予以保护；在日本和韩国，由专门的个人信息保护机构履行此项职责；在法国、德国和北欧国家，则设置专门的数据保护局对个人信息进行严格保护。中央银行虽然能够经手海量的个人信用信息，但似乎国外并不将其作为专业的个人信息保护机构。根据我国《个人信息保护法》第 60 条的规定，履行个人信息保护职责的部门包括国家网信部门、国务院有关部门以及县级以上地方人民政府有关部门。①

2. 有利于对被征信人的多重身份实现"一体保护"

被征信主体不仅是信息主体，还是信用消费者。个人征信业"大监管"格局的意义，就在于能够对被征信主体的多重身份实行"一体保护"。2015年 11 月，国务院办公厅印发《关于加强金融消费者权益保护工作的指导意见》，不仅明确"金融管理部门要按照职责分工，切实做好各自职责范围内金融消费者权益保护工作"，还要"健全金融消费者权益保护机制"，将金融消费者的财产安全权与信息安全权并列，突出金融消费者权益保护基于一般消费者的特殊性。对金融消费者信息安全权的保护与个人征信监管的目标存在一定重合，征信监管部门应加强与其他金融监管机构尤其是金融消费者权益

---

① 《中华人民共和国个人信息保护法》第 60 条第 1 款、第 2 款："国家网信部门负责统筹协调个人信息保护工作和相关监督管理工作。国务院有关部门依照本法和有关法律、行政法规的规定，在各自职责范围内负责个人信息保护和监督管理工作。县级以上地方人民政府有关部门的个人信息保护和监督管理职责，按照国家有关规定确定。"

保护部门的协调与合作。

此外，《征信业管理条例》的部分条款涉及对信用信息提供者与使用者的监管和处罚，其充分实施也离不开征信监管部门与其他金融监管机构之间的相互配合。例如第 34 条规定，"经营个人征信业务的征信机构、金融信用信息基础数据库、向金融信用信息基础数据库提供或者查询信息的机构发生重大信息泄露等事件的，国务院征信业监督管理部门可以采取临时接管相关信息系统等必要措施，避免损害扩大"。征信机构和金融信用信息基础数据库接受征信业监督管理部门的监管无可厚非，但是后两者以相同的方式接受其监管值得商榷。信用信息提供者与使用者的组织类型涵盖企事业单位、行政部门以及司法部门，但以银行类金融机构为主。现代征信制度下，信用信息提供者也是信用信息使用者，在金融征信关系中，二者存在非常典型的角色转换关系。[①]虽然公共征信机构与市场化个人征信机构在信用信息提供者的类型上各有侧重，绝大多数信用信息提供者与使用者的法定监管机构并非中国人民银行。

3. 可以加强对公共征信系统的外部监管

个人金融信用信息基础数据库的监管工作是由中国人民银行征信管理局完成的，性质上属于自查自纠的内部监督。在建有中央信贷登记系统的某些欧洲国家，如法国和德国，公共征信系统不仅要受到来自中央银行的内部约束，更要受到国家信息保护部门的外部监管，防止侵害个人信息权益的事件发生。中国人民银行征信中心作为隶属于中国人民银行的事业单位，其工作人员同样是有事业编制的中国人民银行工作人员。在地方分支机构层面，征信管理部门与征信分中心仍是"一套人员，两块牌子"，承担征信管理和征信系统建设双重职责。[②]在实践中，外部监管缺位的后果就是以中国人民银行征信中心为被告的民事侵权纠纷数量不断增多。相关统计数据显示，截至 2017 年底，征信中心涉诉案件共计 64 起，其中民事诉讼 61 起，行政诉讼 3 起，涉及征信纠纷 59 起，登记纠纷 5 起。[③]故仅由征信管理局对公共征信系统开展监管是不够的，未来的征信立法应当明确我国公共征信系统的外部监管部门。

（二）个人征信业监管协调机制的组成部门

中国人民银行虽然是我国征信业的监管机构，但不是金融机构的法定监

---

① 翟相娟：《个人征信法律关系研究》，上海三联书店 2018 年版，第 28—29 页。
② 王婉芬：《〈征信业管理条例〉实施中存在的问题及建议》，《征信》2013 年第 12 期，第 30 页。
③ 《专题研究：征信中心业务涉诉案件总体情况及典型案例分析》，上海资信（搜狐号），https://www.sohu.com/a/234739964_99921185，访问日期：2020 年 2 月 24 日。

管机构。党的十八大以来，为适应金融混业经营的发展需要并积极应对其风险，我国金融机构的监管部门经历了多次机构改革。2018 年 3 月，原中国银监会和中国保监会合并，由新成立的中国银保监会作为全国银行业和保险业的法定监管机构。2023 年 3 月，在中国银行保险监督管理委员会基础上组建国家金融监督管理总局，中国银行保险监督管理委员会退出历史舞台。根据国家金融监督管理总局"三定方案"，其不仅继承了原中国银行保险监督管理委员会的主要职责，还承接了中国人民银行对金融控股公司等金融集团的日常监管职责以及有关金融消费者的保护职责，依法对除证券业之外的金融业实行统一监督管理。征信业与信贷业密不可分，信贷业对征信业的影响不可低估，商业银行不仅是最主要的信用信息提供者和使用者，也是各类信贷政策的实施对象。

金融业是与征信业关系最为密切的行业，建立个人征信业监管协调机制不仅是完善金融监管协调机制的环节，也是打造征信"大监管"格局的制度前提。建议围绕个人信用信息的流动来确定征信监管协调机制的参与部门，构建由中国人民银行牵头，国家金融监督管理总局、国家互联网信息办公室等相关部门参与的个人征信业监管协调机制。

三、强化行业协会的自律监管职能

（一）重视征信业自律监管的作用

信用服务业作为知识和技术密集型的新兴服务业，具有经济社会效益好、企业边际成本递减、行业自律要求高等特点，发展潜力巨大。[①] 所谓行业自律，是指由同一行业的从业组织或人员，为保护和增进共同的利益，在自愿基础上依法组织起来，共同制定规则，以此约束自己的行为并实现行业内部的自我管理，具有民间性（非政府性）、自律性以及非营利性等属性。[②] 高度的行业自律性，既是信用服务业的重要特征，也是个人征信机构保持高度独立性、中立性、公正性的客观要求，更是我国个人征信监管多元治理中不可或缺的环节。

政府监管与行业自律虽同属市场治理的两种最主要的制度安排，但在监管的主体、内容和方式上存在明显区别，不能简单地作出孰优孰劣的评价。政府监管可以有效弥补行业协会利益追求的局限性、自觉管理意识的相对性、强制力及执行力欠缺的不足，但更容易将行政机关和市场主体的关系放在对

---

① 曾光辉：《促进我国信用服务业发展的思路研究》，《现代经济信息》2016 年第 10 期，第 360 页。
② 张忠军：《金融业务融合与监管制度创新》，北京大学出版社 2007 年版，第 280—281 页。

立的位置，无法从根源上肃清市场乱象和维护市场主体的合法权益。相较之下，行业自律具有全面性、高效性、自觉性、灵活性、预防性等管理优势[①]，如能充分借助行业协会的力量加强对个人征信业的自我管理和内部约束，不仅能够协助政府做好个人征信业的监管工作，同时也使个人征信市场的治理取得事半功倍的效果。鉴于行业协会在协助政府监管和推动社会信用体系建设方面的独特作用，党的十九大报告多次提及社会组织，强调要"发挥社会组织作用，实现政府治理和社会调节、居民自治良性互动"，从而为行业协会的发展指明了方向。

（二）征信业行业协会的基本职能

充分发挥征信业行业协会的基本职能是助力政府监管的前提，主要包括行业服务、维护权益、行业协调与行业自律四个方面。[②]

首先，行业协会应为个人征信机构提供优质服务，满足会员的基本发展需求，提高会员的发展质量。为会员提供的服务包括信息咨询、行业活动、科技标准、宣传推广、维护权益以及行业咨询、战略规划等。

其次，行业协会作为个人征信机构的利益代表，应切实有效维护本行业的整体利益和个别征信机构的合法权益。行业协会应积极参加由政府组织的涉及有关行业发展、行业改革以及行业升级的决策论证程序，立足本行业的发展实际和利益诉求，通过及时反馈和提出建议，从而影响政府出台有利于个人征信业发展的政策与法律法规。

再次，行业协会作为沟通政府和市场的桥梁，还承担着协调不同利益主体关系的任务。行业协会对内需要协调各征信机构间的关系，尤其是通过规范市场竞争秩序以防止各类不正当市场竞争行为，从而实现各征信机构利益关系的协调和长期的共存共荣。此外，行业协会对外还要协调会员与非会员、个人征信业与其他行业及经济组织间的关系。

最后，个人征信业行业协会需依据相关法律法规和协会章程对行业进行自律监管。自律监管的范围应尽可能实现对所有个人征信机构的全覆盖，涉及其生命周期的全过程。对资质达不到基本标准和要求、实施垄断和不正当竞争行为、损害消费者合法权益及社会公益、存在违法犯罪情形以及损害行业整体形象的会员，行业协会应依法依规对其采取相应的惩戒措施或建议政府部门认真查处。

---

① 张忠军：《金融业务融合与监管制度创新》，北京大学出版社 2007 年版，第 287—288 页。
② 即服务职能、协调职能、维权职能、自律职能，参见张忠军：《金融业务融合与监管制度创新》，北京大学出版社 2007 年版，第 285—286 页。

（三）强化个人征信业自律监管的途径

加强个人征信业的自律监管，当务之急是采取以下五项举措。

第一，成立中国征信业协会，集代表行业整体利益与维护会员合法权益的功能于一体，并在此基础上细分为企业征信与个人征信两大分支。

第二，研究制定《中国个人征信行业自律公约》。自律公约是行业协会推动行业自律的宣言书，在《企业征信服务机构自律公约》《北京市征信机构自律公约》《湖北省信用评级机构自律公约》《陕西省企业征信和信用评级行业自律公约》等已有公约的基础上，适时制定适用于我国个人征信业的自律公约。

第三，既要促进行业协会与监管部门间的密切协作，又要构建两者的相互制约机制。行业协会与政府部门通过不同的监管方式实现共同的监管目标，因此具有极强的互补性。但是，"刚柔并济"状态的实现和维持是有条件的。由于社会组织固有的比较劣势，行业协会的自律监管应在法律框架内运行，同时接受政府的监督和指导，具体表现在其制定的规则和标准必须经过监管部门的审查和备案才能付诸实施。但是，政府对行业协会的监管不许直接干涉其内部运作，应保障其独立地位，确保其履行基本职能的自主性。

第四，强化行业协会的规章制定权。除要制定行业自律规约外，为了提高个人信用信息资源的使用效率和实现信息共享，行业协会可借鉴美国、日本征信业行业协会的经验制定征信机构的统一执业标准，包括但不限于信息采集标准、数据库建立和管理标准、个人信用产品生产标准、个人征信报告文本标准等，作为征信业领域国家级标准的重要补充。

第五，赋予行业协会非法律惩罚权。面对个人征信行业形形色色的不正当竞争行为，法律法规难以一网打尽。为了有效发挥行业协会的自律作用，行业协会一定是"带牙齿"的行业协会，这需要法律明确赋予其非法律的处罚权。[①] 此外，在不断加快推进企业信用治理的今天，基于行业协会信用的比较优势，在法律法规强制配套和会员自利理性的配合下，行业协会也成为守信得利、失信受罚的最佳监督者和最佳执行者。[②]

---

① 张忠军：《征信法律制度中的政府角色》，《法学》2005 年第 9 期，第 98 页。
② 朱国华等：《行业协会信用制度研究》，同济大学出版社 2005 年版，第 34 页。

结束语

　　信用是美好的，但也是脆弱的，信用是人类所具有的最美好的品质之一。故事"狼来了"向人们揭示了最为朴素的诚信观，即做人要诚实，不要说谎。随着人类社会由农耕文明迈向商工文明，经济生活成为人类社会活动的集中场域，商品经济的活跃与繁荣进一步催生出信用交易和信用关系。与此同时，人类的交流形式也在不断发生变革，从古时的飞鸽传书到近代的电话电报，再到当前的电子信息技术，人与人之间的物理距离前所未有地被拉近了。为了缓解信用交易中的信息不对称现象，债权人之间开始共享各自债务人的信用信息，并不断进化为如今的个人征信机构。依托个人征信机构所具有的独立、客观以及公正等优势，任何贷款人均可更加安心地从事信贷交易活动。同时，个体的诚信看似微小，但聚沙成塔、集腋成裘，终将汇集成市场信用的洪荒之力。个人征信不但促进买者和卖者之间的信息流动，降低取得高质量信息的成本，还有力推动了金融民主化的进程，让更多人参与到金融体系中，并且从金融体系的健康运行中获益。

　　征信在我国是一个极易被误解的行业，部分社会公众乃至某些地方政府机构认为"征信是个筐，什么都能装"，这虽然反映出他们对早日实现诚信社会的美好期待，但是背离了征信的初衷。看似简单的概念，其实蕴含着人类几百年来为提升经济运行效率的无穷智慧。个人征信是我国社会信用体系建设的一部分，但两者的信用却有不同的内涵。在征信框架下，"信用"的本质是民事主体之间的债权债务关系，征信是为了解决信贷市场中因为信息不对称而产生的逆向选择和道德风险问题，故不能反映被征信人偿债能力和偿债意愿的信息不属于征信信息的范畴。这不是限制个人征信机构的信息采集范围，更不是阻碍我国个人征信业的创新。个人征信是一种世界性的信息服务活动，于我国而言属于舶来品。对征信国家的个人征信业运作模式予以考察，可以发现我国个人征信业的发展水平和质量仍然未能达到最优状态。过高的市场准入门槛虽然可以控制个人征信机构的数量，在一定程度上能够达到保护被征信人基本权利的效果，但是治标不治本。过少的个人征信机构数量难以形成有效的竞争，从长远来看，不利于我国个人征信业的发展。因此，应在充分保护被征信人权利的前提下，适当优化个人征信机构的市场准入门槛，增加个人征信机构数量。

被征信人享有隐私权、信用权以及个人信息权等基本权利，在个人征信活动中，被征信人处于完全弱势的地位。个人征信法律关系的复杂性，也提高了被征信人权利保护的难度。面对来源于自身的信用信息，被征信人的角色不再是完全被动的信息采集客体，而是主动的信息主体。个人征信机构的侵权行为，在很大程度上是对信用信息的侵犯造成的。因此，保护被征信人的基本权利，必须从保护个人信用信息开始。个人征信机构采集的个人信用信息的范围有严格的限定性，主要包括个人身份识别信息、个人信贷交易信息和相关的公共信用信息，其以市场信用信息为主体，需要与其他公共信用信息实行分别采集、分别管理。个人信用信息是个人信息的一个特殊类型，同时也是其中最具有价值的类型，具有人格利益和财产利益两大属性。结合各国的个人征信法律制度，对个人征信业务施加必要的法律规制是保护被征信人权益的主要途径，但规制的限度却各不相同。美国突出信息流动和信息自由的价值，虽然法律对个人征信机构的义务作出了规定，但并未从细节上过多干预其具体运作行为，因此属于平衡保护的模式。欧盟国家尤其是法国将个人信息提升至人权保护的高度，对个人信息采取严格保护的立法模式，但不可避免地限制了个人征信业的发展。美国和欧盟处于个人信息保护立法的两端，而日本将被征信人划分为现金信贷与消费信贷两大阵营，相应的个人征信机构分别接受不同法律的规制。此外，国外的消费者信贷法律制度在规范个人信贷法律关系、确保个人信用信息的准确性，进而实现对被征信人多重身份"一体保护"方面发挥了重要作用。

个人征信行为的法律规制限度，在很大程度上决定了个人信用信息的保护程度。我国的经济发展水平、历史文化传统以及法治建设路径均与国外不同，因此不能简单移植平衡保护或严格保护的立法模式。对个人征信行为进行法律规制的本质，就是协调不断处于冲突中的权利，即个人征信机构的征信权、信用信息提供者与使用者的权利与被征信人的隐私权、信用权、个人信息权之间的矛盾和冲突，尤其是征信权、债权人知情权与被征信人隐私权之间的冲突。权利冲突的本质不仅是不同主体利益的冲突，更是法的价值目标之间的冲突。因此，我国在具体的制度构建中，应坚持利益均衡和社会本位的基本原则，使征信权背后所代表的社会公共利益需要与被征信人的私人合法利益保持平衡，同时个人利益在与社会公共利益发生冲突时，前者应该服从后者的需要。以此为基础，进一步思考我国个人征信的具体行为规则，细化信用信息的采集行为规则、加工行为规则、存储行为规则以及使用行为规则。

　　高效的政府监管是规范个人征信行为和保障被征信人权益的必备条件。首先，政府须不断创新个人征信业的监管方式，如将信用监管率先引入市场化个人征信机构，同时以大数据征信的发展为契机，变革以现场检查和非现场监管为主的传统监管方式，实行过程监管和动态监管。其次，建立个人征信业监管协调机制，将主要的金融监管机构纳入征信监管体系，在降低监管成本的同时，还能够使被征信人的权利得到更加充分的保护。最后，个人征信业有极高的行业自律要求，需要重视征信业行业协会的作用，强化个人征信业的自律监管。

附　录

一、本书涉及的个人征信主要法律法规一览表

国别	序号	名称
中国	1	《个人信息保护法》 第十三届全国人民代表大会常务委员会第三十次会议通过
	2	《征信业管理条例》 中华人民共和国国务院令第 631 号
	3	《征信机构管理办法》 中国人民银行令〔2013〕第 1 号
	4	《征信业务管理办法》 中国人民银行令〔2021〕第 4 号
	5	《征信机构监管指引》 银发〔2015〕336 号
	6	《个人信用信息基础数据库管理暂行办法》 中国人民银行令〔2005〕第 3 号
	7	《上海市个人信用征信管理试行办法》 上海市人民政府令〔2003〕第 15 号
	8	《广东省深圳市个人信用征信及信用评级管理办法》 深圳市政府令〔2001〕第 106 号
	9	《江苏省个人信用征信管理暂行办法》 江苏省人民政府令〔2007〕第 37 号
	10	《长沙市信用征信管理办法》 长政办发〔2012〕25 号
	11	《海南省征信和信用评估管理暂行规定》 海南省人民政府令第 197 号
美国	1	《消费者信贷标签法》 Consumer Credit Labeling Bill of 1960
	2	《信息自由法》 Freedom of Information Act（FOIA）of 1967

国别	序号	名称
美国	3	《消费者信用保护法》 Consumer Credit Protection Act（CCPA）of 1968
	4	《诚实借贷法》 Truth in Lending Act（TILA）of 1968
	5	《信用控制法》（已失效） Credit Control Act of 1969
	6	《信用卡发行法》 Unsolicited Credit Card Act of 1970
	7	《公平信用报告法》 Fair Credit Reporting Act（FCRA）of 1971
	8	《平等信用机会法》 Equal Credit Opportunity Act（ECOA）of 1974
	9	《隐私法案》 Privacy Act of 1974
	10	《房屋抵押贷款披露法》 Home Mortgage Disclosure Act（HMDA）of 1975
	11	《公平信用结账法》 Fair Credit Billing Act（FCBA）of 1975
	12	《社区再投资法》 Community Reinvestment Act（CRA）of 1977
	13	《公平债务催收作业法》 Fair Debt Collection Practices Act（FDCPA）of 1977
	14	《电子资金转账法》 Electronic Fund Transfer Act（EFTA）of 1978
	15	《储蓄机构放松管制和货币控制法》 Depository Institutions Deregulation and Monetary Control Act of 1980
	16	《甘恩－圣哲曼储蓄机构法》 Garn-St Germain Depository Institutions Act of 1982
	17	《银行平等竞争法》 Competitive Equality Banking Act（CEBA）of 1987
	18	《房屋贷款人保护法》 Equity Loan Consumer Protection Act of 1988
	19	《公平信用和贷记卡披露法》 Fair Credit and Charge Card Disclosure Act of 1988

续表

国别	序号	名称
美国	20	《金融机构改革、恢复与执行法》 Financial Institutions Reform, Recovery, and Enforcement Act of 1989
	21	《消费者信用报告改革法》 Consumer Credit Reporting Reform Act of 1996
	22	《信用修复机构法》 Credit Repair Organizations Act（CROA）of 1996
	23	《消费者报告就业澄清法》 Consumer Reporting Employment Clarification Act of 1998
	24	《金融服务现代化法》（又称为《格雷姆－里奇－比利雷法》） Financial Services Modernization Act of 1999（The Gramm-Leach-Bliley Act, or GLBA）
	25	《公平与准确信用交易法》 Fair and Accurate Credit Transactions Act of 2003
	26	《信用卡问责、责任和信息披露法》 Credit Card Accountability Responsibility and Disclosure Act of 2009
	27	《多德－弗兰克华尔街改革和消费者保护法》（《多德－弗兰克法案》） Dodd-Frank Wall Street Reform and Consumer Protection Act of 2010（Dodd-Frank Act）
	28	《消费者信用报告综合改革法》 Comprehensive Consumer Credit Reporting Reform Actof 2016
欧盟	1	《通用数据保护条例》 General Data Protection Regulation 2018
英国	1	《消费信贷法案》 Consumer Credit Act 1974
	2	《数据保护法案》 Data Protection Act 1998
	3	《信息自由法案》 Freedom of Information Act 2000
	4	《消费者信用监管规定》 The Consumer Credit（EU Directive）Regulations 2010
丹麦	1	《信贷合同法》 Lov omkreditaftaler, LOV nr. 398 af 13/06/1990
	2	《信贷合同条例》 Bekendtgørelse af lov om kreditaftaler［LBK nr 1336af 26/11/2015（Gældende）］

续表

国别	序号	名称
丹麦	3	《个人数据处理法》 Lov ombehandling af personoplysninger, LOV nr 429 af 31/05/2000
	4	《数据保护法》 Lov omsupplerende bestemmelser til forordning om beskyttelse af fysiske personer i forbindelse med behandling af personoplysninger og om fri udveksling af sådanne oplysninger（databeskyttelsesloven）, LOV nr 502 af 23/05/2018
瑞典	1	《消费者信用法》Konsumentkreditlag（2010：1846）
	2	《数据法》Datalag（1973：289）
	3	《个人数据法》Personuppgiftslag（1998：204）
	4	《信用信息法》Kreditupplysningslag（1973：1173）
	5	《信用信息条例》Kreditupplysningsförordning（1981：955）
	6	《数据保护法》 Lag（2018：218）medkompletterande bestämmelser till EU：s dataskyddsförordning
	7	《债务追收法》Inkassolag（1974：182）
挪威	1	《信贷法》 Lov omadgang til regulering av penge- og kredittforholdene（kredittloven）, LOV-1965-06-25-2
	2	《债务信息法》 Lov omgjeldsinformasjon ved kredittvurdering av privatpersoner（gjeldsinformasjonsloven）, LOV-2017-06-16-47
	3	《个人数据法》 Lov ombehandling av personopplysninger（personopplysningsloven）, LOV-2000-04-14-31
	4	《个人数据条例》 Personopplysningsforskriften 2000
	5	《债务催收法》 Lov ominkassovirksomhet og annen inndriving av forfalte pengekrav（inkassoloven）, LOV-1988-05-13-26
	6	《债务催收条例》 Forskrift til inkassoloven m. m.（inkassoforskriften）, FOR-1989-07-14-562
芬兰	1	《信用机构法》 Lakiluottolaitostoiminnasta 610/2014
	2	《商业银行与其他信用机构法（有限公司）》 Lakiliikepankeista ja muista osakeyhtiömuotoisista luottolaitoksista 1501/2001
	3	《个人数据档案法》 Henkilörekisterilaki 471/1987
	4	《个人数据法》 Henkilötietolaki 523/1999

续表

国别	序号	名称
芬兰	5	《信用信息法》 Luottotietolaki 527/2007
	6	《数据保护法》 Tietosuojalaki 1050/2018
法国	1	《关于某些信贷交易领域消费者信息和保护法》 Loi n° 78-22 du 10janvier 1978 relative à l'information et à la protection des consommateurs dans le domaine de certaines opérations de crédit
	2	《预防和解决个人及家庭过度负债困难的法案》（或《雷尔茨法》） Loi n° 89-1010 du 31décembre 1989 relative à la prévention et au règlement des difficultés liées au surendettement des particuliers et des familles
	3	《关于消费者权益保护法典（立法部分）》 Loi n° 93-949 du 26juillet 1993 relative au code de la consommation（partie Législative）
	4	《消费信贷改革法案》 Loi n° 2010-737 du 1erjuillet 2010 portant réforme du crédit à la consommation
	5	《消费信贷改革法案细则》 Décret n° 2011-457 du 26 avril 2011 fixant les conditions d'application progressive de la réforme du crédit à la consommation aux contrats de crédit renouvelable en cours
	6	《信息技术、数据文件和公民自由法》 Loi n°78-17 du 6janvier 1978 relative à l'informatique，aux fichiers et aux libertés
比利时	1	《经济法典（第七卷）》 Belgian Code of Economic Law - Book XII
	2	《关于个人数据处理行为方面保护自然人的法案》 Law of 30 July 2018 on the Protection of Natural Persons with regard to the Processing of Personal Data（"Privacy Act"）
	3	《关于设立数据保护机构的法案》 Law of 3 December 2017 on the Creation of the Belgian Data Protection Authority
	4	《关于设立信息安全委员会的法案》 Law of 5 September 2018 on the Creation of an Information Security Committee
日本	1	《贷金业法》 「貸金業法」（1983 年法律第 32 号）
	2	《贷金业法施行令》 「貸金業法施行令」（1983 年政令第 181 号）
	3	《贷金业法施行规则》 「貸金業法施行規則」（1983 年大蔵省令第 40 号）

续表

国别	序号	名称
日本	4	《分期付款销售法》 「割賦販売法」（1961 年法律第 159 号）
	5	《分期付款销售法施行令》 「割賦販売法施行令」（1961 年政令第 341 号）
	6	《分期付款销售法施行规则》 「割賦販売法施行規則」（1961 年通商産業省令第 95 号）
	7	《个人信息保护法》 「個人情報の保護に関する法律」（2003 年 5 月 30 日法律第 57 号）
	8	《个人信息保护法施行令》 「個人情報の保護に関する法律施行令」（2003 年政令第 507 号）
	9	《个人信息保护法施行规则》 「個人情報の保護に関する法律施行規則」（2016 年個人情報保護委員会規則第 3 号）
德国	1	《民法典》 German Civil Code/ De：Bürgerliches Gesetzbuch（BGB）
	2	《银行法》 Banking Act/ De：Gesetz über das Kreditwesen（Kreditwesengesetz，KWG）
	3	《联邦数据保护法》 Federal Data Protection Act/ De：Bundesdatenschutzgesetz（BDSG）
韩国	1	《信用信息使用与保护法》 신용정보의이용및보호에관한법률（제정 1995-01-05 법률제 4866 호）
	2	《个人信息保护法》 개인정보보호법（제정 2011-03-29 법률제 10465 호）
	3	《信息及通讯网络使用促进及信息保护法》 정보통신망이용촉진및정보보호등에관한법률 （제정 2001-01-16 법률제 6360 호）
	4	《信贷业登记与金融消费者保护法》 대부업등의등록및금융이용자보호에관한법률 （제정 2002-08-26 법률제 6706 호）
	5	《特别信贷金融业务法》 여신전문금융업법（제정 1997-08-28 법률제 5374 호）
	6	《位置信息使用与保护法》 위치정보의보호및이용등에관한법률（제정 2005-01-27 법률제 7372 호）
	7	《金融交易实名制法》 금융실명거래및비밀보장에관한법률（제정 1997-12-31 법률제 5493 호）

二、本书涉及的个人征信机构及其网址一览表

国别	序号	机构名称与网址
中国	1	中国人民银行征信中心 Credit Reference Center The People's Bank of China http：//www. pbccrc. org. cn/
	2	百行征信有限公司 Baihang Credit Services Corporation Co. , Ltd. https：//www. baihangcredit. com/baihang. html
	3	朴道征信有限公司 Pudao Credit Company Limited https：//www. pudaocredit. cn/#/home
	4	钱塘征信有限公司
美国	1	益博睿（益百利）Experian https：//www. experian. com/
	2	艾克飞 Equifax Inc. https：//www. equifax. com/personal/
	3	环联 TransUnion https：//www. transunion. com
	4	美国个人消费信用评估公司（FICO） https：//www. fico. com/
	5	全国消费者电信和公用事业交易所（NCTUE） https：//nctue. com/
丹麦	1	RKI（益博睿）RKI（Experian） http：//www. experian. dk/rki/index. html
	2	Debitor Registret（Bisnode） https：//www. bisnode. dk/produkter/debitorregistret/
瑞典	1	瑞典信用信息公司 UC Group https：//www. uc. se/
挪威	1	Lindorff Decision https：//www. lindorff. no/kundeservice/
芬兰	1	芬兰 Asiakastieto 公司 Suomen Asiakastieto Oy https：//www. asiakastieto. fi/web/en/frontpage. html
法国	1	全国家庭信贷偿付事故登记系统（FICP） Lefichier des incidents de remboursement des crédits aux particuliers https：//www. service-public. fr/particuliers/vosdroits/F17608

国别	序号	机构名称与网址
比利时	1	比利时中央个人信贷登记系统（CICR） The Central Individual Credit Register https：//www. nbb. be/en/central-credit-register/central-individual-credit-register
日本	1	日本信用信息机构日本信用情報機構（JICC） Japan Credit Information Reference Center Corp. https：//www. jicc. co. jp/index. html
日本	2	日本信用信息中心 株式会社シー・アイ・シー（CIC） Credit Information Center https：//www. cic. co. jp/index. html
日本	3	全国银行个人信用信息中心全国銀行個人信用情報センター https：//www. zenginkyo. or. jp/pcic/
德国	1	德国中央信贷登记系统 German Central Credit Register https：//www. bundesbank. de/en/tasks/banking-supervision/individual-aspects
德国	2	德国舒发公司 Schufa Holding AG https：//www. schufa. de/de/
德国	3	科瑞福集团 CRIF group, or CRIFBÜRGEL https：//www. crifbuergel. de/en
韩国	1	韩国银行联合会 Korea Federation of Banks（전국은행연합회） https：//www. kfb. or. kr/eng/
韩国	2	韩国国家信息和信用评价公司 National Information & Credit Evaluation, or NICE Group http：//eng. nice. co. kr/main. nice
韩国	3	韩国征信公司 Korea Credit Bureau（KCB） http：//www. koreacb. com/en

三、本书涉及的个人征信监管机构及其网址一览表

国别	序号	机构名称与网址
中国	1	中国人民银行征信管理局 Credit Information System Bureau, The People's Bank of China http：//www. pbc. gov. cn/zhengxinguanliju/128332/index. html
美国	1	美国消费者金融保护局 Consumer Financial Protection Bureau（CFPB） https：//www. consumerfinance. gov/
美国	2	美国联邦贸易委员会 Federal Trade Commission（FTC） https：//www. ftc. gov/

续表

国别	序号	机构名称与网址
美国	3	国家信用联盟管理办公室 National Credit Union Administration（NCUA） https：//www. ncua. gov/
	4	美国联邦储备系统 Federal Reserve System https：//www. federalreserve. gov/
	5	美国联邦储备委员会 Board of Governors of The Federal Reserve System https：//www. federalreserve. gov/
	6	美国储蓄机构管理办公室 Office of Thrift Supervision（OTS） https：//www. treasury. gov/about/history/Pages/ots. aspx
	7	美国货币监理署 Office of the Comptroller of the Currency（OCC） https：//www. occ. treas. gov/
	8	美国联邦储蓄保险公司 Federal Deposit Insurance Corporation（FDIC） https：//www. fdic. gov/
	9	美国信用管理协会 National Association of Credit Management（NACM） https：//nacm. org/
	10	美国消费者数据产业协会 Consumer Data Industry Association（CDIA） https：//www. cdiaonline. org/
	11	美国国际信用收账协会 Association of Credit and Collection Professionals https：//www. acainternational. org/default
英国	1	英格兰银行 The Bank of England https：//www. bankofengland. co. uk/
	2	英国金融行为监管局 Financial Conduct Authority（FCA） https：//www. fca. org. uk/
	3	英国信息专员办公室 Information Commissioner's Office（ICO） https：//ico. org. uk/
丹麦	1	丹麦金融监管局 Finanstilsynet https：//www. dfsa. dk/
	2	丹麦竞争和消费者管理局 Konkurrence- og Forbrugerstyrelsen https：//www. en. kfst. dk/

国别	序号	机构名称与网址
丹麦	3	丹麦消费者监察专员 Forbrugerombudsmanden https：//www. consumerombudsman. dk/
	4	丹麦数据保护局 Datatilsynet https：//www. datatilsynet. dk/english/
瑞典	1	瑞典金融监管局 Finansinspektionen https：//www. fi. se/
	2	瑞典数据保护局 Datainspektionen https：//www. datainspektionen. se
	3	瑞典消费者保护局 Konsumentverket https：//www. konsumentverket. se/
	4	瑞典消费者保护监察专员 Konsumentombudsman https：//www. konsumentverket. se/
挪威	1	挪威金融监管局 Finanstilsynet https：//www. finanstilsynet. no/en/
	2	挪威数据保护局 Datatilsynet https：//www. datatilsynet. no/en/
	3	挪威消费者保护局 Forbrukertilsynet https：//www. forbrukertilsynet. no/english
	4	挪威消费者委员会 Forbrukerrådet https：//www. forbrukerradet. no/contact-us/
芬兰	1	芬兰金融监管局 Finanssivalvonta https：//www. finanssivalvonta. fi/en/
	2	芬兰竞争和消费者局 Kilpailu- ja kuluttajavirasto https：//www. kkv. fi/en/
	3	芬兰数据保护监察员 Tietosuojavaltuutetun Toimisto https：//tietosuoja. fi/home
	4	芬兰数据保护委员会 https：//oikeusministerio. fi/the-finnish-data-protection-board
法国	1	法兰西银行 Banque de France https：//www. banque-france. fr/
	2	法国经济和财政部 Ministère de l'Économie et des Finances https：//www. economie. gouv. fr/

续表

国别	序号	机构名称与网址
法国	3	法国审慎监管与处置局 Autorité decontrôle prudentiel et de resolution（ACPR） https：//acpr. banque-france. fr/en
	4	法国国家信息技术和自由委员会 Commissionnationale de l'informatique et des libertés（CNIL） https：//www. cnil. fr/
比利时	1	比利时国家银行 National Bank of Belgium https：//www. nbb. be/en
	2	比利时金融服务和市场监管局 Financial Services and Markets Authority（FSMA） https：//www. fsma. be/en
	3	比利时数据保护局 The Data Protection Authority（DPA） https：//www. dataprotectionauthority. be/
日本	1	日本消费者信用协会/一般社団法人 日本クレジット協会 Japan Consumer Credit Association（JCCA） https：//www. j-credit. or. jp/
	2	日本贷金业协会/日本貸金業協会 Japan Financial Services Association（JFSA） https：//www. j-fsa. or. jp/association/index. php
	3	全国银行协会/一般社団法人 全国銀行協会 Japanese Bankers Association（JBA） https：//www. zenginkyo. or. jp/en/
	4	日本个人信息保护委员会/個人情報保護委員会 http：//www. ppc. go. jp/
	5	日本金融厅/金融庁 Financial Services Agency（FSA） https：//www. fsa. go. jp/index. html
	6	日本经济产业省/経済産業省 Ministry of Economy，Trade and Industry（METI） https：//www. meti. go. jp/english/index. html
德国	1	德意志联邦银行 Deutsche Bundesbank https：//www. bundesbank. de/de/
	2	德意志联邦金融服务监管局 Federal Financial Supervisory Authority（BaFin） https：//www. bafin. de/DE/Startseite/startseite_ node. html
	3	德意志联邦数据保护与信息自由委员会 Federal Commissioner for Data Protection and Freedom of Information https：//www. deutschland. de/en/topic/politics/commissioners

续表

国别	序号	机构名称与网址
韩国	1	韩国银行한국은행 Bank of Korea https：//www. bok. or. kr/eng/main/main. do
	2	韩国金融监督院 금융감독원 Financial Supervisory Service http：//www. fss. or. kr/fss/kr/main. html
	3	韩国个人信息保护委员会 개인정보보호위원회 http：//www. pipc. go. kr/cmt/main/english. do
	4	韩国个人信息纷争调停委员会 개인정보분쟁조정위원회 Personal Information Protection Commission（PIPC） https：//www. kopico. go. kr/main/main. do
	5	韩国金融服务委员会 금융위원회 Financial Services Commission（FSC） https：//www. fsc. go. kr/eng

参考文献

一、中文著作

[1] 张忠军．金融监管法论：以银行法为中心的研究［M］．北京：法律出版社，1998．

[2] 张忠军．金融业务融合与监管制度创新［M］．北京：北京大学出版社，2007．

[3] 王伟．市场监管的法治逻辑与制度机理——以商事制度改革为背景的分析［M］．北京：法律出版社，2016．

[4] 王伟，等．企业信息公示与信用监管机制比较研究——域外经验与中国实践［M］．北京：法律出版社，2020．

[5] 王伟，等．法治：自由与秩序的平衡［M］．广州：广东教育出版社，2012．

[6] 艾茜．个人征信法律制度研究［M］．北京：法律出版社，2008．

[7] 白云．个人信用信息法律保护研究［M］．北京：法律出版社，2013．

[8] 北京大学 ACOM 金融信息化研究中心．日俄个人征信相关法规汇编［M］．北京：经济日报出版社，2008．

[9] 陈新年．信用论［M］．北京：经济科学出版社，2018．

[10] 党玺．金融消费者隐私权法律问题研究：以银行业个人客户金融隐私权保护为中心［M］．北京：法律出版社，2017．

[11] 范水兰．经济法权利研究［M］．北京：法律出版社，2014．

[12] 范水兰．企业征信法律制度及运行机制［M］．北京：法律出版社，2017．

[13] 个人信息保护课题组．个人信息保护国际比较研究［M］．北京：中国金融出版社，2017．

[14] 关建中．信用思想选集［M］．北京：人民日报出版社，2017．

[15] 郭瑜．个人数据保护法研究［M］．北京：北京大学出版社，2012．

[16] 韩旭至．个人信息的法律界定及类型化研究［M］．北京：法律出版社，2018．

[17] 洪海林．个人信息的民法保护研究［M］．北京：法律出版社，2010．

[18] 胡大武，杜军，等．征信法律制度研究［M］．北京：法律出版社，2012．

[19] 黄卓，等．互联网金融时代中国个人征信体系建设研究［M］．北京：中国社会科学出版社，2018．

[20] 蒋坡．个人数据信息的法律保护［M］．北京：中国政法大学出版社，2008．

[21] 焦国成．中国社会信用体系建设的理论与实践［M］．北京：中国人民大学出版社，2009．

[22] 金海卫．信息管理的理论与实践［M］．北京：高等教育出版社，2006．

［23］京东法律研究院．欧盟数据宪章：《一般数据保护条例》GDPR 评述及实务指引［M］．北京：法律出版社，2018.

［24］李爱君，苏桂梅．国际数据保护规则要览［M］．北京：法律出版社，2018.

［25］李步云，高全喜．马克思主义法学原理［M］．北京：社会科学文献出版社，2014.

［26］李朝晖．个人征信法律问题研究［M］．北京：社会科学文献出版社，2008.

［27］李锋．社会主体信用奖惩机制研究［M］．北京：中国社会科学出版社，2017.

［28］李俊丽．中国个人征信体系的构建与应用研究［M］．北京：中国社会科学出版社，2010.

［29］李清池，郭雳．信用征信法律框架研究［M］．北京：经济日报出版社，2008.

［30］李晓安，等．社会信用法律制度体系研究［M］．北京：社会科学文献出版社，2013.

［31］李新庚．社会信用体系运行机制研究［M］．北京：中国社会出版社，2017.

［32］林铁钢．征信概论［M］．北京：中国金融出版社，2012.

［33］零壹财经·零壹智库．金融基石：全球征信行业前沿［M］．北京：电子工业出版社，2018.

［34］刘进一．互联网金融：模式与新格局［M］．北京：法律出版社，2016.

［35］刘肖原，等．我国社会信用体系建设问题研究［M］．北京：知识产权出版社，2016.

［36］罗培新．社会信用法：原理·规则·案例［M］．北京：北京大学出版社，2018.

［37］逢锦聚，洪银兴，林岗，等．政治经济学［M］．北京：高等教育出版社，2014.

［38］齐爱民．大数据时代个人信息保护法国际比较研究［M］．北京：法律出版社，2015.

［39］齐爱民．捍卫信息社会中的财产：信息财产法原理［M］．北京：北京大学出版社，2009.

［40］齐爱民．信息法原论：信息法的产生与体系化［M］．武汉：武汉大学出版社，2010.

［41］齐爱民．拯救信息社会中的人格：个人信息保护法总论［M］．北京：北京大学出版社，2009.

［42］沈宗灵．法理学（第三版）［M］．北京：北京大学出版社，2009.

［43］石宏主编．《中华人民共和国民法总则》条文说明、立法理由及相关规定［M］．北京：北京大学出版社，2017.

［44］孙文娜，胡继成．中国近代征信业研究［M］．北京：人民出版社，2018.

［45］谈李荣．金融隐私权与信用开放的博弈［M］．北京：法律出版社，2007.

［46］万存知．征信业的探索与发展［M］．北京：中国金融出版社，2018.

［47］汪路．征信：若干基本问题及其顶层设计［M］．北京：中国金融出版社，2018.

［48］王建．资讯法研究［M］．台北：元华文创股份有限公司，2015.

［49］王敬波．五十国信息公开制度概览［M］．北京：法律出版社，2016.

［50］王静．国家治理现代化的法治逻辑［M］．北京：中共中央党校出版社，2017.

[51] 王坤. 财产、契约与企业：商事信用形成的法理分析 [M]. 北京：法律出版社，2012.

[52] 王利明. 民法（第五版）[M]. 北京：中国人民大学出版社，2010.

[53] 王利明. 人格权法研究 [M]. 北京：中国人民大学出版社，2005.

[54] 王融. 大数据时代：数据保护与流动规则 [M]. 北京：人民邮电出版社，2017.

[55] 王卫国. 过错责任原则：第三次勃兴 [M]. 北京：中国法制出版社，2000.

[56] 王晓明. 征信体系构建：制度选择与发展路径 [M]. 北京：中国金融出版社，2016.

[57] 王秀哲. 信息社会个人隐私权的公法保护研究 [M]. 北京：中国民主法制出版社，2017.

[58] 吴晶妹. 三维信用论 [M]. 北京：当代中国出版社，2013.

[59] 熊秉元. 法的经济解释：法律人的倚天屠龙 [M]. 北京：东方出版社，2017.

[60] 熊秉元. 正义的效益：一场法学与经济学的思辨之旅 [M]. 北京：东方出版社，2018.

[61] 杨子强. 远离信用"黑名单"：征信知识读本 [M]. 济南：山东人民出版社，2010.

[62] 姚佳. 个人金融信用征信的法律规制 [M]. 北京：社会科学文献出版社，2012.

[63] 姚前，谢华美，刘松灵，等. 征信大数据：理论与实践 [M]. 北京：中国金融出版社，2018.

[64] 叶世清. 征信的法理与实践研究 [M]. 北京：法律出版社，2010.

[65] 翟相娟. 个人征信法律关系研究 [M]. 上海：上海三联书店，2018.

[66] 张恒山. 法理要论 [M]. 北京：北京大学出版社，2009.

[67] 张建华，王伟. 中国企业信用建设报告（2017—2018）[M]. 北京：中国法制出版社，2018.

[68] 张静. 法团主义 [M]. 北京：中国社会科学出版社，2005.

[69] 张鹏. 个人信用信息的收集、利用和保护：论我国个人征信体系法律制度的建立和完善 [M]. 北京：中国政法大学出版社，2012.

[70] 张维迎. 信息、信任与法律 [M]. 北京：生活·读书·新知三联书店，2003.

[71] 张文显. 法理学（第三版）[M]. 北京：高等教育出版社，2007.

[72] 张文学. 五经四书全译：春秋左传 [M]. 郑州：中州古籍出版社，2000.

[73] 张玉春，等. 吕氏春秋译注 [M]. 哈尔滨：黑龙江人民出版社，2003.

[74] 赵旭东. 黑名单制度 [M]. 北京：中国法制出版社，2018.

[75] 浙江大学公法与比较法研究所. 公法研究（第二辑）[M]. 北京：商务印书馆，2004.

[76] 郑永流. 法哲学与法社会学论丛（七）[M]. 北京：中国政法大学出版社，2004.

[77] 中国行为法学会企业治理研究会. 中国企业信用建设报告2016 [M]. 北京：中国法制出版社，2017.

[78] 中国行为法学会企业治理研究分会. 中国企业信用建设报告（2018—2019）[M].

北京：中国法制出版社，2020.

[79] 周汉华. 个人信息保护前沿问题研究［M］. 北京：法律出版社，2006.

[80] 朱宝丽，马运全. 个人金融信息管理：隐私保护与金融交易［M］. 北京：中国社会科学出版社，2018.

[81] 朱国华，等. 行业协会信用制度研究［M］. 上海：同济大学出版社，2015.

[82] 卓泽渊. 法的价值论（第三版）［M］. 北京：北京大学出版社，2018.

[83] 卓泽渊. 法政治学研究［M］. 北京：法律出版社，2011.

二、中文译著

[1]〔德〕卡尔·拉伦茨. 德国民法通论［M］. 王晓晔，等，译. 北京：法律出版社，2003.

[2]〔德〕鲁道夫·施塔姆勒. 现代法学之根本趋势［M］. 姚远，译. 北京：商务印书馆，2016.

[3]〔德〕马克思恩格斯全集：第1卷［M］. 北京：人民出版社，1972.

[4]〔德〕马克思恩格斯全集：第6卷［M］. 北京：人民出版社，1961.

[5]〔德〕马克思恩格斯全集：第46卷［M］. 北京：人民出版社，2003.

[6]〔德〕马克斯·韦伯. 新教伦理与资本主义精神［M］. 马奇炎，陈婧，译. 北京：北京大学出版社，2012.

[7]〔德〕尼古拉·杰因茨. 金融隐私——征信制度国际比较［M］. 万存知，译. 北京：中国金融出版社，2009.

[8]〔德〕托马斯·莱赛尔. 法社会学基本问题［M］. 王亚飞，译. 北京：法律出版社，2014.

[9]〔法〕卢梭. 社会契约论［M］. 李平沤，译. 北京：商务印书馆，2011.

[10]〔古希腊〕亚里士多德. 尼各马可伦理学［M］. 廖申白，译注. 北京：商务印书馆，2017.

[11]〔美〕R. 科斯，A. 阿尔钦，D. 诺思，等. 财产权利与制度变迁——产权学派与新制度学派译文集［M］. 上海：上海三联书店，上海人民出版社，1994.

[12]〔美〕爱伦·艾德曼，卡洛琳·肯尼迪. 隐私的权利［M］. 吴懿婷，译. 台北：商业周刊出版公司，2001.

[13]〔美〕彼得 S. 罗斯，米尔顿 H. 马奎斯. 金融市场学（原书第10版）［M］. 陆军，等，译. 北京：机械工业出版社，2012.

[14]〔美〕博登海默. 博登海默法理学［M］. 潘汉典，译. 北京：法律出版社，2015.

[15]〔美〕道格拉斯·C. 诺思. 制度、制度变迁与经济绩效［M］. 杭行，译. 上海：格致出版社，2014.

[16]〔美〕凡勃伦. 企业论［M］. 蔡受百，译. 北京：商务印书馆，2012.

[17]〔美〕弗朗西斯·福山. 信任：社会美德与创造经济繁荣［M］. 郭华，译. 桂林：广西师范大学出版社，2016.

[18]〔美〕加里·贝克尔. 人类行为的经济分析［M］. 王业宇，等，译. 上海：格致出

版社，2015.

[19]〔美〕理查德·波斯纳. 法律的经济分析（第七版）[M]. 蒋兆康，译. 北京：法律出版社，2012.

[20]〔美〕罗伯特·考特，托马斯·尤伦. 法和经济学 [M]. 史晋川，等，译. 上海：格致出版社，2012.

[21]〔美〕罗纳德·德沃金. 认真对待权利 [M]. 信春鹰，吴玉章，译. 北京：中国大百科全书出版社，1998.

[22]〔美〕罗纳德·哈里·科斯. 企业、市场与法律 [M]. 盛洪，等，译校. 上海：格致出版社，2014.

[23]〔美〕罗斯科·庞德. 法律与道德 [M]. 陈林林，译. 北京：商务印书馆，2016.

[24]〔美〕罗斯科·庞德. 通过法律的社会控制 [M]. 沈宗灵，译. 北京：商务印书馆，2010.

[25]〔美〕玛格里特·米勒. 征信体系和国际经济 [M]. 王晓蕾，佟焱，穆长春，译. 北京：中国金融出版社，2004.

[26]〔美〕约翰·罗尔斯. 正义论 [M]. 何怀宏，何包钢，廖申白，译. 北京：中国社会科学出版社，2009.

[27]〔美〕兹维·博迪，等. 金融学（第二版）[M]. 曹辉，曹音，译. 北京：中国人民大学出版社，2013.

[28]〔日〕我妻荣. 债权在近代法中的优越地位 [M]. 王书江，张雷，译. 北京：中国大百科全书出版社，1999.

[29]〔日〕斋藤精一郎. 现代金融导论 [M]. 王仲涛，译. 北京：商务印书馆，2006.

[30]〔意〕切萨雷·贝卡里亚. 论犯罪与刑罚 [M]. 黄风，译. 北京：北京大学出版社，2008.

[31]〔英〕弗里德利希·冯·哈耶克. 法律、立法与自由（第一卷）[M]. 邓正来，等，译. 北京：中国大百科全书出版社，2000.

[32]〔英〕弗里德利希·冯·哈耶克. 自由秩序原理 [M]. 邓正来，译. 北京：生活·读书·新知三联书店，1997.

[33]〔英〕A. J. M. 米尔恩. 人的权利与人的多样性：人权哲学 [M]. 夏勇，张志铭，译. 北京：中国大百科全书出版社，1995.

[34]〔英〕维克托·迈尔-舍恩伯格，肯尼思·库克耶. 大数据时代——生活、工作与思维的大变革 [M]. 盛杨燕，等，译. 杭州：浙江人民出版社，2013.

[35]〔英〕约翰·奥斯丁. 法理学的范围 [M]. 刘星，译. 北京：北京大学出版社，2013.

三、外文著作

[1] Cole, Robert H. and Lon L. Mishler. *Consumer and Business Credit Management*, 11*th ed.* Boston：IrwinMcGraw Hill, 1998.

[2] Credit Research Foundation. *Credit Professional's Handbook*：*The Technical Reference Manu-*

al for Credit and Customer Financial Management. London：Cavendish Publishing, 1999.

［3］ Dennis Rosenthal. *Consumer Credit Law and Practice - A Guide*, 5*th ed.* London：Bloomsbury Professional, 2018.

［4］ Gloria González Fuster. *The Emergence of Personal Data Protection as a Fundamental Right of the EU.* Switzerland：Springer International Publishing, 2014.

［5］ Iain Ramsay. *Personal Insolvency in the 21st Century：A Comparative Analysis of the US and Europe.* Portland：Hart Publishing, 2017.

［6］ James B. Rule, Graham Greenleaf. *Global Privacy Protection：The First Generation.* Cheltenham：Edward Elgar Pub, 2008.

［7］ J. Logemann. *The Development of Consumer Credit in Global Perspective：Business, Regulation, and Cultur.* , London：Palgrave Macmillan, 2012.

［8］ Loftsgordon Attorney, Amy and Cara O´Neill O´Neill. *Credit Repair：Make a Plan, Improve Your Credit, Avoid Scams*, 13*th Edition.* Berkeley：Nolo, 2017.

［9］ Marcella Jr. , Albert J. and Carol Stucki. *Privacy Handbook：Guidelines, Exposures, Policy Implementation, and International Issues.* Hoboken：Wiley Publishing, 2003.

［10］ Margaret J. Miller. *Credit Reporting Systems and the International Economy.* Cambridge：MIT Press, 2003.

［11］ Michelle Kelly-Louw, James P. Nehf, Peter Rott. *The Future of Consumer Credit Regulation：Creative Approaches to Emerging Problems.* Farnham：Ashgate Publishing, Ltd, 2008.

［12］ Nicola Jentzsch. *Financial Privacy：An International Comparison of Credit Reporting Systems*, 2*nd ed.* Berlin：Springer-Verlag, 2007.

［13］ Steve Bucci. *Credit Repair Kit for Dummies*, 4*th Edition.* Hoboken：Wiley Publishing, 2014.

［14］ Steven Finlay. *Consumer Credit Fundamentals*, 2*nd ed.* London：Palgrave Macmillan, 2009.

［15］ Thomas A. Durkin, GregoryElliehausen. *Truth in Lending：Theory, History, and a Way Forward.* New York：Oxford University Press, 2011.

［16］ Wayne Madsen. *Handbook of Personal Data Protection.* New York：Stockton Press, 1992.

四、学术论文（中文）

［1］ 张忠军．征信法律制度中的政府角色［J］．法学，2005（09）：92－98.

［2］ 张忠军．金融集团的法律监管研究［J］．中国人民大学学报，2000，（04）：87－94.

［3］ 张忠军．金融监管权的监督问题研究［J］．首都师范大学学报（社会科学版），2007，（01）：105－111.

［4］ 张忠军．金融立法的趋势与前瞻［J］．法学，2006，（10）：39－50.

［5］ 张忠军．论金融法的安全观［J］．中国法学，2003，（04）：107－115.

［6］ 张忠军，张立伟．习近平全面依法治国思想论纲［J］．中共中央党校学报，2015，19（06）：13－21.

［7］ 王伟．公共信用的正当性基础与合法性补强——兼论社会信用法的规则设计［J］．环球法律评论，2021，43（05）：34－51.

［8］王伟. 论社会信用法的立法模式选择［J］. 中国法学, 2021,（01）: 228 - 247.

［9］王伟. 社会信用法论纲——基于立法专家建议稿的观察与思考［J］. 中国法律评论, 2021,（01）: 113 - 124.

［10］王伟. 信用监管的制度逻辑与运行机理——以国家治理现代化为视角［J］. 科学社会主义, 2021,（01）: 152 - 161.

［11］王伟. 失信惩戒的类型化规制研究——兼论社会信用法的规则设计［J］. 中州学刊, 2019（05）: 43 - 52.

［12］王伟, 欧阳捷. 征信立法的中国探索——写于《征信业管理条例》颁布十周年之际［J］. 征信, 2023, 41（06）: 1 - 6.

［13］王伟, 熊文邦. 我国信用服务业分类规制研究［J］. 征信, 2019, 37（12）: 9 - 16.

［14］白云. 个人征信体系中知情权与信息隐私权平衡的原则［J］. 山西省政法管理干部学院学报, 2007（04）: 18 - 20.

［15］卜晓颖. 个人征信法律亟待完善［J］. 人民论坛, 2018（31）: 92 - 93.

［16］蔡恒松. 论法的利益本位［J］. 前沿, 2010（23）: 70 - 73.

［17］蔡旭. 以社会信用数据为核心的新型市场监管机制研究［J］. 厦门特区党校学报, 2017（02）: 30 - 34.

［18］曹威. 人民银行征信监管现状及问题分析——基于博弈论等管理学视角［J］. 征信, 2016, 34（06）: 26 - 29.

［19］曾光辉. 促进我国信用服务业发展的思路研究［J］. 现代经济信息, 2016（10）: 360 - 363.

［20］曾江. 域外个人信息隐私权保护及对我国征信立法的启示［J］. 法学杂志, 2009, 30（04）: 87 - 89.

［21］柴瑞娟. 法国金融法律监管机构的重整与强化［J］. 武汉大学学报（哲学社会科学版）, 2013, 66（05）: 110 - 115.

［22］柴艳萍. 解读马克思的信用观——兼论诚信与信用之关系［J］. 科学社会主义, 2013（04）: 92 - 95.

［23］陈吉栋. 个人信息的侵权救济［J］. 交大法学, 2019（04）: 40 - 53.

［24］陈健. 信用报告制度的完善及身份窃取行为的预防［J］. 法律科学（西北政法大学学报）, 2011, 29（06）: 129 - 136.

［25］陈凌云. 论"违约方获益"之归属［J］. 法律科学（西北政法大学学报）, 2018, 36（04）: 137 - 145.

［26］陈志. 我国大数据征信发展现状及对征信监管体系的影响［J］. 征信, 2016, 34（08）: 47 - 50.

［27］池凤彬, 刘力臻. 日本征信业的历史沿革及运营机制分析［J］. 现代日本经济, 2018, 37（05）: 81 - 94.

［28］池建新. 日本个人信用信息保护方针对我国的启示［J］. 电子政务, 2007（03）: 72 - 76.

［29］党玺. 欧美金融隐私保护法律制度比较研究［J］. 国际经贸探索, 2008（09）: 44

－49．

［30］邓建鹏，马文洁．大数据时代个人征信市场化的法治路径［J］．重庆大学学报（社会科学版），2021，27（06）：163－176．

［31］邓建鹏．个人征信业监管政策改革的法制思考［J］．暨南学报（哲学社会科学版），2022，44（04）：48－56．

［32］邓建鹏．个人征信准入管制困境与法治应对［J］．南昌大学学报（人文社会科学版），2022，53（02）：66－76．

［33］杜微．论我国征信法律制度的建立［J］．当代法学，2002（09）：18－21．

［34］房绍坤，曹相见．论个人信息人格利益的隐私本质［J］．法制与社会发展，2019，25（04）：99－120．

［35］冯春晓．关于德国社会信用体系建设模式的若干思考［J］．北方经济，2014（08）：77－79．

［36］付慧姝，刘言波．征信立法应遵循哪些基本原则［J］．人民论坛，2017（08）：110－111．

［37］高克州，王娟．国内外个人数据保护的比较研究——以《征信业管理条例》为视角［J］．征信，2013，31（10）：45－47．

［38］高燕．简论我国征信立法原则［J］．四川理工学院学报（社会科学版），2009，24（04）：70－72．

［39］耿得科，张旭昆．台湾征信业研究［J］．征信，2011，29（06）：69－73．

［40］韩家平．关于加强我国市场信用机制建设的政策建议［J］．征信，2017，35（04）：12－16．

［41］韩家平．美国信用信息服务业的发展及其借鉴意义［J］．国际经济合作，2012（07）：65－69．

［42］胡大武．征信立法几个重大问题分析——以地方立法为考察对象［J］．上海金融，2011（01）：94－100．

［43］胡凌．个人信用信息处理的法律制度结构［J］．中国应用法学，2023（02）：36－48．

［44］纪红勇．浅谈破产重整程序中债权人的知情权［J］．法律适用，2012（11）：36－39．

［45］江宇，刘碧芳，黄昀．国外征信立法模式比较及其启示［J］．福建金融，2014（S2）：57－60．

［46］姜盼盼．大数据时代个人信息保护研究综述［J］．图书情报工作，2019，63（15）：140－148．

［47］孔丹霞．法国国家主导型市场经济体制探析［J］．世界经济，1997（03）：32－35．

［48］雷鸣．商会和行业协会在日本经济高速增长过程中的作用［J］．现代日本经济，2006（04）：6－10．

［49］李爱君．个人征信信息法律规制研究［J］．中国应用法学，2023，（02）：49－62．

［50］李朝晖．个人征信中信息主体权利的保护——以确保信用信息公正准确性为核心［J］．法学评论，2008（04）：31－36．

［51］李辰，刘玫．从英美银行牌照管制看我国个人征信机构准入监管［J］．征信，

2017, 35 (09): 70 - 72.

[52] 李怀玉. 对会员制征信的思考与建议 [J]. 征信, 2017, 35 (07): 41 - 43.

[53] 李理, 扬名杰, 段维明.《征信业管理条例》的局限性 [J]. 银行家, 2015 (02): 121 - 123.

[54] 李谦. 私力救济及其法律规制探讨 [J]. 广西政法管理干部学院学报, 2018, 33 (04): 111 - 116.

[55] 李生龙, 陈德贵. 应关注个人征信系统非恶意失信记录占比过高问题 [J]. 中国金融, 2009 (21): 82.

[56] 李向华, 江洲, 周莉. 公共信用信息分类方法研究 [J]. 标准科学, 2018 (12): 113 - 116.

[57] 李新天, 朱琼娟. 论"个人信用权"——兼谈我国个人信用法制的构建 [J]. 中国法学, 2003 (05): 94 - 102.

[58] 李怡. 个人一般信息侵权裁判规则研究——基于 68 个案例样本的类型化分析 [J]. 政治与法律, 2019 (06): 150 - 161.

[59] 李友根. 权利冲突的解决模式初论 [J]. 公法研究, 2004 (00): 287 - 319.

[60] 李振东. 我国征信法的经济法解读 [J]. 河南财政税务高等专科学校学报, 2011, 25 (06): 27 - 28.

[61] 廖理. 美国个人征信业的发展阶段和制度建设 [J]. 人民论坛, 2019 (21): 110 - 112.

[62] 廖理. 我国个人征信业发展现状及思考 [J]. 人民论坛, 2019 (20): 76 - 77.

[63] 林江鹏, 冉光和, 唐齐鸣. 市场主体信用关系运行机制研究 [J]. 金融理论与实践, 2006 (01): 7 - 9.

[64] 刘风景. 社会主义核心价值观入法的理据与方式 [J]. 当代世界与社会主义, 2017 (04): 28 - 36.

[65] 刘金国, 闻立军. 法治秩序断想 [J]. 法学杂志, 2008 (02): 28 - 32.

[66] 刘权. 数字经济视域下包容审慎监管的法治逻辑 [J]. 法学研究, 2022, 44 (04): 37 - 51.

[67] 刘荣, 孟灿霞. 欧盟国家征信行业监管框架研究 [J]. 金融纵横, 2011 (10): 69 - 72.

[68] 刘新海. 百行征信与中国征信的未来 [J]. 清华金融评论, 2018 (11): 100 - 102.

[69] 刘新海. 专业征信机构: 未来中国征信业的方向 [J]. 征信, 2019, 37 (07): 12 - 18.

[70] 刘作翔. 权利冲突的几个理论问题 [J]. 中国法学, 2002 (02): 56 - 71.

[71] 龙海明, 王志鹏. 征信系统、法律权利保护与银行信贷 [J]. 金融研究, 2017 (02): 117 - 130.

[72] 卢克贞. 征信立法: 信用权的保护与征信权的规范 [J]. 武汉金融, 2007 (04): 44 - 45.

[73] 卢亮. 信用与信用权刍议——从两个典型案例谈起 [J]. 金融法苑, 2005 (01): 81 - 90.

[74] 卢向东."控制—功能"关系视角下行业协会商会脱钩改革 [J]. 国家行政学院学报, 2017 (05): 71 - 77 + 146.

［75］卢智睿 . 个人征信信息主体的维权途径研究 ［J］. 南方金融, 2015 (10)：96 - 102 + 44.

［76］罗艾筠 . 个人征信法律关系与信用信息之上的法律权利 ［J］. 金融理论与实践, 2016 (10)：76 - 81.

［77］罗培新 . 遏制公权与保护私益：社会信用立法论略 ［J］. 政法论坛, 2018, 36 (06)：170 - 180.

［78］罗培新 . 论社会信用立法的基本范畴 ［J］. 中国应用法学, 2023 (02)：27 - 35.

［79］马特 . 权利冲突解决机制的整体构建 ［J］. 国家行政学院学报, 2013 (02)：53 - 58.

［80］马长林 . 旧中国征信机构发展始末 ［J］. 中国档案, 2002 (04)：11 - 13.

［81］马长林 . 联合征信所及其征信事业 ［J］. 档案与史学, 1994 (03)：44 - 46.

［82］梅根·考克斯 . 个人征信原则与大数据应用 ［J］. 中国金融, 2017 (11)：21 - 22.

［83］彭诚信, 向秦 . "信息" 与 "数据" 的私法界定 ［J］. 河南社会科学, 2019, 27 (11)：25 - 37.

［84］彭麟添 . 区块链技术应用于个人征信制度研究 ［J］. 征信, 2019, 37 (12)：48 - 53.

［85］齐爱民 . 论信息财产的法律概念和特征 ［J］. 知识产权, 2008 (02)：23 - 27.

［86］秦晖 . 唐代柜坊为 "金融机构" 说质疑——兼论封建后期金融市场的形成机制问题 ［J］. 陕西师大学报 (哲学社会科学版), 1990 (02)：63 - 73.

［87］秦辉, 方志成, 曹如刚 . 论我国征信法的构建 ［J］. 甘肃政法学院学报, 2003 (01)：70 - 74.

［88］屈宇飞, 叶子晟, 周超 . 双轮驱动框架下我国个人征信行业发展对策研究——基于百行征信的观察 ［J］. 征信, 2019, 37 (04)：16 - 20 + 27.

［89］冉克平 . 数字时代个人信用权的构造与规制 ［J］. 中国法学, 2023, (04)：49 - 68.

［90］冉明东, 何如桢, 王成龙 . 市场准入管制放松对企业效率的影响——基于《市场准入负面清单》动态调整的研究 ［J］. 财政研究, 2023, (05)：116 - 129.

［91］沈栋 . 德国社会市场经济特征及其在当代的表现 ［J］. 经济导刊, 2019 (08)：78 - 79.

［92］沈岿 . 社会信用体系建设的法治之道 ［J］. 中国法学, 2019 (05)：25 - 46.

［93］石新中 . 论信用概念的历史演进 ［J］. 北京大学学报 (哲学社会科学版), 2007 (06)：120 - 126.

［94］石新中 . 论信用信息公开 ［J］. 首都师范大学学报 (社会科学版), 2008 (02)：61 - 72.

［95］石新中 . 信用与人类社会 ［J］. 中国社会科学院研究生院学报, 2008 (05)：67 - 72.

［96］宋湘燕, 巴晶铝 . 美国个人征信市场发展 ［J］. 中国金融, 2017 (04)：81 - 82.

［97］宋亚辉 . 个人信息的私法保护模式研究——《民法总则》第 111 条的解释论 ［J］. 比较法研究, 2019 (02)：86 - 103.

［98］孙红, 金兵兵 . 日本征信市场的特点及启示 ［J］. 征信, 2015, 33 (06)：63 - 67.

［99］孙建国 . 论上海成为中国近代征信事业中心地位之形成 ［J］. 上海经济研究, 2004 (07)：71 - 77.

［100］孙建国 . 中国征信所及其个人征信事业考察 (1932～1949) ［J］. 史学月刊, 2004 (12)：60 - 66.

［101］孙章伟, 王聪 . 日本 "消金三恶" 与治理研究 ［J］. 现代日本经济, 2011 (01)：

38 – 46.

[102] 谭九生. 职业协会惩戒权边界之界定 [J]. 法学评论, 2011, 29 (04): 84 – 92.

[103] 唐朗诗, 李学楠. 行业协会与经济政策: 基于日本的政治经济经验 [J]. 湖北社会科学, 2015 (06): 45 – 51.

[104] 唐明琴, 叶湘榕.《征信业管理条例》与欧美征信法律的比较及影响分析 [J]. 南方金融, 2013 (05): 7 – 10.

[105] 万存知. 何为征信?(上) [J]. 征信, 2009, 27 (04): 1 – 4.

[106] 万存知. 何为征信?(下) [J]. 征信, 2009, 27 (05): 1 – 9.

[107] 万存知. 信用的模糊与清晰 [J]. 金融博览, 2017 (06): 40 – 41.

[108] 万存知. 征信体系的共性与个性 [J]. 中国金融, 2017 (01): 40 – 42.

[109] 王成. 个人信息民法保护的模式选择 [J]. 中国社会科学, 2019 (06): 124 – 146 + 207.

[110] 王德新. 法哲学视野下 "公共利益" 概念之辨析 [J]. 中国农业大学学报 (社会科学版), 2011, 28 (03): 143 – 150.

[111] 王建刚. 完善我国征信信息主体投诉制度探究 [J]. 西南金融, 2016 (11): 62 – 66.

[112] 王剑. 个人信用信息存储时限立法问题研究 [J]. 金融理论与实践, 2009 (02): 78 – 80.

[113] 王劲松, 刘兆征. 山西票号与近代社会信用 [J]. 武汉大学学报 (哲学社会科学版), 2008 (06): 883 – 887.

[114] 王俊山. 西班牙个人征信市场监管及其启示 [J]. 征信, 2015, 33 (08): 59 – 61.

[115] 王黎平, 邹巧宜, 衷卫平. 美国个人征信业的监管经验及启示 [J]. 征信, 2016, 34 (08): 69 – 72.

[116] 王婉芬.《征信业管理条例》实施中存在的问题及建议 [J]. 征信, 2013, 31 (12): 28 – 30.

[117] 王新红. 行业协会对社会信用的影响: 中国问题及其法律解决 [J]. 东南学术, 2019 (04): 224 – 231.

[118] 吴晶妹, 刘宏涛. 发挥信用服务机构在地方信用体系建设中的作用 [J]. 征信, 2017, 35 (07): 8 – 10.

[119] 吴琪, 王秋香. 美国个人信用修复的做法及启示 [J]. 北方金融, 2015 (07): 76 – 80.

[120] 吴晓灵, 乔丹, 童邗川, 等. 个人征信机构的独立性 [J]. 清华金融评论, 2017, (S2): 17 – 26.

[121] 武迪, 武传利. 英国个人征信的经验及对我国的启示 [J]. 金融纵横, 2009 (08): 49 – 52.

[122] 徐启昌. 中美征信市场比较 [J]. 中国金融, 2015 (21): 54 – 55.

[123] 徐胜强. 论股份有限公司债权人知情权 [J]. 法学, 2002 (09): 67 – 70.

[124] 徐苏江, 姬明. 征信立法的国际比较及对我国的启示 [J]. 征信, 2009, 27 (04): 48 – 50.

[125] 徐志军. 我国信用体系建设中征信立法的基本问题分析 [J]. 国家行政学院学报, 2008 (04): 42 – 45.

［126］杨光．美国征信法律立法变迁的借鉴［J］．华北金融，2016（12）：47－50＋70．

［127］杨柳．构建我国征信法律制度框架的思考［J］．武汉金融，2010（09）：27－29．

［128］杨柳．香港商业信贷资料库的有关情况及对内地征信业的几点启示［J］．西安金融，2005（10）：24－27＋23．

［129］杨岩，王薇．借鉴美国经验 完善我国征信信息主体投诉机制［J］．征信，2017，35（10）：64－66．

［130］叶名怡．论个人信息权的基本范畴［J］．清华法学，2018，12（05）：143－158．

［131］袁新峰，赵强，甘瀛．美国消费者征信行业的经验及启示［J］．征信，2015，33（03）：63－68．

［132］翟羽艳．我国隐私权法律保护体系存在的问题及其完善［J］．学习与探索，2019（10）：80－84．

［133］张凌云．有限公司债权人知情权的法定化［J］．河北法学，2015，33（01）：166－173．

［134］张民全．论权利的不确定性及其多元应对［J］．河南财经政法大学学报，2019，34（01）：13－21．

［135］张鹏．个人征信语境下的信用权问题［J］．浙江工商大学学报，2014（01）：58－64．

［136］张薇，池建新．美欧个人信息保护制度的比较与分析［J］．情报科学，2017，35（12）：115－119＋128．

［137］张亚蕾．个人信用修复机制：美国案例［J］．金融纵横，2017（09）：74－79．

［138］章政，张丽丽．信用信息披露、隐私信息界定和数据权属问题研究［J］．征信，2019，37（10）：18－24．

［139］章政．完善与我国市场经济相适应的现代征信体系［J］．中国党政干部论坛，2019（07）：80－81．

［140］赵万一，胡大武．信用权保护立法研究［J］．现代法学，2008（02）：163－171．

［141］赵以邗．机遇与挑战：我国征信业务中个人信用信息处理的法律困境及改革路径［J］．中国应用法学，2023（02）：63－72．

［142］郑成思，朱谢群．信息与知识产权（续）［J］．西南科技大学学报（哲学社会科学版），2006（02）：1－10＋23．

［143］中国人民银行南宁中心支行课题组，周元元．征信业务中的个人隐私权保护研究［J］．征信，2013，31（03）：31－34．

［144］周晚香．论个人征信信息立法的必要性及其原则［J］．求索，2008（06）：158－159＋226．

［145］周显志，夏少敏．英美消费信贷法律制度的历史考察［J］．消费经济，2000（02）：41－45．

［146］朱军．日本贷金业法制度的变迁与效果分析——兼论其对中国民间借贷发展的借鉴意义［J］．现代日本经济，2014（01）：36－45．

［147］庄志龄．中国第一家官办征信机构联合征信所的兴衰［J］．民国档案，2005（02）：80－86．

五、学术论文（外文）

［1］ Altman, Edward I. & Saunders, Anthony. *Credit risk measurement*: *Developments over the last 20 years*, Journal of Banking & Finance, Elsevier, Vol. 21（11-12）, pp. 1721-1742, 1997.

［2］ Christof Morscher, Andreas Horsch, Johannes Stephan. *Credit Information Sharing and Its Link to Financial Inclusion and Financial Intermediation*, Financial Markets, Institutions and Risks, Vol. 1, Issue 3, pp. 22-33, 2017.

［3］ Avery, Robert B. , Calem, Paul S. , Canner, Glenn B. , Bostic, Raphael W. *An Overview of Consumer Data and Credit Reporting*, Federal Reserve Bulletin 89 Fed. Res. Bull. , pp. 47-73, 2003.

［4］ Bradford M. , *Full Data-sharing could Stem Over-indebtedness Concerns*, 11, Credit Risk International（2004）, pp. 10-11.

［5］ Creemers, Rogier. *China's Social Credit System*: *An Evolving Practice of Control*（May 9, 2018）. Available at SSRN httpsssrn. comabstract = 3175792 or httpdx. doi. org10. 2139ssrn. 3175792.

［6］ Deniz Coskun. *Supervision of Credit Rating Agencies*: *The Role of Credit Rating Agencies in Finance Decisions*, Journal of International Banking Law and Regulation, Issue 5, pp. 252-261, 2009.

［7］ Douglas W. Diamond. *Financial Intermediation and Delegated Monitor*, The Review of Economic Studies, Vol. 51, No. 3（Jul. , 1984）, pp. 393-414.

［8］ Genia Kostka. *China's Social Credit Systems and Public Opinion Explaining High Levels of Approval*, Vol. 21 Issue 7. （July 1, 2019）, pp. 1565-1593.

［9］ George A. Akerlof. *The Market for 'Lemons'*: *Quality Uncertainty and the Market Mechanism*, The Quarterly Journal of Economics, Vol. 84, No. 3. （Aug. , 1970）, pp. 488-500.

［10］ George J. Stigler. *The Law and Economics of Public Policy*: *A Plea to the Scholars*, The Journal of Legal Studies, Vol. 1, No. 1（Jan. , 1972）, pp. 1-12.

［11］ James Q. Whitman, *The Two Western Cultures of Privacy*: *Dignity Versus Liberty*, 113 Yale L. J. （2004）.

［12］ Jappelli, Tullio and Pagano, Marco. *Information Sharing in Credit Markets*: *A Survey*, CSEF Working Papers, Centre for Studies in Economics and Finance（CSEF）, University of Naples, Italy, 2000.

［13］ Jappelli Tullio, Pagano Marco. *Role and Effects of Credit Information Sharing*, CSEF Working Papers, Centre for Studies in Economics and Finance（CSEF）, University of Naples, Italy, 2005.

［14］ Joseph E. Stiglitz and Andrew Weiss. *Credit Rationing in Markets with Imperfect Information*, The American Economic Review, Vol. 71, No. 3. （Jun. , 1981）, pp. 393-410.

［15］ Marco Pagano and TullioJappelli. *Information Sharing in Credit Markets*, Journal of Finance, Vol. 48, Issue 5, （1993）, pp. 1693-1718.

［16］ Nicola Jentzsch. *The Economics and Regulation of Financial Privacy-A Comparative Analysis of the United States and Europe*，Working Paper No. 128/2001，John F. Kennedy Institute for North American Studies，Freie Universität，Berlin，2001.

［17］ Nicola Jentzsch. *The Regulation of Financial Privacy*：*The United States VS Europe*，ECRI Research Report NO. 5，European Credit Research Institute，Brussels，2003.

［18］ Oya PinarArdic，Joyce A. Ibrahim，Nataliya Mylenko. *Consumer Protection Laws and Regulations*：*A Cross-Country Analysis with a New Data Set*，Policy Research Working Paper 5536，The World Bank，January 2011.

［19］ Paul Ali，Lucinda O'Brien and Ian Ramsay. *A quick fix Credit repair in Australia*，Australian Business Law Review，Vol. 43，No. 3，（June 10，2015），pp. 179-205.

［20］ SamuelD. Warren，Louis D. Brandeis. *The Right to Privacy*，Harvard Law Review，Vol. 4，No. 5（Dec. 15，1890），pp. 193-220.

［21］ Wanting Xiong，HanFu ，Yougui Wang. *Money Creation and Circulation in a Credit Economy*，Physica A Statistical Mechanics and its Applications，Vol 465，No. 1（Jan，2017），pp. 425-437.

六、语言词典类

［1］〔日〕林巨树. 现代日汉例解词典［M］. 北京：外语教学与研究出版社，2010.

［2］〔英〕戴维·M. 沃克. 牛津法律大辞典［M］. 李双元等译. 北京：法律出版社，2003.

［3］〔英〕霍恩比. 牛津高阶英汉双解词典（第7版）［M］. 王玉章等译. 北京：商务印书馆，2009.

［4］〔英〕萨默斯. 朗文当代英语大辞典（英英·英汉双解）［M］. 朱原等译. 北京：商务印书馆，2004.

［5］《古代汉语词典》编写组. 古代汉语词典（缩影本）［M］. 北京：商务印书馆，2007.

［6］中国社会科学院语言研究所. 现代汉语词典（第7版）［M］. 北京：商务印书馆，2016.

七、报告类资料

［1］ Consumer Financial Protection Bureau. *List of Consumer Reporting Companies*，2020.

［2］ The World Bank. *The Role of Credit Reporting in Supporting Financial Sector Regulation and Supervision*，International Committee on Credit Reporting，January 2016.

［3］ World Bank Group. *Doing Business* 2019：*Training for Reform. 16th Edition.* A World Bank Group Flagship Report，2019.

［4］中国人民银行：《中国征信业发展报告（2003—2013）》，2013 年 12 月。

［5］中国人民银行征信中心：《征信系统建设运行报告（2004—2014）》，2015 年 3 月。

［6］中国人民银行成都分行：《2018 年四川省征信机构监管报告》，2019 年 5 月。

八、国家标准和地方标准

［1］ 中华人民共和国国家标准 GB/T 22117—2018《信用 基本术语》。

［2］ 中华人民共和国国家标准 GB/T 35273—2020《信息安全技术 个人信息安全规范》。

［3］ 北京市地方标准 DB11/T 467.1—2022《公共信用信息目录 第 1 部分：自然人》。

后　记

　　本书源于我在中共中央党校攻读法学博士学位期间写成的学位论文，是在已有研究的基础上对我国个人征信法律制度的进一步探索。同时，结合近四年来我国个人征信行业及法律制度的最新发展，对学位论文的内容予以进一步完善。

　　蓦然回首五年在自得园的学习时光，恍若隔世。2015 年 9 月，我来到中央党校研究生院攻读法学硕士学位，师从王伟教授学习经济法学，在此期间，参与国家发展改革委财金司、原国家工商行政管理总局企业监督管理局委托的多项社会信用法治横向课题，接受了较为充分的学术写作训练，为撰写学位论文打下了坚实的基础。2017 年 9 月，我通过中央党校"硕博连读"考核提前一年攻读法学博士学位，师从张忠军教授。受到当时中央党校博士研究生法学专业设置所限，专业由经济法学调整为法学理论。结合博士学位论文开题情况，最终由张忠军老师确定个人征信法律制度的选题，论文初稿于博士三年级上学期结束时完成，2020 年除夕夜在王伟老师家中继续听取论文修改的意见和建议。

　　在博士学位论文的预答辩中，中国政法大学李树忠校长、首都师范大学石新中教授、中央党校政法部张立伟教授和王若磊教授，提供了大量宝贵的意见和建议，对此我全部予以吸收。在论文外审、正式答辩之前，张忠军老师在行政公务繁忙的情况下，多次审读我的学位论文，提出更加细致的修改意见。可以说，本书能够出版与读者见面离不开张忠军老师、王伟老师以及其他指导老师的辛勤付出。值此付梓之际，再次向张忠军老师、王伟老师以及其他所有曾经帮助过我的师友表示衷心感谢！

　　习近平总书记强调，科研工作者要把论文写在大地上，把实践中形成的真知变成论文。本书内容聚焦个人征信法律制度及其运行机制，贯通过去、现在与未来，总结世界主要国家个人征信业的发展模式及立法经验，服务于构建同"政府＋市场"双轮驱动的征信模式相适应的个人征信法律制度的目标，同时还对个人征信与社会信用体系的关系、个人征信是否应等同于个人信用档案、个人征信报告中的失信被执行人信息等社会热点问题予以积极回应。

于我而言，这是第一本个人学术专著，也是从法学理论角度研究个人征信法律制度的"一家之言"。希望本书的出版，对个人征信法律制度的完善、个人征信行业又好又快发展以及征信业务中个人信息保护水平的提升都有所助益。

因个人水平所限，加之难以对近年来国内外个人征信业发展的日新月异面面俱到，书中存在的不足及错误之处，还请各位同行批评指正！

熊文邦

2024 年 11 月 31 日于北京丰台小屯